DÖRLEMANN

Jean Stafford

Das Leben ist kein Abgrund

Stories

Aus dem Amerikanischen
von Adelheid und Jürgen Dormagen

Mit einem Nachwort
von Jürgen Dormagen

DÖRLEMANN

Der Übersetzung liegen die Bände *The Collected Stories of Jean Stafford* (Farrar, Straus and Giroux, New York 2005) und *Complete Stories & Other Writings* (Hg. von Kathryn Davis, The Library of America, New York 2021) zugrunde.

Die Arbeit der Übersetzer wurde im Rahmen des Programms »Neustart Kultur« aus Mitteln der Beauftragten der Bundesregierung für Kultur und Medien vom Deutschen Übersetzerfonds gefördert.

Dieses Buch ist auch als Dörlemann eBook erhältlich.
eBook ISBN 978-3-03820-914-0

Umschlaggestaltung: Mike Bierwolf
Porträt Seite 5: Jean Stafford, 1945,
© Granger Historical Picture Archive / Alamy Stock Photo
Satz: Dörlemann Satz, Lemförde
Druck und Bindung: CPI – Clausen & Bosse, Leck
ISBN 978-3-03820-111-3
www.doerlemann.com

Jean Stafford

Dunkler Mond

Kein Stern war am Himmel, kaum ein Geräusch in der Luft, außer dem sanften Gebrabbel des Bachs. Das kleine Mädchen stand, nachdem es die Küchentür hinter sich zugemacht und das gelbe Licht eingeschlossen hatte, einen Augenblick lang im Garten und holte tief Luft, als saugte es das geheimnisvolle Element ein, das so abrupt den Tag in Dunkelheit verwandelt hatte. Sie war allein unter dem schwarzen Firmament und zwischen den schwärzeren Bergen, die sich zu ihrer Rechten und ihrer Linken auftürmten wie die verschwommenen Figuren fantastischer Tierwesen. Sie ging um die Ecke des Hauses, wo das Pferd ihres Bruders angebunden stand. Vor ihr lagen die Stadt mit ihrer langen, glitzernden Schlangenlinie aus Lichtern, die von der Mine hinunterführte – die Doppellinie markierte die Hauptstraße –, und die wild verstreuten Verandalichter der Bergarbeiterhütten. Sie hörte, wie Kinder aus Fliegengittertüren stürzten und »Eins, zwei, drei, vier, fünf, sechs, sieben, wo ist meine Braut –« riefen, noch bevor sie den letzten Bissen ihres Abendessens runtergeschluckt hatten. Und die Jukeboxen im Silver Slipper und im Uncle Joe's spielten widerstreitende Nummern.

Ella freute sich, heute noch auf Squaw auszureiten, die schon ungeduldig mit einem Huf stampfend ein leises Wiehern von sich gab, als wollte sie zeigen, dass auch sie bereit war für Abenteuer. Ella löste das lockere Knäuel der Zügel und wendete die Stute, um aufzusitzen. Als sie das Bein über den Sattel schwang, öffnete ihr Bruder Fred die Eingangstür und rief: »Augenblick, Schwester.« Ohne sich umzudrehen, griff er hinter sich zum Tisch in der Zimmermitte. Sein nackter Arm war gegen das grelle Licht der Lampe enorm vergrößert und knorrig wie ein Ast. Er trat auf die Veranda hinaus, ließ die Tür offen, zögerte und schloss sie, gerade als die Stimme ihrer Mutter von der Rückseite des Hauses her kam: »Fred! Sorg dafür, dass das Zeug auch schön festsitzt, und sag ihr, sie soll ja keine Zeit verlieren.« Ella hatte zehn Pfund Elchsteak zu überbringen, unter einer Plane hinter ihrem Sattel verstaut, mit denen Fred sich dafür revanchierte, dass Mr Temple ihm kürzlich sein Zielfernrohr und den Hackamore-Zaum für einen Jagdausflug ausgeliehen hatte. Seine Mutter, die nie einen Moment der Ruhe kannte, solange gewildertes Fleisch im Haus war, befürchtete, dass Mr Flint, der Aufseher, vorbeikommen würde, bevor Ella aus dem Garten war.

Als Fred den Zaum über den Vorderzwiesel gleiten ließ, lachte seine Schwester: »Menschenskind, was ist sie für ein Angsthase.«

»Tja! Hat sie von Grandma!«, antwortete er, und obwohl sie wegen der Schatten sein Gesicht nicht sehen konnte, erkannte sie am Klang seiner Stimme, wie sich auf seinem Gesicht unter dem spärlichen blonden Schnurrbart ein Grinsen ausbreitete und ein boshaftes Glitzern in seinen zusammengekniffenen blauen Augen erschien. Plötzlich war sie auf Streit aus. Statt durch das Tor zu reiten, das er für sie geöffnet hatte, trödelte sie im Hof herum und wartete auf einen Vorwand, um sich mit ihm anzulegen. Aber als er wieder sprach, klang seine Stimme anders, so wie die, wenn er sich daran erinnerte, dass ihn der Tod ihres Vaters vor einem Jahr zum Oberhaupt der Familie gemacht hatte.

»Abmarsch! Was glaubst du denn, wofür dich die Temples bezahlen?« Er kopierte den Tonfall ihres Vaters so gut, dass sie, hätte sie nicht seinen Flachskopf gesehen, der wie eine Kugel aus Dunst im Dunkel schwebte, hätte denken können, der Sprecher sei rothaarig und grauäugig. Er hatte die Imitation erst im letzten Monat perfektioniert: Anfangs brach seine Stimme immer, und der gebieterische Ton wirkte dann bloß absurd. Der Klang seiner Stimme spornte sie nicht an zu gehorchen. Vielmehr brachte er sie dazu, den Kopf wie von einem unerträglichen Anblick wegzudrehen und langsam die Zügel zu lockern, wobei sie aber ihre Füße ruhig in den Steigbügeln hielt.

Fred schlug Squaw auf die Kruppe, und die Stute tat mit zurückgeworfenem Kopf einen wilden Satz nach vorn. »Kapier's endlich! Wenn ich Abmarsch sage, meine ich Abmarsch.«

Ella antwortete nicht, gab dem Pferd kräftig die Sporen und galoppierte durch das Tor. Die Stimme ihres Bruders folgte ihr: »Wenn du mein Pferd auf der Landstraße galoppieren lässt, schlag ich dich grün und blau.« Als sie den steilen Schotterweg zur Landstraße hinaufritt und der Wind ihr um die Ohren pfiff, war ihr bewusst, dass er im Garten wartete und lauschte, um eine Veränderung im Geräusch der Hufen festzustellen, sobald sie auf der geteerten Straße war. Sobald er nichts mehr hören konnte, würde er sich zur Nachbarsranch wenden, mit seinen Händen ein Sprachrohr formen und schmettern: »Harold! Hey, Harold!« Fred und Harold Bowman, der im letzten Jahr der Highschool war, gingen jeden Abend um diese Zeit ins Uncle Joe's. Sie hatte gehört, wie sie sich am Nachmittag verabredeten, jeder auf seiner Seite des Zauns in der Hocke, und ohne aufeinander zu hören herumprahlten. »Jawohl«, hatte Fred gesagt, »ich habe auf der Hochebene einen Sechsender erwischt, und das war keine Kleinigkeit, Mannomann.« »Ja-ja«, sagte sein Freund, »ich weiß, wo es einen Biber hat, muss an die sechzig Pfund schwer sein.«

Sobald die Stadt hinter ihr lag, hörte das Kribbeln

ihrer Haut auf, und sie genoss den Ritt in vollen Zügen. Manchmal fürchtete sie diesen Ausflug zu der Ranch der Temples, um die Kinder zu hüten. Wenn der Mond schien oder Schnee gefallen war, versetzten die leuchtenden Felsen rechts der Landstraße gleich hinter der Stadt Squaw in solche Angst, dass sie sich herumwirbelnd aufbäumte und versuchte, ihre Reiterin abzuwerfen. Einmal auf dem Nachhauseweg, nach heftigem Schneefall, war Ella abgeworfen worden, als wäre sie leicht wie ein Kissen, direkt an den Straßenrand, eben als der große Ein-Uhr-Santa-Fe-Trailways vorbeikam. Der Bus mit seinen Glotzaugen auf stumpfer Schnauze war ihr gerade noch ausgewichen und weitergerast. Sie hatte den Rest des Wegs zu Fuß gehen müssen, anderthalb Meilen, starr vor Kälte.

An diesem Abend hatte sie kein Problem mit dem Pferd, bis sie die Landstraße verließ und in die Snake River Road einbog. Am Haupttor von John Perkins' Ranch waren die Biber in ihrer Burg an der Arbeit, und bei dem Geräusch, das sie beim Festklopfen des Schlamms mit ihren Schwänzen machten oder wenn sie einen Stein aus ihren Vorderpfoten fallen ließen, scheute Squaw, und Ella konnte sie eben noch davon abhalten, sich heimwärts zu wenden. Etwas weiter erschreckte Squaw sich, als sie auf dem engen Weg um eine Kurve ritten und auf einen Hain mit Felsenbirnen stießen, die im Dunklen phosphoreszierten. Und dann, sie hatten den Kamm der ersten Anhöhe erreicht, machte irgendein Platschen im Fluss, dass die Stute sich auf die Hinterbeine stellte, eine zitternde Schreckenssäule. Aber diese Kapriolen beunruhigten Ella nicht, der Weg war unbefestigt und wurde selten befahren, ein Sturz machte nicht viel aus. Auf der letzten Meile, fünf niedrige Hügel hinauf und hinunter, benahm sich das Pferd, und Ella ließ es leicht traben, denn obwohl spät dran, wollte sie den Augenblick, wo sie ins Haus ging, möglichst lange aufschieben.

Solange sie draußen war, hatte sie nachts keine Angst. Ihr Vater hatte ihr das einst beigebracht, als sie noch ein kleines fünfjähriges Mädchen war und er eines Abends sie und Fred zum Angeln mitgenommen hatte, die Äschen laichten gerade. Die beiden hatten sie eine halbe Stunde allein am Flussufer zurückgelassen, während sie sich stromaufwärts durch Gestrüpp kämpften, das ihr die nackten Beine zerkratzt hätte. Bevor sie loszogen, hatte ihr Vater gesagt: »Da kann nichts dir was tun, Mädchen. Es hat nur Tiere hier, und die lassen sich bei dir nicht blicken.« Sie hatte sich nie vor den kläglich jaulenden Kojoten in den Salbeibüschen gefürchtet oder vor den heulenden Rotluchsen im Wald. Aber wenn sie allein im Haus der Temples war und die Tiere hörte, bildete sie sich ein, sie rückten näher, wimmernd und winselnd nach frischem Fleisch, und ihre schwefelfarbenen Augen starrten sie durch die Fenster an. Auch die Eulenrufe jagten ihr, während sie ritt, keinen Schrecken ein, aber wenn ihre selbstgefälligen Unheilrufe von ferne durch die geschlossenen Fenster eindrangen, zitterte sie, denn sie schienen unmittelbar zu ihr zu sprechen: »Pass auf! Pass auf!« Selbst die im Gemäuer herumtollenden Ratten und selbst der alte Collie, der seine Runden drehte, deuteten Gefahr an. Voller Angst, sich zu bewegen und durch ihre Bewegung ein Geräusch zu machen, das ein anderes, wie etwa einen Schritt im Garten, übertönen könnte, saß sie den ganzen Abend regungslos in einem großen rosa Ohrensessel und stierte auf die Wand gegenüber, wo ein Ölgemälde von Mr Temples Preisbullen Beau Mischief hing. Um Mitternacht war sie schweißgebadet, obwohl es kalt war und sie das Feuer hatte ausgehen lassen. Und doch, sobald sie aufsaß, um zurückzureiten, wechselte ihre Angst den Fokus, und sie spürte keinerlei Unruhe heimzukehren, sie wollte nur Squaw sicher an den Felsen vorbeibringen.

Eines Nachts war ihr Fuß eingeschlafen, und obwohl es ziemlich wehtat und ihr ganz übel wurde, war sie zu verängstigt, um mit dem Fuß aufzustampfen oder auch nur seine Position zu verändern. Früh am Abend hatte sie eine bimmelnde Kuhglocke in der Nähe des Hauses gehört. Kein Tier aus Mr Temples Viehbestand trug eine Glocke. Sie wusste, sie sollte den Eindringling vertreiben, aber bevor sie sich aufgerafft hatte, fiel ihr ein, dass es vielleicht eine Zigeunerin mit einem Tamburin war, oder es konnte eine Kuh sein mit ihrem Besitzer, einer dieser Halbverrückten aus Oklahoma, die nach Colorado zogen, um dem Staub zu entfliehen, und im Land herumwanderten, all ihre Habseligkeiten auf dem Rücken, und die manchmal ein ausgemergeltes Tier mit sich führten. Lange nachdem die Kuhglocke nicht mehr bimmelte, hörte sie noch ihren Nachhall und wagte nirgends hinzusehen, außer auf den Kupferring in der Nase von Beau Mischief, damit nicht ein streunender Blick ein hinterhältiges und verbittertes Gesicht in den tiefen Schatten der offenen Esszimmertür entdeckte.

Sie hatte die Zufahrt der Temples erreicht. In der weiten Senke war das Farmhaus so hell erleuchtet, dass es doppelt so groß erschien, wie es eigentlich war. Lampen brannten nur im Erdgeschoss, aber über den Fenstern im oberen Stockwerk lag ein dunstiger Schimmer reflektierten Lichts. Zwei zugespitzte Schornsteine an den entgegengesetzten Enden des Dachs zeichneten sich deutlich ab, wie weit auseinanderstehende Ohren eines Bären. Mr Temple sagte immer, wenn man sein Haus beim Fortgehen gut beleuchtet hinterlasse, verringere sich die Gefahr, ausgeraubt zu werden, aber Ella hielt wenig davon, sie argumentierte, ein dunkles Haus in dunkler Nacht sei schwer zu sehen.

Die Kinder waren schon eingeschlafen, als Ella ankam, und die Temples zogen sich gerade ihre Mäntel an. Mr Temple dankte ihr für das Fleisch und sagte: »Ella, da ist eine Kuh unten beim Pferch, die klagt um ihr Kalb, das habe ich heute geschlachtet. Macht sie vermutlich die ganze Nacht durch, aber kümmre dich nicht drum.«

»Pah, Milton. Ella hat keine Angst, stimmt doch, Ella, nicht? Ein großes Mädchen, wird bald zwölf.«

»Nein, Ma'am, ich habe keine Angst«, sagte Ella, verschränkte aber nervös die Hände und senkte den Blick auf die abgewetzten Spitzen ihrer Mokassins.

»Jemand, der sich zehn Pfund San-Quentin-Speck hinter den Sattel packt, lässt sich doch von einer Milchkuh nicht bange machen.« Mr Temple lachte. Um ihn anzutreiben, legte ihm seine Frau die mollige, glatte Hand auf die massive Schulter, und das Licht erhaschte ihren Diamantring, der feinste Fäden von Grün und Purpurrot aussandte. Mr Temple hätte in seiner Konfektionskleidung wie ein Bankangestellter ausgesehen, wären da nicht das sonnenverbrannte Gesicht und die O-Beine gewesen. Mrs Temple aber würde trotz der Dauerwelle, der hochhackigen Schuhe und des taillierten Georgette-Mantels immer wie die Frau eines Farmers aussehen.

Mr Temple fragte Ella, ob sie Squaw nicht zusammen mit dem Gespann und den Ponys der Jungen auf der östlichen Weide am Haus lassen wolle, wo Squaw doch so clever war, sich von jedem Anbindebalken loszureißen. Als die Temples aufbrachen, folgte sie dem Auto die Zufahrt hoch und bog dann durch das Tor beim Graben auf die Weide ein. Die sechs dunklen Formen standen regungslos in einem fast perfekten Halbkreis, als der Neuankömmling zu ihnen trottete, aber kaum dass die Stute ihren Platz eingenommen hatte, senkten alle einmütig die kräftigen Köpfe und begannen im Takt das unsichtbare Gras abzufressen.

Die Temples warteten, bis Ella wieder am Haus war, und riefen dann: »Auf geht's!« Sie beobachtete, wie das Auto über die Anhöhe fuhr, und lauschte seinem abklingenden Knattern, bis es verschluckt war. In der nachfolgenden Stille stöhnte die trauernde Kuh tief auf; eine Eule gab einen langgezogenen melancholischen Ton von sich. Als sie den Türknauf drehte, hörte sie zum zweiten Mal an diesem Abend ein Platschen im Fluss und dachte, entweder springt da eine Forelle oder ein junger Espenbaum ist ins Wasser gefallen, den die Biber angenagt haben. Doch als sie die Tür schloss und den glänzenden Parkettboden betrat, kam ihr das Geräusch des Aufplatschens untypisch vor, nicht wie von einem Tier. Sie blieb stehen und fragte sich, was es sonst sein mochte.

War es einer der schwarzen Minenarbeiter, der angelte? Oft wenn sie am Samstagabend nach der Lohnzahlung nicht ins Silver Slipper gingen, kamen sie mit ihrem Alkohol an den Fluss runter. Man konnte sehen, wie sie sich gegen fünf Uhr nachmittags auf den Weg machten. Ein alter verbeulter, aufmuckender Dodge Sedan war dann voll mit schwarzen Gestalten, und obwohl sich an die sieben oder acht auf dem Fahrersitz zu drängen schienen, sah es aus, als hätte niemand das Kommando, und das Auto schlingerte in alle Richtungen wie ein geköpftes Huhn. Später sah man von der Landstraße aus ihre Feuer entlang der Flussufer, und in klaren Nächten schlängelten sich klangvolle, inbrünstige Lieder durch die Trauerweiden. Ella wusste, was sie tun würde, wenn einer von ihnen zum Haus käme. Sie würde sagen: »Mr Temple schläft gerade, aber ich werde ihn rufen«, und dann würde sie zum hinteren Schlafzimmer gehen und eine .22 aus dem Waffenschrank holen und sie auf das Herz des Mannes richten: »Mr Temple lässt ausrichten: verschwinde.«

Mit drei langen schleichenden Schritten durchquerte sie das Zimmer und rutschte in dem rosa Ohrensessel so weit nach hinten, dass ihre Füße den Boden nicht berührten, und begann ab eins zu zählen, wobei sie kalkulierte, wenn sie hundert erreicht hätte, wären fünf Minuten verstrichen. Die Uhr befand sich in der Küche, aber ihr fehlte der Mut, durchs Esszimmer zu gehen, über die knarrenden Dielen der Vorratskammer in die geräumige Küche, wo nicht einmal helles Tageslicht die finsteren Schatten der großen Wandschränke und der ledernen Beinschützer an den Wänden verbannen konnte. Da Mrs Temple wusste, dass Ella den Abend immer in dem rosa Ohrensessel verbrachte, hatte sie einige Puzzlespiele, *Good Housekeeping* und den Montgomery-Ward-Sommerverkaufskatalog auf einen kleinen Seitentisch gelegt, doch Ella mochte das Rascheln der Blätter nicht. Sie zog es vor, zu zählen. Manchmal, wenn sie das Gefühl hatte, die letzten zehn zu schnell hinter sich gebracht zu haben, zwang sie sich dazu, zurückzugehen, wie ein Lehrer, der ein Kind zwingt, wieder von vorn zu beginnen, sobald es im Lernstoff einen Fehler gemacht hat. Es brachte nichts, zu denken, es wäre neun Uhr, wenn es erst Viertel vor neun war.

Sie war gerade in den Achtzigern ihres neunten Hunderts und wusste, es musste etwa halb zehn sein, da überlief es sie eiskalt beim plötzlichen Geräusch eines trabenden Pferdes, so nahe, dass es wohl schon fast am Graben war. Gleich darauf hörte sie ein zweites Pferd, dann noch eins und noch eins, bis es nach einem Dutzend klang, die Seite an Seite trabten. Zuerst dachte sie, sie wären oben auf der Straße und würden jetzt auf die Zufahrt einbiegen. Aber sie hörte keine Hufe auf der Brücke über den Graben, und das Geräusch kam nicht näher. Es ließ aber auch nicht nach, und kurz darauf erhöhte sich die Gangart der Pferde, wurde zum Galopp und dann zu vollem Lauf, und eines der Tiere wieherte wie verrückt. Auf einmal herrschte, wie auf ein Signal hin, Totenstille. Gleich darauf folgte der Epilog: das herzzerreißende Muhen der Kuh. Ella versuchte weiter zu zählen, konnte sich aber nicht erinnern, ob sie bei fünfundachtzig aufgehört hatte oder bei fünfundsechzig, und kaum hatte sie Klarheit, ging es mit den Pferden wieder los: Zuerst trabte nur eines, dann zwei und so fort, bis alle dabei waren. Das irre Wiehern wiederholte sich; noch einmal entstand eine Pause, diesmal dauerte sie nur wenige Sekunden, gefolgt von einem anderen Geräusch, das von Hufen, die auf den weichen Grasboden stampften.

»Squaw!« Ella schrie den Namen heraus und sprang auf. Jetzt wusste sie, dass Mr Temples Steamboat ihr Pferd trat. Er war ein großer gemeiner Rappe mit hässlicher Blesse, Stockmaß 1,60, und wenn er ein anderes Pferd nicht leiden konnte, drehte er durch. Einmal hatte er einen feinen reinrassigen Palomino attackiert, der einem bei den Temples einquartierten Stadttypen aus Boston gehörte. Steamboat hatte ihn gegen den Stacheldrahtzaun gedrängt, und es hatte einen langen Riss im samtweichen Widerrist gegeben, und monatelang hatten Büschel des weißen Schweifs wie Federn am Draht geklebt.

Sie lief laut rufend aus dem Haus und die Zufahrt hoch, was unsinnig war, da die kleine Stute noch nie auf ihren Namen gehört hatte. Als Ella über die mit Erdhörnchenlöchern übersäten Felder stolperte, konnte sie gerade mal das Vierergespann erkennen, das ihrer gescheckten Stute hinterherjagte, und näherkommend sah sie, wie das größte Pferd Squaw am Pferch zum Brandmarken in die Enge trieb und anfing, die Stute zu treten, während die anderen Pferde strammstanden und respektvoll zusahen. Ella schob sich am Bretterzaun entlang, und als sie direkt mit Steamboat konfrontiert war, ruderte sie mit den Armen und schrie: »Tschschsch!« Und der große Rappe drehte sich verächtlich um, als hätte er nichts mit dem Spektakel zu tun, und schlug dreist mit dem Schweif.

Als sie Squaw zum Anbindebalken zurückführte, sah sie in den Himmel und entdeckte zu ihrer Verwunderung, dass über ihr ein voller Mond stand. Er war groß wie ein Herbstmond, blass wie Speck. Es hatte keinen Mond gegeben, als sie hergeritten war, nicht die Spur. Es war, als wäre er nicht aufgegangen, sondern dorthin geschoben worden, um ein rundes Loch im Himmel zu überdecken, so wie man manchmal einen bemalten Teller über die Stelle an der Wand hängt, an der ein Ofenrohr gewesen ist.

Mist, dachte sie, Squaw wird bestimmt probieren, mir eins auszuwischen, so hell, wie der scheint.

Sie konnte nur zwei oder drei Minuten gebraucht haben, um die Stute anzubinden, aber als sie wieder hochblickte, kam es ihr vor, als wäre der Mond ein bisschen geschrumpft. Er war nicht hinter einer Wolke verborgen, denn keine Wolke, die sie jemals gesehen hatte, konnte einen so glatten Schnitt machen. Es sah aus, als hätte man Freds gebogenes Fleischermesser über den oberen Teil gelegt; der Bogen war von einem schmalen Rand von Rot umgeben, nicht hell und kaum leuchtend, sondern eine verrostete, ausgebrannte Farbe. Der riesige Mond gab wenig Licht. Das Gespann und die Ponys waren unsichtbar; ein schwacher Schimmer lag auf der südlichen Weide, aber nur bis zum ersten Bewässerungsgraben, und die knapp zehn Meter entfernte Flussbrücke war bloß ein schwarzer Block.

Das Lieschgras war vor zwei Wochen gemäht worden, und der Geruch stieg stark und süß auf. Sie hörte die Tiere in den Wäldern, die ihr sagten, wo sie waren, und als sie die Baumreihe am Flussufer entlangschaute, sah sie, dass dort an diesem Abend keine Feuer brannten. Sie streichelte die Stute ein letztes Mal mit den Fingerspitzen und machte sich auf den Rückweg zum Haus. An der Veranda blickte sie über die Schulter auf den Mond. Mindestens ein Achtel von ihm war verschwunden! Der rote Rand glühte jetzt, und der Umfang des Rest-Gestirns war geschrumpft. Ihre scharfen Augen suchten nach Wolken, um das Phänomen zu erklären; sie fanden nichts als den Mond im schwarzen Gewölbe.

Die Zahlen verdrehten sich in ihrem Kopf. Sie kam irgendwie nicht an den Sechzigern vorbei und wiederholte sich ständig: neunundsechzig, zweiundsechzig, sechzig. Es war seltsam, aber die Kuh muhte kein weiteres Mal. Gewöhnlich waren sie die ganze erste Nacht untröstlich. Und die Eulen schwiegen. Die Ratten bewegten sich so leichthin, dass sie mehr wie Nachtfalter klangen, die gegen Wände flattern. Sie begann wieder zu zählen; sie würde bis fünfzig kommen und dann konzentriert auf Geräusche lauschen. Einmal dachte sie, sie hörte einen Luchs, aber es war nur die locker sitzende Tür der Arbeiterbaracke, die bei einem Windstoß aufheulte. Ein anderes Mal ließ das ferne Brummen eines LKWs auf der Landstraße sie kurz glauben, die Kuh hätte sich wieder gemeldet. Sie zählte bis fünfzig, fiel zurück, rückte zwei Zahlen gleichzeitig vor und lauschte. Aber alles war ruhig. Immer wenn sie fünfhundert erreicht hatte, ging sie auf Zehenspitzen ans Vorderfenster, kniete sich hin und legte die Hände wie Scheuklappen an ihre Schläfen und blickte auf den Mond hinaus. Jedes Mal, wenn sie Ausschau hielt, war ein bisschen mehr verschwunden, und der rote Gürtel strahlte heller. Ihr Mund war trocken, und sie zog die Wangen ein, um ihre Kehle mit Speichel zu befeuchten.

Vielleicht waren Eulen und Kojoten und Biber noch geschäftig, bloß aus nur ihnen bekannten Gründen ruhiger als sonst. Sie würde die Tiere hören, wenn sie nach draußen ginge. Sie könnte sich an einen der Verandapfosten lehnen und, sobald sie das Auto hörte, zurück ins Haus schlüpfen, und niemand würde etwas mitkriegen. Und doch, als sie aufstehen wollte, waren ihre Beine steif, und sie war so verfroren, dass ihr ein Schauer über den Rücken lief. Die vier Kerosinlampen, in regelmäßigem Abstand im langen Zimmer aufgestellt, kamen ihr nicht mehr so grell vor; sie warfen einen warmen safrangelben Schimmer auf die Teppiche aus krausem Rinderfell und die Sarapen auf den Sofas. Zum ersten Mal dachte sie, wie elegant das Zimmer war. Nie zuvor hatte sie auf dem Bibliothekstisch den Samtläufer mit den Quasten bemerkt.

Als sie auf der obersten Treppenstufe kauerte, den Kopf an das Geländer gelehnt, erlaubte sie sich ein paar Minuten lang nicht, in den Himmel zu schauen, sondern starrte direkt vor sich hin und erkannte die Konturen des Pferdes auf der anderen Seite des Hofs. Es stand bewegungslos zwischen den beiden schiefen hohen Pfosten und wirkte unnatürlich groß. Schließlich gestand sie sich ein, dass es auch hier draußen keine Geräusche gab. Tiefe Stille hatte sich über die salbeibedeckten Hügel linker Hand gelegt, über die östliche Weide, wo die übrigen Pferde waren, über das Lieschgras und die Felder jenseits. Sie wäre froh gewesen, die Kuh wieder zu hören oder das elende Surren eines Moskitos oder … sogar einen Schritt zu hören! Aber da war nichts.

Endlich betrachtete sie den Himmel. Weniger als ein Sechstel des Monds war übrig geblieben, und über dieser einen fahlen Lichtsichel dehnte sich das Firmament aus, schwärzer als ein Minenschacht. Während sie hinschaute, schien es ihr, dass die Dunkelheit nach und nach auf die letzte dünne Rinde übergriff.

Warteten alle Lebewesen wie sie auf das endgültige Verschwinden des Monds und die Katastrophe, die darauf folgen würde? Starrte die Eule in ihrer Baumkrone mit ihrer gelben ausdruckslosen Brille nach oben? Waren die heißhungrigen Augen der zitternden Kojoten auf den Mond fixiert? Vielleicht hatten die Biber mit dem Bau ihrer Burg aufgehört, um eine angstvolle Nachtwache zu halten, und richtete die Kuh ihren samtigen Blick nach oben zu dem sterblichen Mond. Ella konnte nicht genau sagen, wann das letzte bisschen Mond verhüllt worden war. Im Nu war selbst der rote Ring fort, und dann deutete rein gar nichts mehr darauf hin, dass dort am Himmel diese große weiße Scheibe gehangen hatte.

Unwillkürlich fing sie an zu wimmern, und sogleich

warnte sie eine Eule im Pappelgehölz: »Pass auf! Pass auf!« Die Hände über ihrem lärmenden Herzen, sprang sie quer über die Veranda, durch die Tür und ins Wohnzimmer. Eine der Lampen ging gerade aus. Der Glühstrumpf spuckte einen letzten Funken, und oberhalb davon fiel ein länglicher Schatten über die Wand, auf der vorher die blassgrüne Tünche gewesen war. Die anderen Lampen wirkten gedämpfter als sonst, und Ella wusste, dass auch sie jeden Moment den letzten Tropfen aufbrauchen würden. Als ob sie den Anblick dieser zweiten Katastrophe abwehren wollte, hob sie den Arm und sah dabei, dass, genau wie bei Fred, seine Größe verdoppelt war und die Gelenke grotesk übertrieben.

Eine zweite Lampe erlosch, und sofort schnellte ein Dickicht von Schatten neben den Bücherregalen hoch. Sie sahen aus wie Rohrkolben, sie musste an die Stelle im Fluss denken, wo sie hingegangen waren, um Äschen zu fangen. Das Wasser war kalt gewesen, und einmal war sie ausgerutscht und bis zur Taille hineingefallen. Der Schwarm war so dicht, dass die Fische schleimig über sie hinwegglitten, und bei ihrem Geruch hätte sie beinahe gewürgt. »He, mach mal und bring die mir ans Ufer«, sagte ihr Vater, und sie musste die fetten Glibberdinger mit bloßen Händen anfassen. Die Hände ausgestreckt, um sie entgegenzunehmen, beschmierte er ihr Handgelenk mit Fischblut, das von seinen Fingerspitzen tröpfelte, als wäre es sein eigenes. Auch wenn er noch lebte und sie darum bäte, sie würde nicht wieder dorthingehen! Die Erinnerung brachte sie aus irgendeinem Grund zum Weinen, obwohl es nur eine Erinnerung aus einer lang vergangenen Zeit war. Sie beugte den Kopf und verschränkte die Arme vor der Brust und ließ die Tränen über ihr Gesicht fließen. Sie konnte weder das Grauen vor dem reptilartigen Geruch verdrängen noch das gutmütige Gesicht ihres Vaters heraufbeschwören. Als sie es versuchte und das Wort »Papa« vor sich hin sagte, ließ die vergebliche Mühe sie laut aufschluchzen, und ihre Lippen verzogen sich in dem Grinsen, das einhergeht mit dem Elend des Weinens.

Nach einem Schluchzer, bei dem sie vor Schmerz schwankte, hörte sie, wie ein Auto in der Talenge langsamer wurde, Geschwindigkeit aufnahm, den Berg hinauffuhr und wieder herunterkam. Es bog auf die Zufahrt ein, bevor sie sich die Augen gewischt hatte. Damit sie nicht ihr geschwollenes Gesicht sähen, rannte sie hinaus und stellte sich neben das Tor.

»Nanu, Ella!«, rief Mrs Temple, als sie aus dem Auto stieg.

»Ich bin raus, um mein Pferd zu holen«, sagte sie. »Ihr Steamboat hat es getreten, und ich habe mir gedacht, ich bringe es besser weg. Ich wollte gerade wieder rein.«

»Na sowas, dieser sture Mistkerl von Gaul«, sagte Mr Temple. »Dem werde ich die Leviten lesen. Ich dachte schon, vielleicht hat dir meine Kuh Angst gemacht.«

»Nein, nein. Die hat mich keinmal erschreckt. Die hat nicht gebrüllt, bloß ein oder zwei Mal.«

»Du bist ja am Zittern«, sagte Mrs Temple und fasste sie am Ellbogen. Ella wandte das Gesicht ab, um ihre Tränen zu verbergen. Mrs Temple sagte: »Vielleicht sollten wir ein kleines Mädchen nicht hierlassen, so mutterseelenallein.«

»Na sowas, Opal! Du bist doch diejenige, die immer sagt, Ella kriegt keine Angst.«

»Ich weiß, Milton. Aber das ist eine komische Sache. Läuft bei einigen Leuten rückwärts, könnte man sagen. Irgendwie, wenn man älter wird … Ich weiß nicht. Ich denke gerade daran, wie ich so war. Bis fünfzehn konnte mir nichts im Leben einen Schreck einjagen. Und dann später …«

Sie drehte sich nachdenklich weg. Mr Temple sagte: »Na, Ella, möchtest du, dass ich dich im Auto nach Hause fahre?«

»Nein, nein«, antwortete sie. »Ich schaff das schon.«

Er band Squaw los und hielt das Pferd ruhig, damit Ella aufsteigen konnte. Nachdem sie aufgesessen war, überreichte er ihr ein Fünfzig-Cent-Stück. Als sie das Geld in die kleine Vordertasche der Levis steckte, rief

Mrs Temple vom Tor: »Ella, hast du übrigens die Verfinsterung gesehen? Der Schatten der Erde lief direkt über den Mond … Wir haben davon im Radio gehört.«

»Ach komm, Opal«, sagte Mr Temple. »Ella hat nicht in die Sterne geguckt. Sie war viel zu beschäftigt, sich all das hübsche Zeugs im Katalog anzuschauen.«

Ella befeuchtete sich die Lippen mit ihrer Zungenspitze. Sie sagte: »Hab's gesehen.«

»Er wird wieder rauskommen, weißt du, Ella«, rief Mrs Temple. »Der Vollmond ist wieder da, bis du die Landstraße erreichst.«

Ella reagierte nicht, denn Squaw, begierig loszurennen, jetzt da ihre Nüstern heimwärts wiesen, tänzelte und wieherte, dass ihre Flanken zuckten wie ein harter schneller Puls, und bei der Berührung der Leinen auf ihrem Hals sprang sie vorwärts in einen Galopp. Steamboats langer Kopf hing über den Zaun, und sie kamen so nah an ihm vorbei, dass Ella sehen konnte, wie seine Oberlippe aufgeworfen war und seine grasbefleckten Zähne freigab. Einen Moment schien es so, als wollte Squaw geradewegs auf das Salbeigestrüpp des Hügels zugaloppieren und sie beide würden mit voller Wucht gegen die Felsblöcke an dessen Fuß prallen. Aber das Pferd war nicht mondsüchtig. Es nahm die Biegung, ohne die Geschwindigkeit zu verringern, und die Hügel hoch und runter, zwischen Zwergeiche und Felsenbirne, es flog durch die Luft, während seine Reiterin mit trockenem Mund im Sattel saß, die Augen geschlossen, der Klugheit des Tieres gewiss. Eine Welt glitt an ihren geblendeten Augen vorbei, als sie eine Straße überquerte, die sie nicht wiedererkennen würde, unter dem vollen, treulosen Mond.

Die innere Burg

Pansy Vanneman, bei einem Autounfall verwundet, wachte oft vor Tagesanbruch auf, wenn die nächtlichen Geräusche des Krankenhauses noch gedämpft und weniger hektisch durch die halb geöffnete Tür drangen. Tagsüber, wenn die Krankenschwestern laut mit den Assistenzärzten sprachen, ungeniert lachten und sich keinerlei Mühe gaben, auf dem knirschenden Linoleumboden behutsamer aufzutreten, wirkte die Krankenhausroutine so nichtssagend und alltäglich wie in einer Bank oder Fabrik. Aber in den dunklen Stunden suggerierten das Geflüster und das schnelle Unterdrücken von Gläser- und Schüsselklirren, das Stöhnen von Patienten, bei denen die Wirkung des Morphins nachließ, das leise Quietschen einer Tragbahre, wenn sie auf dem Weg von der Notaufnahme vorbeirollte, Qual und Tod. Und so hatte sich Pansy am ersten Morgen, als sie lange vor Tagesanbruch stockend das Bewusstsein erlangte, auf einer Krankenstation wiedergefunden, auf der sich von jedem Bett, so schien ihr, der verwirrte Protest eines Sterbenden erhob. Auf dem Boden gleich neben dem ihr am nächsten stehenden Bett brannte eine Käfiglampe. Ihre

Nachbarin lag im Sterben, und ein Priester spendete die Letzte Ölung. Er war stämmig und bejahrt und litt an Asthma, und sein rasselnder Atem, ihr ganz nah, bildete das Grundmuster, und die anderen Geräusche waren alle darübergelegt. Zwei Männer mittleren Alters in Mänteln knieten auf dem Boden neben dem hohen Bett. Die Todgeweihte brabbelte in einer fremden Sprache gegen das Zischende und Seufzende der lateinischen Gebete an. Sie spielte mit ihrem Rosenkranz, als wäre es ein Spielzeug: Sie versuchte vergeblich, ihn in den Mund zu stecken.

Pansy fühlte Grauen, empfand aber kein Mitleid. Etwa eine Stunde später, als die weißen Deckenleuchten eingeschaltet wurden und alles – Gesichter, Bettdecken und die darauf herumtastenden Hände – sich in einheitlich graue Erbärmlichkeit verwandelte, wurde die Frau in ihrem Bett weggeschoben, um woanders allein für sich zu sterben. Pansy verstand das nicht ganz, auch wenn sie lange auf das neue, leere Bett starrte, das jetzt das andere ersetzt hatte.

Am nächsten Morgen wachte sie wieder vor dem ersten Licht auf, dieses Mal in einem Privatzimmer, und erinnerte sich mit großem Kummer an die Frau wie an eine Freundin. Gleichzeitig trauerte sie um den Fahrer des Taxis, mit dem der Unfall passiert war, denn er war am Tag zuvor gegen Mittag gestorben. Sie hatte es erfahren, als sie auf einer Tragbahre im Gang lag und darauf wartete, zum Röntgenraum gebracht zu werden; eine vorbeigehende Assistenzärztin war stehengeblieben und hatte auf sie herabgelächelt und gesagt: »Ihr Taxifahrer ist tot. Sie haben Glück gehabt.«

Sechs Wochen nach dem Unfall wachte sie eines Morgens auf, gerade als sich das Tageslicht auf den Fenstern als trübe Schmiere zeigte. Ein oder zwei Minuten brauchte es, bevor ihr klar wurde, warum sie so widerwillig wach war, warum ihr Unbehagen fast zur Panik wurde. Dann erinnerte sie sich, dass an diesem Tag ihre Nase operiert werden sollte. Sie lag kerzengerade und bewegungslos unter der Decke aus Baumwollkrepp. Ihre blutunterlaufenen Augen in ihrem zurechtgeflickten Gesicht blickten durch das Fenster auf einen zugefrorenen Fluss und kahle Ulmen und eine gräuliche Promenade, wo Hunde am Ende ihrer Leine tänzelten und ihre eingemummten Besitzer hinterherstolperten, halb blind vor Kälte und Schläfrigkeit. So warm es im Krankenzimmer auch war, Pansy wusste genau, als wäre sie einer der Hundehalter, wie eiskalt es draußen war. Die Zweige eines nahe stehenden Baums waren allesamt nackt. Kalte rote Backsteinbauten stießen an den tiefliegenden Himmel, der fahl und schlaff war wie ein durchlöcherter Sack.

In den sechs Wochen hatte sich die Szenerie nur wenig verändert: Der Himmel versprach weder Sonne noch Schnee; keine roten Sonnenuntergänge markierten die Tage. Die Bäume konnten weder sterben noch frisch austreiben. Pansy vermochte sich an keine derart konstante Jahreszeit in ihrem Leben zu erinnern, in der selbst die Minuten winterblass vom mondartigen Ziffernblatt der Uhr im Korridor tropften. Ebenso zeigte ihr Zimmer Tag für Tag keinerlei Änderung. Auf der Kommode mit der Glasplatte standen zwei Topfpflanzen, die wohlmeinende Freunde ihr aus der Ferne telegrafisch hatten zukommen lassen. Sie welkten nicht, und wurde ein Blatt braun und fiel ab, wuchs es bald nach; auch tauchten immer neue Blüten auf. Die Wurzeln, wie der Himmel und die kahlen Bäume, schienen unermüdlich bestrebt, den Status quo beizubehalten. Der Nachttisch, jeden Morgen mit einem sauberen weißen Tuch bedeckt, obwohl das ersetzte immer makellos war, war bloß mit einem Wasserglas bestückt, einem gebogenen Trinkhalm, einem beschlagenen Wasserkrug und einem Stapel Papiertaschentücher. Ein paar Briefe lagen in der Schublade, eine Haarbürste, ein Bleistift und einige Postkarten, auf die sie von Zeit zu Zeit kurze Mitteilungen an Verwandte und Freunde kritzelte. »Dr. Nash sagt, dass meine Reflexe tipptopp (sic) sind, und Dr. Rivers sagt, dass die Frontalfraktur fast geheilt ist und dass der Okzipital auf gutem Weg ist. Dr. Nicholas, der Nasenspezialist, hat versprochen zu operieren, sobald Dr. Rivers ihm den Startschuss gibt (sic).«

Selbst das Bett war nie zerwühlt. Man hätte meinen können, dass Miss Vanneman, anfangs so unruhig und jetzt in Rekonvaleszenz, sich wälzte oder die Kissen in Unordnung brachte oder die Tagesdecke loszerrte; aber Stunde um Stunde, Tag um Tag lag sie in voller Länge ausgestreckt da und duldete es nicht einmal, dass die Krankenschwestern den Kopfteil des Betts hochstellten. So absolut und hartnäckig war die Unbeweglichkeit ihres Körpers, als wären das Zimmer und die vom Eis erstarrte Landschaft Erweiterungen ihres Selbst. Ihre beharrliche Ruhe und ihre Abneigung zu sprechen, wobei eins vom anderen herzurühren schien, ähnelten, so die Meinung der Krankenschwestern, einem Koma im Endstadium. Und sie bemerkten mit mitleidiger Entrüstung, dass sie bei dem bisschen Interesse, das sie am Leben hatte, genauso gut tot sein könnte. Unter sich nannten sie es verächtlich moralische Schwäche: Ein Autounfall, gleich wie schwer, war für niemanden Grund genug, alles aufzugeben, den Willen, zu leben oder glücklich zu sein. Sie hatte, um es unverblümt zu sagen, nicht den Anstand, dankbar zu sein, dass es der Taxifahrer war, der gestorben war, nicht sie. (Und wie schrecklich war der Mann umgekommen!) Sie war fünfundzwanzig Jahre alt und kam aus einer fernen Stadt. Das war das Einzige, was man von ihr wusste. Offensichtlich hatte sie nicht lange hier gewohnt, denn es gab keine Besucher, ein Mangel, der die Krankenschwestern anfangs traurig berührte, dann aber für sie zu einer Quelle irrationalen Ärgers wurde: Hatte jemand das Recht, so eindimensional zu leben? Es war unmöglich, über sie zu lachen, sie sagte ja nichts Absurdes; über ihre Ansprüche konnte man sich nicht beschweren, denn sie stellte keine; man konnte sie auch nicht wegen böser oder arroganter Zunge hassen; man konnte sie nicht wegen Tapferkeit oder Witz oder Interesse an ihren Mitmenschen bewundern. Sie galt als entsetzlicher Snob.

Pansy ihrerseits freute sich insgeheim diebisch darüber, wie sie das sie betreuende Personal in die Irre führte, und je mehr man sie mit Angeboten von Zeitschriften, Kreuzworträtseln und einem Radio, das sie vom Krankenhaus mieten konnte, umwarb, desto weiter zog sie sich in sich selbst zurück, in eine während langer Stunden hier erschaffene Welt, in die keiner jemals eindringen und die keiner sich überhaupt vorstellen konnte. Manchmal beantwortete sie nicht einmal die Fragen der Krankenschwestern, wenn sie ihr den Rücken mit Alkohol einrieben und unentwegt redeten, sie war ihnen so entrückt, als wäre sie meilenweit entfernt. Sie glaubte nicht, dass sie auf einer höheren Ebene lebte als die Krankenschwestern und die Ärzte, vielmehr auf einer anderen, und dass sie in dieser besonderen Zeit – Zeit der Erforschung und Anpassung – keine zusätzliche

Kraft erübrigen konnte, um sich mit ihnen vertraut zu machen. Was sie bisher gewesen war und Erinnerungen, die sie hätte heraufbeschwören können, um die Monotonie etwa des morgendlichen Bads zu unterbrechen, und was die Vergangenheit für die Zukunft bedeuten würde, wenn sie das Krankenhaus verließe – all das spielte für sie gegenwärtig keine Rolle. Selbst in ihren Gedanken hatte die Erinnerung nur den geringsten Spielraum. Und wenn sie sich denn erinnerte, war es in kontrastarmen Bildern, ohne jedweden Zusammenhang: Sie sah ihre dünne, poetische Mutter vor sich, wie sie auf ihrem Segeltuchstuhl in Saranac noch dünner und noch poetischer wurde und *Lalla Rookh* las. Sie sah sich selbst mit einem unpassenden rosa Hut Eistee trinken, in einem Garten, der so überwältigend nach Phlox duftete, dass sogar der Tee danach schmeckte. Sie erinnerte sich an einen Herbstnachmittag in Vermont, als sie das Bellen dreier Hunde in den nördlichen Wäldern hörte und anhand des charakteristischen Molltons, dreimal in Intervallen angeschlagen wie Glocken verschiedener Kirchen, sagen konnte, dass sie irgendein Tier auf einen Baum getrieben hatten: Der Himmel im Osten war rosafarben, und die Bäume am Horizont glichen einem komplizierten Gefäßsystem, akribisch auf Buntpapier gezeichnet.

Woran Pansy die ganze Zeit dachte, war ihr eigenes Gehirn. Nicht bloß das Gehirn als Sitz des Bewusstseins, sondern das physische Organ selbst, das sie sich romantisch mal als ein Juwel, mal als Blume vorstellte, mal als Licht in einem Glas, mal als einen rosa Umschlag aus Velinpapier, der weitere Umschläge enthielt, einen im anderen, kleiner und kleiner werdend, bis ins Unendliche. Immer war es rosa und immer fragil, immer tief innen und von unschätzbarem Wert. Sie glaubte, die innerste Kammer des Wissens erreicht zu haben und dass ihr Wissen vielleicht dasselbe war wie bei der Heiligen das Erringen reiner Liebe. Es war nichts als Konvention, dachte sie, dass man »heiliges Herz« sagte und nicht »heiliges Hirn«.

Oft, aber immer undeutlich, irritierte sie die Farbe Rosa, und das Bild von sich mit dem falschen Hut schwebte ihr hartnäckig vor dem inneren Auge. Keines der anderen Mädchen hatte einen Hut aufgehabt, und da in dem Jahr der Herbst früh eingesetzt hatte, waren sie alle in Grün und Rostbraun und Dunkelgelb gekleidet. Die arme Pansy trug ein Kleid aus weißer Lochspitze, dessen quadratischer Ausschnitt mit schwarzer Borde verziert war. Als sie durch den mit Bittersüßem Nachtschatten überwachsenen Bogen in den Garten trat und sah, dass die anderen sie nicht gehört hatten, wäre sie fast umgekehrt, aber Mr Oliver war dort, und sie war in ihn verliebt. Sie war in ihn verliebt, obwohl er zehn Jahre älter war und nie das geringste Interesse an ihr gezeigt hatte, außer dass er sie einmal neckisch, aber in vertraulichem Ton gefragt hatte, ob sie bei dem Jodeln des kleinen Jungen, der Muscheln verkaufte, nicht Lust verspürt habe, einmal die Schweiz zu besuchen. Tatsächlich war die Frage pikant gewesen, denn einige Tage später erfuhr Pansy, dass Mr Oliver, der unendlich reich war, eine Wohnung in Genf besaß. Damals in dem Garten sprach er nur einmal mit ihr. Er sagte: »Meine Liebe, Sie sehen aus, als kämen Sie geradewegs aus einer Erzählung von Katherine Mansfield.« Und gleich darauf drehte er sich um und bat in ihrer Hörweite Beatrice Sherburne, mit ihm am Abend im Country Club zu speisen. Später ging Pansy ans Ufer und warf ihren hübschen Hut in die Strömung und sah zu, wie er im Kielwasser eines Fangschiffs langsam verschwand. Wenn sie danach den Muscheljungen auf der Straße näher kommen hörte, schloss sie die Tür ab, und wenn das Klopfen aufgehört hatte und ihre Mutter aus ihrem Liegestuhl nach unten gerufen hatte: »Wer war das, Liebling?«, antwortete sie: »Ein Verkäufer.«

Nur die Tatsache, dass der Hut rosa gewesen war, machte ihr zu schaffen, der Rest der Erinnerung war trivial, denn sie wusste, dass sie niemals mehr etwas so ekstatisch lieben würde wie den im Kopf eingeschlossenen Geist von Pansy Vanneman.

Dessen Studium konnte sie sich aber nicht ohne

Ablenkung widmen, gegen zwei Gegner kämpfte sie an: Schmerz und Dr. Nicholas. Gegen Dr. Nicholas verteidigte sie sich tapfer und in Furcht; aber Schmerz, genauer gesagt, den Schmerz, der unabhängig von den ärztlichen Instrumenten war, zwang sie sich manchmal kühn selbst auf, wie ein Kind, das sich auf einem Friedhof zum Gruseln bringt.

Dr. Nicholas hegte große Bewunderung für ihre zerschmetterte, zersplitterte Nase und sondierte und beäugte sie täglich unter dem Ausruf, niemals habe er dergleichen gesehen. Seine wohlgeformten Hände sehnten sich nach ihren Skalpellen; dass der für die Schädelfraktur Zuständige bedächtig Aufschub verlangte, machte ihn ungeduldig. Er sprach von »unserer« Nase und sagte, »wir« würden ein neuer Mensch sein, sobald wir wieder atmen könnten. Seine eigene Nase war großartig. Nicht einmal mit seiner Brillanz als Chirurg hätte er sie schöner machen können, noch hätte ein erstklassiger Bildhauer ihre gerade Linie abwärts, mit der zartesten Innenwölbung am Ende, nachbilden können, die fein abgerundeten seitlichen Flügel oder die dünnwandigen, vollkommen symmetrischen Nasenlöcher.

Miss Vanneman bezweifelte nicht seine Menschlichkeit oder sein Talent – er war eine Berühmtheit –, wohl aber sein Vorstellungsvermögen. Unmittelbar jenseits der Zangen seines Spekulums lag ihr Schatz, dessen Wert er so wenig wie die Krankenschwestern zu ermessen wusste. Sie glaubte nicht, dass er ihn zerstören könnte, aber sie fürchtete, er könnte ihn lädieren: einen Kratzer auf einer der glänzenden Facetten des Juwels hinterlassen, ein Blütenblatt zerquetschen, das Glas beschmieren, worin das Licht brannte, die Umschläge beklecksen, und dann würde sie sterben oder verrückt werden. Obgleich sie nicht bezweifelte, dass ihr Gehirn, wenn es dazu käme, nach einiger Zeit seine ursprüngliche Makellosigkeit wiedererlangen würde, verspürte sie noch keinerlei Lust, in die eine oder andere Ewigkeit einzutreten, denn sie war sich nicht sicher, ob sie ihr Wissen zusammen mit seinem Behältnis mitnehmen könnte.

Mochte Dr. Nicholas auch ein Trampel sein, er war jedenfalls ein ehrenwerter Feind, nicht wie jener Dämon Schmerz, der in tausenderlei Verkleidung in ihrem Kopf lauerte und den sie oft leichtsinnig zu einem Angriff auf sie provozierte, nur um darauf einen panischen Rückzieher zu machen. Nach so einer Schlappe strömte ihr der Schweiß über das Gesicht und durchnässte an Brust und Nacken das grobe Krankenhaushemd. Allerdings kam er gewöhnlich von selbst und raste wie ein Buschfeuer durch alle Hirnwindungen, füllte die Höhlen und Schluchten mit Flammen und zog sich zuletzt zurück, ein Pochen und ein Echo hinterlassend. Sie fühlte sich dann hilflos wie ein Baum im Wind. Aber zu den anderen Zeiten, wenn sie die Augen schloss und die Augäpfel nach oben drehte und sich vorstellte, sie könne unmittelbar dorthin schauen, wo ihr Gehirn war, erwachte der Schmerz träge und schlich im Schneckentempo heran. Dann wurde er allmählich schneller. Manchmal zögerte er etwas, sackte in sich zusammen, und dann brauste er heran wie eine Flutwelle im Orkan, peitschend und tosend, bis sie die Hände von der Tagesdecke löste, ihre zerbrochenen Zähne in die geschwollene Lippe bohrte, mit ihren geröteten Augen panisch auf die beruhigenden Wände starrte und die Beine so ausstreckte, als müssten ihr die Knochen brechen. Jede Bucht, jede noch so enge Mündung, jede Förde wurde überflutet, und das zerbrechliche Gehirn, ein kleines hutförmiges Boot, wurde aus seiner Verankerung gerissen und trieb auf hoher See. Der Schädel war weit wie die Welt und das Gehirn klein wie eine Muschelschale.

Danach kamen ruhiges Wetter und die sichere Heimfahrt. Sie blieb jedoch eine Zeitlang wachsam, schloss ihre Augen nicht, sondern stellte sich, gleichmütig auf die Bäume schauend, den Schmerz als den Wächter ihres Schatzes vor, der ihn ihren Blicken entzog; deswegen wurde mit ihr jedes Mal ja so brutal umgegangen, wenn sie den Blick nach innen wandte. Einmal aber wurde diese Wachsamkeit unterbrochen: Zufällig schaute sie auf den Flur und sah einen zotteligen Mopp an der Tür vorbeigleiten, gefolgt von einem greisenhaften Putzmann. Ein Paar uralter Augen, wässrig wie die von einem alten Hund, starrte gleichgültig zu ihr herein, und ein zahnloser Mund formte ein gemeines Wort. Sie war so überrascht, dass sie sofort die Augen schloss, um der Wortgestalt den Einlass zu verbieten, und der Schmerz brachte mit einer grotesk riesigen Hacke die noch nicht vermessenen Regionen in ihrem Kopf ans Licht. Es war der vertraute Schmerz, aber diesmal, noch während sie ihn aushielt, bemerkte sie distanziert, dass seine unmittelbare Wirkung auf sie geringer war als die der Begleiterscheinungen wie zeitweilige Verwirrung und das bizarre Fehlleiten von einer Art Empfindung auf eine andere. Obwohl ihr im Augenblick zum Beispiel das Gehirn deutlich signalisierte, dass ihm der Angriff galt, strich sie mit der linken Hand über ihr rechtes Handgelenk, wie um den längst überwundenen Schmerz der Verstauchung zu lindern. Einige Minuten nachdem sie die Augen geöffnet und aufgehört hatte, über ihr Handgelenk zu streichen, lag sie steif da und durchlebte das Nachspiel des Schmerzes, einen unkörperlichen Schrecken. Denn wie schon einige Male zuvor überwältigte sie die Erkenntnis, dass der Schmerz in dem Gefäß ihres Geistes aufgetreten war, und dieses Gefäß war zurzeit unschön: Sie dachte mutlos an die nachgiebigen Hirnwindungen – so greifbar wie Finger in verschränkten

Händen –, die in ebendiesen Zellen und Fissuren, ihren widerlichen Hemisphären den Geist, die Seele, die unergründliche Intelligenz enthielten.

So lungerte der Putzmann, genau wie der rosa Hut und ihre Mutter und die Hundestimmen, in ihrem Bewusstsein herum.

Dr. Nicholas erschien um neun Uhr, um sie für die Operation vorzubereiten. Mit ihm eine Entourage weißbekittelter Gefolgsleute, und einer von ihnen rollte einen Wagen hinein, auf dem sich Messer und Scheren und Pinzetten, Behälter mit Tupfer und Gaze befanden. In der Mitte stand eine Schale mit einer Flüssigkeit, deren tiefviolette Farbe an das befremdliche Gebräu eines Alchimisten erinnerte.

»Na, sind wir bereit?«, fragte der Chirurg sie lächelnd. »Ein bisschen nervös, was? Ich sag immer, lieber breche ich mir ein Bein, als mich einer submukösen Resektion zu unterziehen.« Kurz glaubte Pansy, gleich würde er seine Nase berühren. Er wählte ihr gegenüber nie den direkten Weg. Er machte ein paar Schritte durch das gelbe Licht, das von der Kugellampe an der Decke kam und seiner Stirn einen feuchten Schimmer gab; er blieb bei der Kommode stehen und berührte eine Blüte des Alpenveilchens; er sah aus dem Fenster und sagte zu niemandem und allen: »Heute Morgen habe ich meinen

Wagen nicht angekriegt. Musste ein Taxi nehmen.« Dann trat er zu ihr. Dabei holte er ein Spekulum aus der Tasche seines kurzärmeligen Kittels, und wie eine Katze, die die Beschaffenheit einer Oberfläche mit den Pfoten prüft, streckte er die Hand nach ihr aus und zog sie wieder zurück und sprach leise auf sie ein: »Sie müssen keine Angst haben, meine Liebe. Es gibt doch keine Gefahr. Glauben Sie auch nur einen Augenblick, ich würde Sie sonst operieren?«

Dr. Nicholas, jung, brillant und gutaussehend, aus bestem Haus, war Ehemann, Vater, Clubmitglied, Christ, einfühlsamer Berater und im Vorstand seiner ehemaligen Privatschule. Wie viele seiner Profession, selbst solche, die sich auf das Organ des niedrigsten der fünf Sinne spezialisiert haben, interessierte er sich für die Psychologie seiner Patienten: Etliche Male zum Beispiel hatte er bemerkt, dass schwere Fälle von Nasennebenhöhlenentzündung mit einer emotionalen Krise einhergingen. Miss Vanneman beschäftigte seine Fantasie in besonderer Weise, da ihr Verhalten seit der Schädelfraktur so außergewöhnlich war, dass er das Gefühl hatte, er könne gewisse Folgen eines Schocks – dieses schwer bestimmbaren Zustands –, die häufig zu subtil sind, als dass man sie sieht, aus erster Hand beobachten. Da war zum Beispiel diese gänzliche Passivität während einer Spinalpunktion, worüber es in ihrer Krankenakte Berichte gab, die ihm der Assistenzarzt von Dr. Rivers näher erläuterte, der dabei gewesen war. Außer einem Tremor in ihrer Kehle und einer sich vertiefenden Blässe gab es keinerlei Anzeichen dafür, dass ihr bewusst war, was mit ihr geschah. Sie gab kein Geräusch von sich, schloss ihre Augen nicht und ballte nicht ihre Fäuste. Es hatte mehrere Punktionen gegeben; die einzige Reaktion darauf zeigte sie beim ersten Mal, an dem Vormittag ihrer Einlieferung. Als der Assistenzarzt ihr erklärte, dass er dabei sei, Cerebrospinalflüssigkeit zu drainieren, die gegen ihr Hirn drücke, rief sie »Mein Gott!«, aber es war kein Ausdruck von Angst. Der junge Mann hatte nicht benennen können, was da in ihrer Stimme war; er konnte nur sagen, dass es nicht Angst gewesen war, wie er sie von anderen Patienten kannte.

Dr. Nicholas machte sich Gedanken über sie. Es war unmöglich zu erraten, ob sie schon immer ein so duldsames und bedürfnisloses Naturell gehabt hatte. Für ihn hatte es einen melancholischen Reiz, sich vorzustellen, dass sie vor ihrem Unfall voller Leben und Redelust gewesen war; es rührte ihn, dass sie vielleicht eine Schönheit gewesen war und dass sie, als sie zum ersten Mal ihr Gesicht im Spiegel wiedersah, alle Freude an sich selbst verloren hatte. Es ließ sich kaum sagen, wie ihr Gesicht gewesen war, denn es war so blutunterlaufen und geschwollen, so schief und vermasselt. Die schwarzen Nähte längs ihrer Nase, über Nasenwurzel und Wangenknochen ließen erkennen, es würden unansehnliche Narben bleiben. Einmal hatte er es riskiert, ihr den Namen eines Schönheitschirurgen zu nennen, aber sie hatte nur mit einem vagen, ablehnenden Lächeln geantwortet. Er hatte mannhaft die Schulter gehoben und gesagt: »Der Arzt sind Sie.«

Sosehr er auch – ohne zu einem Ergebnis zu kommen – darüber nachsann, was innerhalb dieses erbarmungswürdigen Schädels vor sich ging, war er natürlich am allermeisten an ihrer Nase interessiert, die so übel mitgenommen war, dass es seine äußerste Kunst brauchte, sie wieder instand zu setzen. Er war nicht nur zu einer submukösen Resektion genötigt, einer simplen Nullachtfünfzehn-Operation, sondern musste auch das Pflugscharbein entfernen, was immer eine heikle Angelegenheit war und in diesem Fall noch erschwert durch die Nähe des Knochens zur Frakturlinie, die möglicherweise nicht ganz geschlossen war. War sie das nicht und er operierte zu früh und ein Schnupfenkeim fand den Weg durch die Lücke, würde seine Patientin im Nu von einer Hirnhautentzündung dahingerafft. Er fragte sich, ob sie wusste, in welcher Gefahr sie sich befand; er hätte ihr gern versichert, dass er sein Handwerk fast bis zur Vollkommenheit beherrschte und dass sie von ihm nichts zu befürchten habe, aber er hatte das Gefühl, dass sie sowohl unwissend als auch fantasielos war und dass solche Art Zuspruch Angst eher auslösen als vertreiben würde, und so hielt er den Mund und näherte sich dem Bett.

Pansy sah ihn kommen und konnte schon spüren, wie die Zangen seines Spekulums ihre Nasenlöcher für die Einführung seiner dünnen Sonden weiteten. Der ihr mit seinen Instrumenten zugefügte Schmerz war ein anderer als der, den sie ohne Einwirkung eines anderen fühlte: Es war ein nackter, sauberer, lebhafter Schmerz, der sie mit Übelkeit und Ohnmacht zurückließ und mit dem Wunsch zu sterben. Einmal war sie ohnmächtig geworden, als er sie schonungslos untersuchte, und als sie wieder zu sich gebracht wurde, machte er weiter, bis er seine Sondierung beendet hatte. Bei der Erinnerung an diesen Frevel hatte sie danach einige Male weinen müssen.

An diesem Morgen sah sie und hörte sie ihn hasserfüllt an. Sie richtete ihren Blick scharf auf die Mitte seiner hohen, vorgewölbten Stirn und stellte sich den Wust dahinter vor und verachtete dessen Stumpfsinn und Unvollkommenheit. In seiner faden Ahnungslosigkeit war dieser Niemand, dieser Nasenfanatiker drauf und dran, mit dem Feuer zu spielen, und sie wünschte ihm Böses.

Er sagte: »Ich kann es Ihnen nicht verdenken. Ich erwarte ja nicht, dass Sie sich auf unsere kleine Party freuen. Aber Sie werden froh sein, hinterher wieder atmen zu können.«

Er postierte seine Leutnants. Der Assistenzarzt stand ihm gegenüber an der linken Bettseite. Die OP-Schwester rollte ihm den Instrumentenwagen in bequeme Reichweite und stellte sich daneben. Eine weitere Schwester stand am Fußende. Eine dritte zog die Blenden an den Fenstern hinunter und hängte eine grelle Lampe auf, die heiß auf die Patientin hinabschien, und verließ den Raum unter leisem Türenschließen. Pansy starrte auf das Silberband, das mit einer großen Schleife um das grüne Krepppapier eines der Blumentöpfe geschlungen war. Es machte ihr zum ersten Mal bewusst, dass an einem der Tage, die sie schon hier lag, Weihnachten gewesen war, aber sie hatte keine Zeit, über diesen seltsamen und erregenden Umstand nachzudenken, da Dr. Nicholas leutselig die Anästhesie erläuterte. Er würde Gazebäusche in die tiefviolette Flüssigkeit tauchen, eine Kokainlösung, und sie in ihre Nasenlöcher einführen, wo sie eine Stunde lang bleiben würden. Er warnte sie, das Zeug werde unangenehm sein (er sagte nicht »schmerzhaft«), aber ein paar Minuten Unannehmlichkeit seien es wert, dass man sich nach der Operation nicht im Geringsten übel fühlte. Er fragte sie, ob sie bereit sei, und als sie nickte, rückte er den Spiegel auf seiner Stirn zurecht und begann.

Bei der ersten Berührung seines Spekulums bogen sich Pansys Finger von selbst zur Handfläche, und sie wurde steif. Er sagte: »Eine Tamponade, Miss Kennedy«, und Pansy schloss die Augen. Ein wütender Schmerz durchfuhr sie, als er ihr den durchnässten Gazebrocken in die Nase schob, und etwas Bitteres brannte in ihrer Kehle, dass sie würgen musste. Der Arzt hielt einen Augenblick inne, und die OP-Schwester wischte Pansys Mund ab. Er wandte sich ihr wieder zu und presste und presste mit seinem Watteträger eine weitere Tamponade bis zur ersten hinauf. Aufhören! Aufhören!, schrien alle ihre Nerven, heulten direkt unter ihrer Haut. Die Hüllen, die sie bedecken sollten, waren weggerissen, und sie schlotterten wie nackte Menschen und brüllten Halt! Halt! Aber Dr. Nicholas hörte nicht. Wieder und wieder kam er mit einem neuen Packen und hörte nicht auf, bis ein Nasenloch fertig war. Sie öffnete die Augen und sah, wie er sich den Schweiß von der Stirn wischte und wie der dunkelhäutige Assistenzarzt sich fasziniert über sie beugte. Miss Kennedy benetzte ihre Schläfen mit Eiswasser, und Dr. Nicholas sagte: »So. Es wird nicht mehr lange dauern. Ich sage Bescheid, dass man Ihnen Kaffee bringt, wenn Sie ihn auch, fürchte ich, nicht schmecken werden. Schon mal Zichorienkaffee getrunken? Ich kann damit nichts anfangen.«

Sie schnappte nach seiner läppischen Bemerkung, und obwohl sie Zichorien noch nie probiert hatte, sagte sie streng: »Ich liebe ihn.«

Dr. Nicholas kicherte. »De gustibus. Fertig? Eine Tamponade, Miss Kennedy.«

Das zweite Nasenloch zu tamponieren war schwieriger, weil die andere Seite jetzt geweitet war, und dieser Duktus, wie er einmal bemerkt hatte, war sowieso viel enger, so eng wie in der Nase von einem kleinen Kind. In Qualen jenseits aller Sprache, jenseits selbst entferntester Analogien, richtete sie den Blick nach innen und stellte sich vor, sie könnte unter dem verdeckenden Mantel des vom Chirurgen zugefügten Schmerzes ihr Gehirn sehen, ohne dass dessen Hüter es bemerkte. Aber Dr. Nicholas und seine Helfer ließen sie nicht in Frieden. Pansy war umgeben von ihrem Gemurmel und Füßescharren und dem Rascheln ihrer gestärkten Kittel, und ihre Augenlider flatterten wieder und wieder auf vor Verwirrtheit und Misstrauen. Sie war ganz in Anspruch genommen von diesem gegenwärtigen, sinnlosen Schmerz, und abrupt vergaß sie, was sie im Sinn gehabt hatte. Nichts anderes war ihr bewusst, als dass sie zu irgendeinem Gipfel aufstieg; was das war, wusste sie nicht, ob ein Turm oder eine Bergspitze oder die Jakobsleiter. Mal war sie ein abstraktes Wort, dann wieder ein geometrischer Lehrsatz, dann ein Kinderdrachen, ein Brummkreisel, ein aufblitzendes Prisma, ein sich drehendes Kaleidoskop.

Aber keiner der anderen im Raum konnte ins Innere sehen, und als der Chirurg fertig war, sagte die Krankenschwester am Fußende: »Jetzt müssen Sie mal in den Spiegel schauen. Es ist einfach zu komisch.« Und alle lachten vertraut wie alte nahe Freunde. Sie lächelte höflich und sah auf ihr Spiegelbild: Über ihrem grauenvoll gemästeten Rüssel fixierten scharlachrote Augen in starrem Vorwurf ihre hochgeschobenen Lippen, grau und gequetscht. Doch selbst in seinem Verräterlächeln war der Mund ratlos: Er erinnerte sie daran, dass sie etwas hinter sich gelassen hatte, aber sie kam nicht darauf, was es war. Sie war ausgehöhlt und trocken wie ein weißer Knochen.

Sie schnallten ihre Fußknöchel an den Operationstisch und befestigten die Handgelenke mit Lederschlingen. Über ihrem Kopf hing ein Spiegel mit tausend Facetten, in denen sie tausend Zerrbilder ihres Gesichts sah. Rechts von ihr stand der in Weiß gehüllte Tisch mit den blinkenden Klingen vieler Messer, die stoßweise Lichtstrahlen von sich gaben. Das Leinenzeug war eisig; alles blinkte weiß oder silbern und kalt wie Schnee. Dr. Nicholas, ein großer Schneemann mit Silberaugen und silbernen Fingernägeln, kam geräuschlos in den Raum, denn er ging auf Schichten und Schichten von Schnee, die seine Tritte erstickten; hinter ihm der Assistenzarzt, ein kleinerer Schneemann, weniger eindrucksvoll proportioniert. Am unteren Ende des Tisches legte ein Schneefigur ihre gefrorenen Hände auf Pansys hilflose Füße. Der Arzt zupfte die Tamponaden aus der kalten, tauben Nase. Sein Lachen war wie ein Schrei in einer bitteren, stillen Nacht: »Ich werde Ihnen jetzt zeigen«, rief er über die weite Schneefläche hinweg, »dass Sie nichts spüren können.« Die Zangen fassten nichts, schnappten ins Leere und zerstießen einen Eiszapfen ohne Nerven. Pansy rief zurück und hörte, wie ihre eigene Stimme echote: »Ich spüre nichts.«

Die Wände waren hier grau, nicht hellbraun. Plötzlich zerfiel das Gesicht der Schwester am Ende des OP-Tisches, und Pansy dachte zuerst, es sei vor Kummer. Aber es war ein Lächeln, sie sagte: »Hat Ihnen der Kaffee geschmeckt?« Die Worte rieselten die grauen Korridore des Labyrinths entlang, huschten wie Mäuse, Vögel, zerbrochene Glasperlen: Hat Ihnen der Kaffee geschmeckt? geschmeckt? geschmeckt? Ähnlich hatte in einem anderen Raum mit ebenfalls grauen Wänden dieselbe Stimme einmal gesagt: »Soll ich ihr etwas Whisky geben?« Dankbarkeit erfüllte sie, dass diese junge Frau (wie hübsch sie war mit ihrem weißen Haar und dem weißen Gesicht und den kobaltblauen Augen!) damals in der ersten Nacht bei ihr gewesen war und auch jetzt bei ihr war.

In der großen Winterstille begann die Operation. Die Messer schnitten in Schnee. Pansy war glücklich. Kurz bevor sie abgeholt wurde, hatte man ihr ein Hypnotikum verabreicht, und sie wäre eingeschlafen, wenn sie sich nicht so sehr erfreut hätte an dieser List des Dr. Nicholas, den sie jetzt zärtlich liebte.

Im Operationssaal gab es eine Uhr, und von Zeit zu Zeit schaute sie darauf. Eine Stunde verging. Das Gesicht des Schneemanns schmolz; Wassertropfen hingen von seiner feinen Nase herab, aber seine Silberaugen waren so leuchtend wie je. Ihre Liebe wurde erwidert, das wusste sie: Er liebte ihre Nase genauso, wie sie seine Messer liebte. Sie sah in dem gewölbten Spiegel auf ihr Gesicht und sah, wie das Blut ihre lilienweißen Wangen gestreift und ihr Hemd befleckt hatte. Sie kam wieder zurück zu ihrem persönlichen Lied: Hat Ihnen der Kaffee geschmeckt? Kaffee geschmeckt?

Nach einer halben Stunde drang schlangenartig einschläferndes Gemurmel zu ihr, und erst als sie die Worte zweimal wiederholt hatte, prägte sich ihr deren Bedeutung ein. Dr. Nicholas sagte: »Einen Schritt zurück, Schwester. Ich bin gerade am Gehirn von der Kleinen, und ich möchte nicht, dass man mich am Ellbogen stößt.« Sofort war Pansy wach. Ihre festgeschnallten Füße wölbten sich wütend; die Handgelenke spannten sich gegen die Armschlingen. Sie zuckte mit dem Kopf und spürte den Schmerz auflodern; sie hatte das Messer zum Abgleiten gebracht.

»Stillhalten!«, rief der Chirurg. »Ruhig bleiben bitte!«

Er hatte ihr ins Gedächtnis gebracht, was sie aus dem Sinn verloren hatte, als er ihr seine Gazebrocken in die Nase zwängte: Sie wuselte herum wie eine Hausfrau, um die Haustür zu schließen. Sie dachte, ich muss schnell machen, bevor die Räuber kommen. Es wäre sonst wie damals, als Mutter die Kellertür aufließ und der Räuber kam und ausgerechnet den Blumenkasten mitnahm.

Dr. Nicholas wisperte ihr etwas zu. Er sagte mit der Stimme eines Liebhabers: »Wenn Sie es noch fünf Minuten aushalten, kann ich die zweite Operation gleich jetzt machen und Sie müssen das Ganze nicht noch einmal durchstehen. Was meinen Sie?«

Sie antwortete nicht. Es brauchte einige Sekunden, bis sie sich daran erinnerte, warum ihrer Mutter der Blumenkasten so wichtig gewesen war, dann fiel ihr ein, dass die Witwe des Bischofs ihr aus Palästina ein Kraut mitgebracht hatte, um es darin einzupflanzen.

Der Assistenzarzt sagte: »Sie wollen doch nicht, dass Ihre Nase noch einmal tamponiert wird, oder?«

Die OP-Schwester sagte: »Sie ist eine tapfere Patientin, nicht wahr, Sir?«

»Tapfer wie noch keine«, antwortete Dr. Nicholas. »Aber nennen Sie mich nicht ›Sir‹. Sie sind doch keine Kanadierin.«

Die Schwester am Fußende sagte: »Ich organisiere noch etwas Kaffee für Sie.«

»Nun, wie steht's, Miss Vanneman?«, sagte der Arzt. »Soll ich ran?«

Sie überlegte hin und her. Wäre sie erst einmal aus dem Krankenhaus und vor Dr. Nicholas geflohen, konnte nichts sie dazu bringen, zurückzukehren. Anderseits, wusste sie, würde die Zeit kommen, wo sie nicht länger abgeschieden leben konnte, sie wieder in die Welt gehen und gerüstet sein musste, darin zu leben; banalerweise, das war nicht zu leugnen, musste sie atmen können. Und obwohl die Welt, in die sie zurückkehren würde, unwirklich blieb, gab sie dem Chirurgen ihre Zustimmung.

Er musste nun durch Regionen ohne Betäubung, und das erklärte er ihr unumwunden, betonte aber, es gebe keinerlei Gefahr. Er entschuldigte sich, dass er sich versprochen hatte: In Wirklichkeit war er ihrem Gehirn nicht nahe gewesen, das hatte er bloß so gesagt. Er fing an. Die Messer wühlten und ritzten, schrubbten und reinigten die entstandenen Wunden; die Scheren kappten harte Knorpel, und die Skalpelle schabten Knochen ab. Es war, als würde ein Gewirr allerdünnster Nerven, jeder Nerv einzeln, geschickt durchtrennt; der Schmerz wand sich spiralförmig zu ihr hin, die ein rosa Vogel war und oben auf einem Tannenzapfen saß. Der Schmerz war eine Pyramide aus Diamant; er war ein intensives Licht; er war das heißeste Feuer, die eisigste Kälte, der höchste Gipfel, die schnellste Kraft, die fernste Weite, die neueste Zeit. Er besaß von ihr nichts weiter als diese eine unendlich kleine Szene: Jenseits des Wandschirms, dünn wie Spinnenweben, zitterte das Gehirn um sein Leben, hörte die Messer draußen wie witternde, zuschnappende Wölfe auf ihrer Jagd. Gnade! Gnade!, schrien die skalpierten Nerven.

Schließlich, wie durch ein Wunder, richtete sie die Augen ruhig nach innen. Dr. Nicholas hatte gesagt: »Das Schlimmste ist vorbei. Ich werde jetzt an Ihrem unteren Nasengang arbeiten«, und bei seinem Signal schloss sie die Augen, und dieses Mal, und nur dieses Mal, sah sie ihr Hirn in einem muschelrosa Seidenfutteral liegen. Es war eine rosa Perle, nicht größer als ein Nadelöhr, aber es war so schön und so rein, dass seine Kleinheit nichts ausmachte. Und ohnehin wuchs es, während sie zusah. Es wuchs und wuchs, bis es eine riesige Blase war, die den Chirurgen und den ganzen Raum in ihren rosigen Glanz einschloss. In einem lange vergangenen Sommer war sie oft ganz versunken gewesen in das Schauspiel eines Schwarms gelber Vögel, die sich auf einer Zeder niedergelassen hatten, und sie erinnerte sich daran, dass in jenem Sommer alles gelb getönt gewesen war. In einem Jahr ihrer Kindheit hatte ihre Mutter sie häufig zum Tee bei einer betagten Lehrerin mitgenommen, auf deren Kaminsims eine Herde Elfenbeinelefanten stand; das war das weiße Jahr gewesen. Es hatte einen grünen

Frühling gegeben, als sie früh im April eine Grasnatter auf einem Felsenbrocken gesehen hatte, aber gleich der Sommer darauf war violett, weil Kronwicken den Garten ihrer Mutter erobert hatten. Sie sah ein Stück blauen Tülls in einem Bastkorb auf der Veranda des braunen Hauses ihres Onkels Marion liegen. Nie zuvor war die Welt rosafarben gewesen, was auch immer sonst sie gewesen war. Oder doch, in einer anderen Zeit? Sie konnte nicht sicher sein, und es war ihr egal. Nur eines wusste sie genau: Nie zuvor hatte die Welt sie umschlossen, und nie war die Stille so sanft gewesen.

Nur einen Augenblick lang ließen die Wichtigtuer sie in ihrer Ekstase, dann drangen sie, ungeduldig und schwatzend, in ihr Inneres, zerschlitzten ihre sich wehrende Trance mit Fragen und Glückwünschen, mit irgendwelchen Feststellungen und Scherzen. »Später«, sagte sie stumm zu ihnen. »Später vielleicht, ich bin beschäftigt.« Aber ihre Stimmen hörten nicht auf. Sie berührten sie auch, wuschen ihr Gesicht mit so kalten Tüchern, dass es brannte, streichelten ihre Handgelenke mit zupackenden, aseptischen Fingern. Der Chirurg drückte ihr den Arm mit onkelhaftem Stolz und sagte: »Braves Mädchen«, als wäre sie ein gescheiter Hund, der einen Knochen apportiert hat. Ihr stummer Geist beschimpfte ihn: »Sie sind ein Dieb«, sagte er, »Sie sind herzlos und sollten hingerichtet werden.« Aber er wandte sich schon zum Gehen, zupfte prahlerisch seinen Kittel zurecht, und der Assistenzarzt folgte ihm in unterwürfiger Bewunderung aus dem Operationssaal, grinsend wie ein alberner Junge.

Kurz nachdem man sie wieder in ihr Zimmer gebracht hatte, änderte sich das Wetter, nicht zum Besseren. Für einen Moment trat die Sonne aus ihrer Verdüsterung hervor, doch wenige Minuten später fiel Schnee und es kam Wind auf, der einen Blizzard verhieß. Da war ein großer Schmerz, aber weil er ihr nicht nutzen konnte, wies sie ihn zurück, und sie lag wie in einer Hängematte, in einer Atempause voller Bitterkeit. Sie machte die Augen zu und verschloss sich in ihrem schatzlosen Kopf.

Ein Sommertag

Er trug warme Knickerbocker aus blauem Serge und ein gestreiftes grünes Hemd, aber er hatte keine Schuhe und keinen Hut, und das Einzige in seinen Hosentaschen waren ein Taschentuch, das jetzt dreckig war, ein weißer Bleistift von der Matchless Lumber Company, eine Karte mit dem aufgedruckten Namen Mr Wilkins und darunter in Handschrift sein eigener Name, Jim Littlefield, und ein Aspirin-Döschen. Darin steckten zwei seiner Zähne und der Schorf von seiner Schutzimpfung. Er war die ganze Strecke von Missouri bis Oklahoma barfuß im Zug gefahren, weil seine Großmutter gestorben war und Mr Wilkins, der Prediger, gesagt hatte, es würde nett sein hier draußen mit anderen Indianerjungen und -mädchen. Mr Wilkins hatte ihn in den Eilzug gesetzt und dem schwarzen Schaffner im Abteil einen halben Dollar gegeben, damit er den Jungen im Auge behielte, er sei Waise und erst acht Jahre alt. Jetzt stand er auf der grobkörnigen Schlacke neben den Gleisen und sah dem Zug nach, der davonsauste wie eine kleine flinke Fliege, und obwohl Mr Wilkins es mit Ehrenwort versprochen hatte, war doch niemand da, ihn abzuholen.

Überhaupt war niemand zu sehen. Er schaute durch die Fenster des gelben Bahnhofshäuschens, in dem nichts war als ein dicker Ofen und eine Bank, ein trüb gewordener Spucknapf und ein kleiner Dienstraum, in dem ein Telegraf aufgeregt vor sich hin tickte. Eine frisch gestrichene Draisine stand auf einem Abstellgleis nahe dem Wasserturm und sah aus, als würde sich nie wieder jemand da hineinsetzen. Kein Laut zu hören, nicht einmal ein Hund oder eine Biene, und zu sehen war nichts als der nackte blaue Himmel und hinter den Schienen ein Stoppelfeld, das sich jenseits eines rostigen Stacheldrahtzauns himmelweit erstreckte. Direkt neben der Tür zum Bahnhofshäuschen lag ein längliches Stück Blech, das in der Sonne blinkend kühl aussah, aber Jim wusste natürlich, es war heiß genug, um sich daran den Fuß zu verbrennen. Kühl sah es aus, weil es ihn daran erinnerte, wie auf Grandmas Hinterhof das Regenwasser in den Waschzubern glänzte. An Waschtagen, wenn er eimerweise Wasser für sie hochgezogen hatte, schwappte es manchmal über seine Füße mit einem wunderbaren Geräusch und einem wunderbaren Gefühl. Sobald die Wäsche auf der Leine hing, schwärzte sie den Herd und schrubbte den Küchenboden, danach machte sie es sich bequem und trank, während sie im Schaukelstuhl auf der von Wisteria beschatteten Veranda saß, etwas Blutrotes aus Sassafras-Blättern. In Momenten wie jetzt gerade, an einem heißen Sommertag, roch sie so kühl wie die Unterseite eines Blattes.

Nichts Kühles hier, so weit man sehen konnte. Der Anstrich auf dem Bahnhofshäuschen war so gleißend hell, dass man im Dunkeln die Zeitung hätte lesen können. Jim entdeckte keine Bäume, außer dem einen weit hinten auf dem Stoppelfeld, und der sah armselig und dürr aus. In Missouri gab es große Bäume, schattig wie ein Sonnenschirm. Er erinnerte sich, wie er im Schatten von Akazien auf der Betontreppe der Leichenhalle saß und um seine Großmutter weinte, die er in ihrem katzengrauen Sarg gesehen hatte. Mr Wilkins hatte Schnupftabak von der Oberlippe hochgezogen und ihn getröstet, wobei er durch die Nase sprach, die wie eine unreife Erdbeere aussah. »Ich will kein Waisenkind sein«, hatte Jim geweint und an das Waisenhaus draußen beim Messegelände gedacht, wo die Kinder graue Uniformen trugen und einmal die Woche mit der Straßenbahn in die Stadt zur Bibliothek fuhren. Viele von ihnen hatten Brillen, und ein paar humpelten. Mr Wilkins hatte gesagt: »Großer Gott, Jim, mein Bürschchen, habe ich dir nicht versprochen, du wirst Onkel Sams Junge? Onkel Sam legt keine Waisen rein, er kümmert sich einzig und allein um seine Bürger.« Im Zug hatte ein dicker Mann ihn gefragt, was er als Erwachsener werden wolle, und Jim hatte geantwortet: »Ein Ureinwohner.« Der Mann hatte gelacht, bis er sich sein rundes Gesicht mit einem blauen Schnupftuch wischen musste, und das bei ihm sitzende kleine Mädchen hatte böse gesagt: »Was ist so komisch, Papa? Was hat das Kind gesagt?« Es war kühl gewesen, als er und Mr Wilkins unter den großen Ahornbäumen neben dem Bahnhofshäuschen in Missouri gewartet hatten und Mr Marvin Dannenbaums alter Schimmel Wasser aus dem bemoosten Trog getrunken hatte. Und genau hinter ihnen in der Linden Street war Miss Bessie Ryder in ihrem Gärtchen gewesen und hatte ein Gematsche roter Himbeeren für ihr Frühstück gepflückt. Die Früchte würden noch voller Tau sein, wenn sie üppig Sahne über sie goss. An der Vorderseite ihres Häuschens stand ein Spalier, woran sich Efeu hochrankte, und rings um ihren Brunnen wucherte Immergrün.

Doch für Jim war all die Kühle vorbei, als er aus dem Schatten der Ahornbäume in den Zug stieg. Mrs Wilkins hatte ihm etwas fürs Mittagessen mitgegeben; beim Essen entdeckte er später eine tote Ameise auf einem der Sandwiches mit Erdnussbutter, und der geschmolzene Schokoriegel war über dem knubbeligen Apfel zerlaufen. Seine Nase hatte sich geschwollen angefühlt, und er hatte Kopfschmerzen bekommen, und die grüne Bank war, als er sich darauf ausstreckte und die Backe anschmiegte, kratzig wie eine Bürste. Der Zug roch wie am Vierten Juli, nach Zunder und Krachern, und wenn er in kleinen Städten Halt machte, kam er kaum zur Ruhe, denn er bebte und ruckelte und schnaubte wie ein alter Hund, der zu schwach ist, der Sonne zu entrinnen. Einmal hatte der schwarze Schaffner ihn zum Gepäckwagen mitgenommen, damit er sich mal einen großen teuren Collie im Hundekäfig anschauen sollte, und der hatte mit angelegtem Maulkorb wütend durchs Gitter gestarrt; es gab da noch Koffer und Kisten in jeder Form, darunter eine große runde Kiste, von der der Schaffner sagte, darin stecke nichts als ein Riesenkäse aus Michigan. Als Jim zu seinem Sitzplatz zurückkehrte, hatte der dicke Mann mit dem kleinen Mädchen beim Halt in Sedalia ein Lunchpaket gekauft, und Jim musste zusehen, wie sie gebratenes Hähnchen und Senfblattgemüse, eingelegte Rote Bete und Maisbrot aßen. Beim nächsten Halt holte der schwarze Schaffner Teller und Besteck ab und trug sie zur Bahnstation hinaus.

Jim hatte die Eisenbahnräder dazu gebracht, »Onkel Sam, Onkel Sam« zu rattern, und dann hatte er sie nicht anhalten können, selbst als er schon halb eingeschlafen war. Mr Wilkins hatte gesagt, Onkel Sam sei nicht einer dieser Schönwetterfreunde, die einen Cherokee im Stich lassen, wenn ihm all seine Verwandten weggestorben sind. Es sei eine Gnade, ein Indianer zu sein, hatte der Prediger gesagt, was Mrs Wilkins bestätigt hatte: »Ja, das ist die reine Wahrheit, Jim, mein Bürschchen. Ich würde alles dafür geben, eine Indianerin zu sein, einfach alles, was dir grad einfällt.« Sie hatte dabei unentwegt Wachsbohnen gefädelt, und die Schweinshaxe, die sie dazu machen wollte, schmorte schon hinten auf dem Herd. Jim hätte sie gern gefragt, warum sie eine Indianerin sein wollte, aber sie schien mit ihren Gedanken ganz bei den Bohnen, und so hatte er nichts gesagt und den Truthahnflügel gestreichelt, mit dem sie immer den Herd sauber fegte.

In dieser Öde von Schlacken konnte man leicht krank werden, und Jim wusste nicht, was er tun sollte, wenn nicht bald jemand auftauchte. Er konnte unmöglich den weiten Weg zurück nach Missouri barfuß laufen; wenn er nicht den Schienen folgte, würde er sich verirren, und folgte er ihnen und wäre mal dösig und ein Zug käme angebraust, würde der Kuhfänger ihn packen und ins Jenseits schleudern. Er hockte sich auf die Fersen und wartete, fühlte, wie sich graue Schlacke in seine Fußsohlen presste, und lauschte der Mittagsruhe. Hitzewellen zitterten zwischen ihm und dem Bahnhofshäuschen, und lange Zeit gab es kein anderes Geräusch als den eifrigen Telegrafen, der etwas Wichtiges mitteilte, obwohl niemand darauf achtete. Vielleicht ging es um ihn – Jim! Es konnte ein Telegramm von Mr Wilkins sein, dass man ihn zurückschicken sollte. Der Prediger hatte vielleicht einen Verwandten aufgespürt, bei dem Jim leben konnte.

Der Junge sah auf einmal den großen weißen Säulengang vor dem Haus des reichen Mannes am Missouri River; er war oft dorthin gegangen, um das Vollkornbrot und die Chilisoße abzuliefern, die seine Grandma immer herstellte, und die gelbhaarige Dame an der Hintertür des großen Hauses hatte jedes Mal gefragt: »Möchtest du dich nicht etwas ausruhen, Jimmy, hier, wo es kühl ist?« Er setzte sich dann auf eine Bank am langen Tisch und streichelte die Katzenmutter, die auf der Fensterbank schlief, und die Dame sagte: »Du magst mein liebes Samtpfötchen, nicht wahr? Am besten wäre es wohl, du kämst und würdest bei mir und ihr leben, ich sehe ja, dass sie dir schon die Sprache verschlagen hat.« Manchmal trug die Dame eine Boudoir-Haube aus Spitze mit einer blauen Seidenschleife auf der Stirn, und einmal hatte sie ihm eine Anstecknadel mit einem Knopf geschenkt, auf dem stand: »WEG MIT DER PROHIBITION!« Das hartnäckige Ruckeln des Telegrafen konnte eine Botschaft von ihr sein oder auch von Miss Bessie Ryder, die ihm einmal in einem kleinen Zimmer mit lauter Bildern von Napoleon die Karten gelegt hatte; der vor ihrem Fenster wachsende Efeu zeichnete Muster auf Napoleons Gesicht, und in dem kleinen Silberkrug in Form von Napoleons Kopf steckte eine blaue Anemone. Oder es konnten sogar die Wilkins selbst sein, die nach ihm sandten, damit er in die Dachstube einzöge, wo die alte

Wiege stand, in der ihr Baby gestorben war, und wo auf dem Bett eine rosa Steppdecke lag mit sechszackigen Sternen.

Jim weinte und fing die Tränen mit seiner weichen Zunge auf. Und dann begann weit weg eine Glocke sanft und langsam zu läuten, und als sie verklang, hörte er ein Auto, das mit anmaßend offenem Auspuff näher kam. Er weinte weiter, aber anders als vorher, und die Aufregung schlug ihm auf den Magen, denn er wusste, es waren die Leute von der Schule, und plötzlich konnte er es nicht ertragen, dass sie ihn finden würden. Er rannte die Station entlang und rannte dann wieder zurück, und dann hüpfte er auf einem Fuß zur Tür und hüpfte dabei auf das Stück Blech. Er schrie auf bei dem grässlichen jähen Schmerz. Er setzte sich hin, griff den versengten Fuß mit beiden Händen und sagte unter Schluchzen: »Hol dich der Teufel! Verdammte Pest!« Er hörte, wie das Auto anhielt und die Türen zugeschlagen wurden und eine Frau sagte: »Augenblick. Ach, ist schon gut.« Jim schloss die Augen, als Füße, Schlacke schmatzend, näher und näher kamen.

»Fasst mich nicht an!«, kreischte er, ohne die Augen zu öffnen, und ein Schweigen entstand wie damals, nachdem ihm die Gemeindeschwester in Missouri in den Hals geschaut hatte. Sie fassten ihn nicht an, und so hörte er auf zu weinen, und die Frau sagte: »Meine Güte, der Zug muss schon lange durch sein! Ich werde mit diesem Bahnhofsvorsteher mal Tacheles reden.«

Jim öffnete die Augen. Da stand ein großer Mann mit pechschwarzem Haar, das ihm ins Gesicht fiel, und trug einen hellbraunen fleckigen Anzug und einen Ring mit einem Türkis von der Größe einer Vierteldollarmünze. Die Frau hatte goldene Ohrringe und goldene Zähne, die sie in einem gewohnheitsmäßigen Lächeln zeigte, und sie trug ein blauseidenes Kleid mit weißbesticktem Bertha-Kragen. Beide rochen nach Medizin. Der Mann berührte Jim an der Stelle im Arm, wo er geimpft worden war; verwirrt von allem in der Welt, weinte der Junge hemmungslos. Die Frau beugte sich zu ihm und sagte: »Ist ja gut, ist ja gut.« Jim erstickte fast bei dem Geruch nach Medizin und nach Butter in ihrem schwarzen Haar. Der Mann und die Frau sahen sich an, und Jims Haut kribbelte, weil er bemerkte, dass sie sich wunderten, warum er nichts bei sich hatte. Mr Wilkins hatte aber gesagt, man brauche das nicht, nicht mal Schuhe.

»Nun, Schätzchen«, sagte die Frau und nahm seine Hand, »da haben wir einen langen Weg mutterseelenallein hinter uns gebracht, nicht wahr?«

»Einen kolossal langen Weg«, sagte der Mann und lachte herzhaft, um es komisch klingen zu lassen. Er nahm Jims andere Hand und zog ihn hoch, und dann gingen sie zusammen den Schlackenweg entlang und um die Ecke des Bahnhofshäuschens zu einem großen, schwarzen Tourenwagen, auf dessen Tür stand:

INNENMINISTERIUM

INDIANER-DIENST

Auf dem Rücksitz lagen zwei riesige leere Ballonflaschen und eine nagelneue Hacke.

»Rein mit dir, auf den Vordersitz, Kleiner«, sagte der Mann. Das schwarze Leder versengte Jim die Beine, und er legte die Hand über die Augen, damit die Windschutzscheibe ihn nicht so blendete.

»Keine Schuhe«, sagte die Frau und setzte sich neben ihn.

»Bereits registriert«, sagte der Mann. Er stieg auch ein, und sein fetter Oberschenkel drückte feucht gegen Jims Ellbogen.

Jim ging der Telegraf nicht aus dem Sinn. Würde er immer weiterticken, bis jemand ihn hörte, oder würde er nach einer Weile wie ein Telefon verstummen? Es musste seinetwegen sein, er war doch der Einzige, der hier aus dem Zug gestiegen war, und die Nachricht musste von jemandem kommen, der ihn zurückhaben wollte, was anderes konnte es nicht sein. Sein Herz schlug so schnell wie eine Nähmaschinenspule, die aufgewickelt wird, und er wollte sich übergeben und sich verstecken und sich Unmengen von Trauben in den Mund stopfen und einem ängstlichen Mädchen mit einer Strumpfbandnatter hinterherjagen, alles auf einmal. Er überlegte, laut um Hilfe zu schreien, sodass sie ihn aus dem Auto ließen, aber sie könnten ihn deshalb auch schlagen, ihn mit einem Fahrradschlauch schlagen oder ihm eins mit der neuen Hacke über den Kopf ziehen. In der Schule würde er aber nicht bleiben! Wenn es keine andere Möglichkeit gäbe, würde er wie ein Landstreicher auf dem Güterzug nach Hause fahren und oben im Glockenturm der Kirche unter der verrückten Glocke schlafen. Er würde heute Nacht noch fliehen, sagte er sich, und er presste die Hand aufs Herz, damit es ruhiger schlug.

Von der Rückseite des Bahnhofshäuschens konnte man die Stadt sehen. Eine breite Straße lief flach mitten hindurch, und sie hatte die gleiche Art von Geschäften und Häusern und Laternen wie jede andere Stadt. Die Bäume sahen aus wie übrig geblieben, und die abgehärmten braunen Hunde schlichen mürrisch hinter den Mülltonen herum. Der Mann ließ den Wagen an, und als sie auf die Hauptstraße fuhren, bemerkte Jim, dass die Männer, die am Bordstein saßen, Indianer waren, sie hatten lange Zöpfe und verschlossene Gesichter. Sie saßen in der Hocke und hatten die großen Köpfe vornüberhängen und die flach ausgestreckten Hände regungslos zwischen ihren Knien. Diejenigen von den Frauen, die nicht dick waren, waren mager und wendig wie Laubheuschrecken, und alle gingen die Hauptstraße auf und ab mit Körben voller glühend heißer Maiskolben auf dem einen Arm und Babys auf dem anderen. Die hölzerne Kuppel auf dem Gemeindehaus aus rotem Backstein war gelb-grün gestrichen, und im Vorhof lagen Männer mit tief über die Augen gezogenen Hüten oder lümmelten sich auf den eisernen Bänken unter den kümmerlichen Bäumen, deren Blätter grau vor Staub oder Läusen waren. Ein paar Kinder mit Eistüten drückten sich in den Türeingängen herum, wie misshandelte Katzen. Jeder sah kränklich aus.

Der Mann von der Schule gestikulierte mit der Hand, die den mächtigen Türkis trug, und sagte: »Mein Junge, das hier ist die Stadt deiner Vorfahren. Das ist die Hauptstadt der Cherokee.«

»Sie denken doch an das Wasser, nicht, Billings?«, sagte die Frau wie nebenbei, und als der Mann bejahte, fragte sie Jim: »Weißt du, was ›Cherokee‹ bedeutet?«

»Nein«, sagte Jim.

Die Frau blickte über seinen Kopf hinweg den Mann an. »Du liebe Güte, wir verdienen unser Brot wirklich hart. Was soll man mit Indianern anfangen, wenn die nicht mal wissen, dass sie Indianer sind?«

»Ich habe immer gewusst, dass ich Indianer bin«, sagte der Mann.

»Und ich auch«, sagte die Frau. »Immer.«

Jim saß in dieser furchtbaren Hitze und diesem furchtbaren Ausgeliefertsein zwischen ihren erwachsenen Leibern und wagte nicht einmal, die Stellung seiner Beine zu verändern, um nicht gegen den Schalthebel zu stoßen. Er hatte das Gefühl, dass beide ihn ansahen, als hätte er Ausschlag im Gesicht, und er wünschte sich, sie würden sich beeilen, um zur Schule zu kommen, damit er gleich türmen konnte. Bei dem Gedanken ans Weglaufen nach Sonnenuntergang und wenn Tiere und Räuber aus dem Dunkel herauskrochen, pochte sein Herz wieder heftiger, wie eine Maschine, für die keiner zuständig ist.

Der Wagen hielt an einem Drugstore, und der Mann stieg aus und hievte die Ballonflaschen auf den Bürgersteig. Im Schaufenster war ein riesiger rosafarbener Fuß mit zwei Hornhaut- und einem Hühneraugenpflaster zu sehen. Nebenan stand ein leeres Gebäude, und auf seinen Fensterscheiben klebten Plakate von J. M. Barclays Jahrmarkt und von Copenhagen-Schnupftabak und Clabber-Girl-Backpulver. Der Jahrmarktsanschlag war verblichen und zerrissen, wie es solche Anschläge immer sind, und das Bein einer rothaarigen Reiterin ohne Sattel bös zerfleddert. Wie heiß so ein Jahrmarkt wäre mit dem Geruch von Mist und geröstetem Popcorn! Und selbst Riesenrad fahren wäre an so einem Tag kein Spaß. So entsetzlich es hier war, wo unter der Sonne das Wagendach knackte, es wäre noch schlimmer, in der obersten

Kabine vom Riesenrad festzustecken, weil unten etwas schiefgelaufen ist. Da konnte man schon vor Hitze und Angst und Übelkeit sterben, wenn man auf den weit entfernten, mit Popcornresten bedeckten Boden hinunterschaute.

Die Dame neben Jim nahm ein Taschentuch aus ihrer weißen Leinentasche, und als sie sich den Schweiß von der Oberlippe wischte, fing er einen zarten Duft auf, der ihn an die gelbhaarige Dame in Missouri erinnerte, und er sagte: »Ich möchte einen Brief schreiben, sobald ich da bin.«

»Nun, das wird sich finden«, sagte die Frau. »An wen möchtest du denn schreiben?« Aber der Mann kam zurück, und so musste Jim nicht antworten. Der Mann wankte unter dem Gewicht der Ballonflasche, sein Bauch war vorgewölbt, und als er sie auf den Rücksitz stemmte, sagte er erbost: »Ich wünschte mir, einer von den Typen in Washington müsste das hier paarmal durchziehen. Dann würde das Ministerium endlich Nägel mit Köpfen machen bei dem Klärbehälter.«

»Das Ministerium!«, stieß die Frau erbittert aus.

Der Mann schleppte die zweite Ballonflasche mit Wasser an, und sie fuhren wieder los und erreichten bald eine Fernstraße, die sich lang und weiß dahinzog, glänzend wie das Stück Metall am Bahnhofshäuschen. Sie überholten ein altes Fuhrwerk mit einem Schaukelstuhl hintendrauf, in dem eine Frau, kleiner und noch runzliger als Jims Großmutter, saß und eine Maiskolbenpfeife rauchte. Drei kleine dunkelbraune Kinder hockten ihr zu Füßen, aufgereiht an der einen Seite des Fuhrwerks, sie hatten das Kinn auf die Seitenwand gestützt und starrten neugierig den Tourenwagen vom Indianer-Dienst an. Das Kind in der Mitte winkte schüchtern und versteckte dann den Kopf an der Schulter wie ein Vogel und kicherte.

»Creek!«, rief die Frau wütend. »Überall sieht man heutzutage die Creek! Was soll da aus den Cherokee werden?«

»Fragen Sie den Jungen nach seiner Abstammung«, sagte der Mann.

»Jim«, sagte die Frau, »hast du gehört, was Mr Standing-Deer gesagt hat?«

»Was?«, sagte Jim und drehte sich ruckartig zur Seite, um den Mann mit diesem eigenartigen Namen anzusehen.

»Erinnerst du dich an deine Mutter und deinen Vater?«, sagte die Frau.

»Nein, die waren tot.«

»Woran sind sie gestorben?«

»Weiß ich nicht. Vielleicht an Wechselfieber.«

»Er sagt, sie sind vielleicht an Wechselfieber gestorben«, sagte die Frau zu Mr Standing-Deer, als wäre er taub. »Ich habe das Wort seit Jahren nicht mehr gehört. Wahrscheinlich meint er Grippe. Glauben Sie, dieser altertümliche Sprachgebrauch ist ein Hinweis auf die Kulturform, der er zugehörig ist?«

Mr Standing-Deer machte einen hundeähnlichen Laut in der Kehle. »Fragen Sie mich was anderes«, sagte er. »Seine Sprache ist mir so was von egal – ich rede davon, woher er abstammt.«

»Waren Mama und Papa beide Indianer?«, fragte die Frau freundlich.

»Ist mir egal!«, sagte Jim. Er hatte sagen wollen: ›Ist mir nicht bekannt‹, konnte es aber nicht mehr ändern, weil er wieder so heftig weinen musste, dass die Frau ihn an der Schulter tätschelte und ihm keine weiteren Fragen stellte. Sie erzählte ihm, sie sei Miss Hornet und in Chickasha geboren und sie sei jetzt die Hausmutter im Schlafsaal der Jungen, und Mr Standing-Deer der Berater der kleinen Jungen. Sie sei überzeugt, Jim werde es in der Schule gefallen. »Onkel Sam kümmert sich so gut er kann um uns alle, darum sollten wir ihm gegenüber artig sein und ihn nicht sehen lassen, dass wir Heimweh haben«, erklärte sie, und Jim, der an seinen Fluchtplan dachte, sagte leise: »Hat mir Mr Wilkins auch gesagt.«

Nach einer Weile bogen sie auf eine Zufahrt ein, an deren Ende sich ein großes weißes Tor befand. Jenseits davon lagen terrassenförmige Rasenflächen, wo Bäume neben einer Gruppe von Gebäuden standen. Hier war auch alles gedämpft. An einigen Stellen war das Gras gelb, und das Wasser im Graben hinter dem Tor floss träge. Es gab einen Kiesplatz, auf dem Kinder spielen konnten, aber kein Kind war zu sehen. Eine Rutsche, ein paar Schaukeln und eine Wippe waren da, doch sie sahen aus wie abgenagte Knochen, und über dem ganzen Ort hing etwas Bedrohliches wie ein aufziehender Tornado. Einmal, als ein Wirbelsturm zu Hause gewütet hatte, waren alle Fenster in Mr Dannenbaums Haus herausgesprengt worden, und ein paar alten Leuten fegte er das Abendessen vom Tisch, und als Jim und seine Großmutter sich das anschauen gingen, thronte die Soßenschüssel oben auf einem Zaunpfahl, ohne dass ein Tropfen verschüttet worden war.

Jim nahm sich vor, bis Sonnenuntergang zu allem immer Ja und Amen zu sagen, damit sie keinen Verdacht schöpften, und als Mr Standing-Deer ausstieg, um das Tor zu öffnen, fragte er Miss Hornet ganz ruhig: »Schlafen die Kinder jetzt alle?«

»Ja, wir schlafen jetzt alle«, sagte sie. »Einigen von uns geht es in diesen heißen Tagen gar nicht so gut.« Jim warf ihr heimlich einen ängstlichen Blick zu, wollte sehen, ob sie etwas Ansteckendes hatte, konnte aber in ihrem glatten braunen Gesicht nichts entdecken.

Die Gebäude waren groß und aus dunklem Stein, und weil die Rollos an den meisten Fenstern heruntergelassen waren, strahlten sie Kühle aus, und Jim dachte wohlig, wie er die kurze Zeit vor Einbruch der Dunkelheit verbringen würde, umgeben von allerlei kühlen Dingen im Hausinnern – Wasser zum Trinken, Farne in Töpfen, kühle weiße Büsten von Abraham Lincoln und George Washington, Gummitritte auf den Treppenstufen wie in der öffentlichen Schule daheim in Missouri. Mr Standing-Deer hielt vor einem der kleineren Gebäude, an dessen Mauern üppige Klettertrompeten rankten. Grandmas Hinterhaus war auch von einer Klettertrompete überwachsen, und ein kleines dummes Mädchen namens Lady hatte geglaubt, die Blüten wären echte Trompeten, und erzählt, die Feen könnten hören, wie sie die »Schlachthymne der Republik« auf ihnen blies. Sie war das Mädchen, das behauptet hatte, sie hätte einen Wurm im Schokoriegel gefunden und eine Reißzwecke in einem Cracker. Mit Lady hatte Jim die Blätter der Kapuzinerkresse auf dem Regenwasser in den Waschzubern schwimmen lassen, und später aßen sie die dann immer auf, während sie in der Hängematte im Schatten der Bergahorne saßen.

Es stimmte schon, im Eingangsbereich des kleinen Gebäudes gab es Farne, und Jim sah sie begierig an, obwohl sie blass und saftlos aussahen, wie sie da in einem herunterhängenden, mit Weidenruten eingefassten Behälter wuchsen. Links von der Tür war ein Büro, und darin saß hinter einem Schreibtisch groß und mächtig eine Indianerin, die die Finger der einen Hand spielerisch mit einem Gummiband verknüpfte. Sie trug ein weißes Männerhemd und eine Krawatte mit Opalnadel, und um ihre dicke Taille spannte sich ein breiter perlenbesetzter Gürtel. Das Haar lag in Zöpfchen geflochten rings um den Kopf, und an oberster Stelle prangte eine blühende Trompetenblume, vollkommen natürlich, als wüchse sie dort.

»Ist das der neue Junge?«, fragte sie Miss Hornet.

»Wer sonst sollte das denn bitte schön sein?«, sagte Miss Hornet bissig.

»Ich heiße Miss Dreadfulwater«, sagte die Frau am Schreibtisch mit furchterregender Donnerstimme, lachte dann, und nach Jims Hand greifend, schnauzte sie: »Und pass ja auf, was du tust, sonst verschlingt die Dreadfulwater *dich.*«

Jim schüttelte sich und wandte den Blick von dieser verrückten Frau ab, und wie aus weiter Ferne hörte er seine eigene Stimme: »Haben Sie Mr Wilkins' Telegramm bekommen?«

»Telegramm?«, dröhnte Miss Dreadfulwater und lachte laut heraus. »Na klar haben wir sein Telegramm erhalten. Sein Telegramm und ein Ferngespräch. Bist du nicht im Pullman-Luxuszug mit Salonwagen angereist? Und hat dich Onkel Sam nicht höchstpersönlich in der Staatskarosse abgeholt? Ja doch, zu Befehl, Mr Wilkins und Onkel Sam und Honest Harold in Washington und alle von uns hier haben kaum an etwas anderes gedacht als an Jim Littlefield.«

Mr Standing-Deer sagte müde: »Um Himmels willen, Sally, geh es etwas sanfter an. Der Junge ist fix und fertig.«

»Ich bin auch fix und fertig, Mr Lying-Moose und Miss Yellow-Jacket, und ich sage, es ist zu viel. Was zu viel ist, ist zu viel. In diesem Schlafsaal allein müssen weitere sechs ins Bett, und das ergibt gerade mal acht, die überhaupt noch auf den Beinen sind. Und die noch auf den Beinen sind, schleppen sich halbtot herum, die armen kleinen Würmchen.«

Irgendetwas stimmte nicht mit Miss Dreadfulwater, und Jim kam nicht drauf. Wäre sie nicht eine Frau und eine Art Lehrerin, hätte er gedacht, sie sei betrunken. Sie nahm eine Karteikarte aus der Schreibtischschublade und fragte ihn, wie alt er sei und ob geimpft und wie die Namen seiner Eltern lauteten. Er sehnte sich danach, Wasser zu trinken, oder wollte wenigstens an den Farnen im Eingang riechen, wagte es aber nicht, darum zu bitten, stand nur vor dem Schreibtisch und hatte das Gefühl, schon angesteckt zu sein von dem, was auch immer die anderen hatten. Mr Standing-Deer nahm eine Pistole aus seiner Jackentasche und legte sie auf den Schreibtisch, ging auf den Flur und sagte über seine Schulter hinweg: »Wahrscheinlich sind sie alle zu krank, um sich in der nächsten Zeit aus dem Staub zu machen.«

»Wie alt war deine Mutter, als sie starb?«, fragte Miss Dreadfulwater.

»Achtzehneinhalb«, antwortete Jim.

»Woher weißt du das?«, fragte sie.

»Grandma hat's mir erzählt. Ich hab's aber schon so gewusst.«

»Du hast es gewusst? Erinnerst du dich an deine Mutter?«

»Ja«, sagte Jim. »Sie war eine Bolschewikin.«

Miss Dreadfulwater legte ihren Druckbleistift hin und schaute ihm fest in die Augen. »Hast du einen Sonnenstich, oder habe ich einen?«, sagte sie.

Eigentlich mochte er sie, und so lächelte er, bis Miss Hornet sagte: »Beeil dich, Sally, ich habe nicht den ganzen Tag Zeit.«

»Okay, okay, Queenie. Ich wollte bloß die Bolschewiki-Geschichte abklären.«

»Mach's später«, sagte Miss Hornet. »Du weißt doch, dass er das erfindet. Tun sie doch alle, wenn sie neu sind.«

Miss Dreadfulwater stellte noch einige Fragen, ob

seine Mandeln raus seien, wer Mr Wilkins sei, ob Jim sich für einen Vollblutindianer oder einen Halbblutindianer halte oder was sonst. Schließlich war sie fertig und legte die Karteikarte in die Schublade zurück, und dann fragte Miss Hornet Jim: »Was würdest du jetzt gern spielen? Bis zum Abendessen darfst du machen, was du willst. Auszupacken hast du ja ganz offensichtlich nichts.«

»Ist er einfach so gekommen?«, fragte Miss Dreadfulwater erstaunt. »Wirklich?«

Miss Hornet ignorierte sie und wiederholte ihre Frage: »Was würdest du gern spielen?«

»Weiß ich nicht«, sagte Jim.

»Natürlich weißt du das«, sagte sie scharf. »Möchtest du auf die Rutsche? Oder auf die Schaukel? Keins der anderen Kinder ist draußen, aber ich nehme doch an, dass ein Junge von acht weiß, was ihm Spaß macht.«

»Ja«, sagte er. »Ich gehe raus.«

»Er sollte besser ins Bett«, sagte Miss Dreadfulwater. »Du solltest ihn sofort ins Bett stecken, wenn du nicht willst, dass er auch noch krank wird.«

»Sei still, Sally«, sagte Miss Hornet. »Und jetzt ab mit dir, Jim.«

Obwohl Jim schrecklichen Durst hatte, hielt er sich nicht damit auf, eine Trinkwasserfontäne zu suchen oder auch nur einen Blick auf die Farne zu werfen. Der Estrich kühlte seine Füße, doch als er ins Freie trat, traf ihn die

Hitze wie der Schlag einer Hand. Es machte ihm nichts aus, weil er bald fliehen würde. Das Wort ›fliehen‹ hatte allein schon etwas Erfrischendes, und er flüsterte es zweimal vor sich hin, während er über den Rasen ging.

Hinter dem Gebäude stand ein stattlicher Baum, und ein Junge saß in seinem Schatten. Er trug eine grüne Sonnenkappe, las ein Buch und kaute Kaugummi schneller als die Feuerwehr.

Jim ging auf ihn zu und fragte: »Weißt du, wo man Wasser findet?«

Der Junge nahm seine Sonnenkappe ab, und Jim sah, dass seine Augen feuerrot waren. Sie waren so erschreckend, dass er einfach starren musste. Der Junge sagte: »Das Wasser ist giftig. Es gibt hier eine Seuche.«

Jim verknüpfte das giftige Wasser und die Krankheit im Schlafsaal mit den roten Augen des Jungen, und vor Schreck rührte er sich nicht. Der Junge schob den Kaugummi auf die Unterlippe und klemmte ihn dort fest mit den oberen Zähnen, die grau gestreift und fein gekerbt waren wie ein Brotmesser. »Einer ist gestorben«, sagte er, lachte und drehte sich auf den Bauch.

Am Rande des Rasens und jenseits der Gebäude sah Jim eine Reihe Bäume, von der Art, die sich an einem Flussufer entlangziehen, und sofort dachte er, wenn es dunkel wird, gehe ich dorthin. Aber ihm war beklommen zumute, und obwohl es hier heiß und still war und er Durst hatte, wollte er nicht, dass es zu schnell Abend würde, und er sagte zu dem lachenden hässlichen Jungen: »Gibt es überhaupt kein gutes Trinkwasser hier?«

»Doch«, sagte der Junge, richtete sich auf und setzte die Kappe auf, »aber nicht für Indianer. Ich werde ausreißen.« Er knallte zweimal mit dem Kaugummi und zog ihn dann aus dem Mund, volle dreißig Zentimeter, und ließ ihn wie ein Springseil sanft schwingen.

Jim fragte: »Wann?«

»Wenn ich meine Pläne fertig habe«, sagte der Junge und enthüllte seine seltsamen Zähne in einem Grinsen, das keineswegs freundlich war. »Weißt du, wem das Versteck da hinter den Bäumen gehört hat?«

»Nein, wem denn?«

»Clyde Barrow«, flüsterte der Junge. »Vor nicht allzu langer Zeit sind sie gekommen und haben ihn mit Maschinenpistolen ausgeräuchert. Da gehe ich hin, wenn ich das hier hinter mir habe.«

Erst jetzt registrierte Jim die Kleidung des Jungen. Er trug blaue Jeans und dazu passend ein blaues Hemd, und statt eines Gürtels trug er eine feuerrote Schärpe, etwa in der Farbe seiner Augen. Jim hatte so etwas noch nie an einem anderen Jungen gesehen und fragte darauf deutend: »Ist das eine Fahne oder so was?«

»Das ist die rote Schärpe«, antwortete der Junge. »Das ist eine Strafe. Du darfst eigentlich nicht mit mir sprechen, wenn ich sie trage.« Er schenkte Jim ein boshaftes, verstohlenes Lächeln und nahm den Kaugummi aus dem Mund und rollte ihn zwischen Daumen und Zeigefinger. »Wie heißt du überhaupt?«, fragte er.

»Jim Littlefield.«

»Das ist kein indianischer Name. Ich heiße Rock Forward Mankiller. Mein Vater heißt Son-of-the-Man-Who-Looked-Like-a-Bunch-of-Rags-Thrown-Down. Auf Navajo ist er nicht so lang.«

»Navajo?«, fragte Jim.

»Aber sicher, ich bin kein Cherokee«, sagte der Junge.

»Was hast du denn gemacht, dass sie dir die rote Schärpe verpasst haben?«, wollte Jim wissen, es aber nicht hören.

»Das möchtest du wohl wissen«, sagte Rock Forward und kaute wieder seinen Kaugummi. Jim setzte sich neben ihn in den Schatten und schaute auf seinen versengten Fuß. Keine Brandblase, doch der Fuß war gerötet, und die Haut spannte. Sein Kopf tat weh, und der Hals war rau, und er wollte sich auf den Bauch legen und schlafen, wagte es aber nicht, damit er nicht bei Anbruch der Nacht tief schliefe. Er spürte wieder die Last des wartenden Schweigens; einmal schlug ein Blauhäher in Clyde Barrows Wäldchen wie verrückt Krach, und ein paar Mal hörte er eine Kuh muhen, sonst nichts als diese brütend heiße Stille, in der ihn der rotäugige Junge gelassen ansah.

»Was tun sie, wenn du fliehst und sie erwischen dich?«, fragte Jim zitternd und verriet sich so.

»Standing-Deer verfolgt dich mit seinem sechsschüssigen Revolver, und dann kriegst du die rote Schärpe«, sagte Rock Forward und musterte ihn genau. »Du kommst nicht weit, wenn du keine Pläne parat hast. Ich weiß, was in deinem Kopf vorgeht, Littlefield. Ist so bei allen Neuen. Ich kenne mich da aus.« Er kicherte und streckte die Arme weit aus, und wieder zeigte er seine widerlichen Zähne.

Das Bedürfnis zu schlafen war so stark, dass Jim sich nicht einmal über Rock Forward ärgerte, und er schwankte halb dösend hin und her, sehnte sich danach, in voller Länge auf einem Bett zu liegen und nur undeutlich durch die halb offene Tür die Geräusche der wachen Personen zu hören. Kleine leuchtend farbige Erinnerungen überraschten ihn angenehm wie winzige Valentinskarten. Dass seine Mutter Bolschewikin gewesen war, wusste er, weil sie ein Paar Slipper aus purpurrotem Satin besessen hatte, die Grandma in einer Schublade aufbewahrte, zusammen mit ihren schönsten gehäkelten Topflappen und einem Album mit Ansichtskarten aus Gettysburg. Die wunderhübschen Schuhe waren aus Satin und die Absätze mit Glitzersteinchen besetzt. Der glänzende Stoff war an einigen Stellen abgewetzt und zeigte die Farbe von Rock Forwards Augen und seiner Schärpe. Jim sagte: »Im Ernst, warum musst du die rote Schärpe tragen?«

»Ich habe Standing-Deers Pistole geklaut, wenn du's genau wissen willst, und ich hab gesagt ›Zur Hölle mit Onkel Sam‹.«

Jim hörte, was der Junge sagte, aber er achtete nicht mehr darauf, sondern murmelte vor sich hin, weder an den Jungen gerichtet noch an sonst jemanden: »Ich warte bis morgen. Bin jetzt zu müde.«

Auch Rock Forward schenkte Jim keinerlei Beachtung. Stattdessen wandte er den Kopf ab und sagte in die Richtung des Verbrecherverstecks: »Wenn ich krank werde von der Seuche und sterben muss, bringe ich sie alle um. Standing-Deer zuerst und Dreadfulwater als Zweite und Hornet als Dritte. Ich fackle die ganze Bude ab, und ich spucke überall hin.«

»Hast du einen Vater?«, sagte Jim und brachte kaum die Worte heraus.

»Natürlich habe ich einen Vater«, sagte Rock Forward plötzlich wütend. »Hab dir doch gerade seinen Namen gesagt. Hast du nicht gehört, dass er im Gefängnis sitzt, weil er einen bekannten Anwalt in Del Rio, Texas, umgebracht hat? Wenn er wüsste, dass ich hier bin, würde er sie alle miteinander umbringen. Er würde sich diese rote Schärpe schnappen und in tausend Fetzen reißen. Ich bin kein Waisenkind und auch kein Cherokee wie der Rest von euch, und wenn ich hier raus bin, sollte sich Standing-Deer ja vorsehen. Er sollte sich höllisch in Acht nehmen, wenn ich erst mal meine eigene Sechser-Knarre habe.« Hitzig riss er sich die Kappe herunter und knickte und zerbrach sie, wobei das Zelluloid der Länge nach aufplatzte, und stürmte dann ohne ein weiteres Wort mit seitlich flatternden Enden seiner roten Schärpe zur Baumreihe.

Jim war inzwischen zu müde, um irgendetwas wichtig zu nehmen – jetzt, da er sich entschieden hatte, bis zum nächsten Tag zu warten. Nicht einmal die Hitze kümmerte ihn. Er legte sich auf den kränklichen Rasen und beobachtete eine Zeitlang eine einsame Blattschneiderbiene, die ein Fitzchen Wegerichblatt in ihr Erdloch manövrierte. Er hoffte, sie würden ihn nicht aufwecken und in den Schlafsaal bugsieren; er hoffte, Mr Standing-Deer käme und würde ihn tragen, und er konnte sich selbst sehen, wie sein Kopf an dieser starken Schulter im fleckigen Jackett ruhte. Er sah sich kleiner und kleiner werden und in einer offenen Kommodenschublade schlafen wie Kayo im Moon-Mullins-Comic. Er raschelte im Schlaf und rührte sich dabei weg von den spitzen Absätzen der roten Schuhe, und etwas so sanft, kuschelig und schützend wie Pelz hüllte ihn in stille Freude.

Kinder langweilen sich am Sonntag

Durch den weiten Durchgang zwischen zwei Sälen mit Gemälden sah Emma Alfred Eisenburg, der vor den »Drei Wundern des heiligen Zenobius« stand, sein mageres Pferdegesicht aschfarben und traurig, die hagere Gestalt wie unterernährt und in einer Kleidung, die anzeigte, dass er in diesem Jahr ärmer war als noch im letzten. Emma hatte selbst schon den ganzen Nachmittag nach dem Botticelli gesucht, zur Seite gezogen zuerst von einem nicht mehr erinnerten Mantegna und dann von einem Nachfolger des Hieronymus Bosch und schließlich in einem Raum mit englischer Malerei, durch den sie musste, von dem empörten Geschimpfe zweier Damen abgelenkt, die (wie sie einander bitter vor Augen riefen) in einem unmöglichen und überteuerten Loch in einem Hotel auf der Madison untergebracht waren. Emma mochte Alfred, und einmal auf einer Party in einem anderen Jahr hatte sie sechs oder sieben Minuten lang ein bisschen mit ihm geflirtet. Damals war Frühling gewesen, und selbst in das moderne Apartment – wo immer das gewesen war –, in dem die gewieften Gäste hochzivilisiert und gebildet und immer auf der Hut über ästhetische und politische Themen sprachen, war der Frühling keck eingedrungen und hatte seine namenlosen Gefühlsaufwallungen unter all die anderen des gebeutelten Herzens gemischt; man wusste nicht und hatte es selbst in den Gefühlsstürmen der Jugend nicht gewusst, ob es Anspannung war oder Auflösung – ob man floh oder ertrank.

In einem anderen Jahr hätte sie sich gefreut, hier im Metropolitan auf Alfred zu stoßen, an einem kalten Sonntag, wo sich in den Sälen Stadtfremde und Leute drängten, die den Rest des Tages ein bisschen Weiterbildung absolvierten. Aber in diesem Jahr versteckte sie sich gerade vor solchen Menschen wie Alfred Eisenburg, und sie drehte sich schnell um in die Richtung, aus der sie gekommen war, vorbei an den Constables und Raeburns. Beim Herumdrehen stand sie Auge in Auge mit Salvador Dalí, dessen plötzliche Erscheinung mit dem von öffentlichen Fotos vertrauten unwahrscheinlichen Schnurrbart und den Schauspieleraugen sie ruckhaft zum Stehen brachte, da sie ihn nicht sofort erkannte und ihn, noch überrascht davon, Eisenburg zu sehen, für jemanden hielt, den sie kannte. Sie schauderte und machte sich klar, dass er nur berühmt war, und sie ging mitten durch eine Führung und kam sicher durch die Säle bis zu der Galerie oberhalb der mittelalterlichen Rüstungen, wo sie anhielt und die beiden Jugendlichen im Highschool-

Alter beobachtete, die die Panzerscharniere eines Ritters untersuchten.

Sie machte eine Pause, da sie sich nicht entscheiden konnte, was sie anschauen sollte, jetzt, wo ihr der Botticelli verwehrt war. Sie fragte sich ziemlich verärgert, wieso Alfred Eisenburg das Bild betrachtete und wieso er überhaupt hier war. Sie fürchtete, dass ihr mit so viel Schwung begonnener Nachmittag nicht mehr zu retten war; ihn – der für ihr Leben keinerlei Bedeutung hatte – so flüchtig erspäht zu haben konnte sie nur allzu leicht von den Gemälden ablenken, nicht nur, weil sie sich ihrer Ignoranz in Sachen Malerei durch die Gegenwart eines Menschen, der (wie sie annahm) damit bestens vertraut war, schmerzlich bewusst wurde, sondern weil ihre Sehfähigkeit zwangsläufig durch Erinnerungen und Mutmaßungen beeinträchtigt wäre, durch die irrelevanten Abbilder in ihrem Inneren von zahllosen Leuten aus Eisenburgs Milieu. Und fast sofort, wie sie es vorhergesehen hatte, wurde die Luft, die sie von den Jungen da unten trennte, mit Bildern von Komponisten, Malern, Autoren bevölkert, die ihre in dem jeweiligen Jargon verfassten Urteile über Hindemith, Ernst, Sartre, über Beethoven, Rubens, Baudelaire, über Stalin und Freud und Kierkegaard, über Toynbee, Frazer, Thoreau, Franco, Salazar, Roosevelt, Maimonides, Racine, Wallace, Picasso, Henry Luce, Monsignor Sheen, die Atomenergiekommission und die Filmindustrie von sich gaben. Und sie sah sich selbst unsicher vor lauter Ängsten und Martinis und mit der Streitlust eines Kindes, das sich ausgelacht fühlt, durch Wohnungen von Freunden Alfred Eisenburgs gehen, wo in den Regalen alles aufgereiht war von Aristophanes bis Ring Lardner, wo an den Wänden Reproduktionen von Seurat, Tizian, Vermeer und Klee hingen und wo die Schallplattenschränke mit Palestrina begannen und mit Copland endeten.

Diese Cocktailpartys waren eine Lebensform in sich, für die eine neue Philosophie, eine neue Ethik und neue Anstandsregeln noch ersonnen werden mussten. Sie waren weder Arbeit noch Vergnügen, und doch waren sie keineswegs unerheblich, sondern im Gegenteil unentbehrlich für das Geistesleben der Künstler, die sie aufsuchten. Es war Emma möglich, diese Anlässe nach so vielen Monaten der Enthaltung objektiv zu sehen, aber es war ihr noch nicht möglich, sie zu verstehen, da sie etwas so Spezielles waren und so ganz anders als die Partys, die sie von zu Hause kannte. Zum einen war der Klatsch anders, er war stilisiert, erfinderisch (erfasste das Ganze des garrottierten, abwesenden Freundes), präzise in den Details, die süffisanten Einfälle hatten alle etwas von Henry James, und alle, die ihn praktizierten, sahen sich betrübt in der Rolle des Pontius Pilatus, dieses Helden widriger Umstände. (Es musste getan werden, wenn wir es auch nicht wollten; schad', dass sie eine Hure ist, wo niemand intelligentere Verse schreibt als sie.) Und da war die Sache mit den Drinks, die viel schlechter waren als die überall sonst gereichten, und viel reichlicher. Sie verzichteten auf solchen Firlefanz wie Oliven in Martinis oder Kirschen in Manhattans (Gott bewahre! Sie waren doch keine Schleckermäuler), und oft genug gab es kein Eis, und wenn, stammte es höchstwahrscheinlich von den Eistischen der Fischhändler an der Straßenecke. Ein anderer Menschenschlag, so hörte man, verließ Dinnerpartys spätestens um halb neun, um essen zu gehen, aber niemand verließ je eine von einem Olympier gegebene Party vor frühestens zehn Uhr, und dann gingen Gruppen gemeinsam los, blieben zankend im Türrahmen stehen und konnten sich gereizt nicht einig werden, wohin sie essen gehen sollten, obwohl sie, wenn sie einmal da waren, selten überhaupt aßen, sondern mit der denkbar größten Förmlichkeit mehrere Runden Cocktails bestellten, als ob sie seit Ewigkeiten keinen Drink zu sich genommen hätten. Aber das Allerüberraschendste bei diesen Partys war, dass ab und zu mitten in einer lebhaften Diskussion dieser Sahnetopf der Aufgeklärten scheußlich sauer wurde und eine Debatte buchstäblich mit einer blutigen Nase oder einem blauen Auge endete. Emma war immer wieder verblüfft, wenn das geschah, und sie blieb dabei, dass diese Ausbrüche nicht aus Hass oder Eifersucht entstanden, sondern aus irgendeinem unerklärlichen Tick, fast einem Reflex, etwas fast Körperlichem. Sie konnte ihren Augen nie ganz trauen, das heißt, sie war nie so richtig überzeugt, dass sie einander wirklich zusammenschlugen. Es schien eher eine vorsätzliche und vollkommen aufrichtige Demonstration dessen, was oft hätte passieren können, wenn sie sich nicht so sorgsam ihrem Intellekt hingegeben hätten. Obwohl Emma sie dabei erlebt hatte, wie sie es taten, glaubte sie nicht und konnte es nicht glauben, dass Stadtmenschen sich gegenseitig das Kinn einschlugen, denn für sie bedeutete weltstädtisch weltgewandt, und was in diesen augusteischen Adern floss, war Götterblut.

Als sie jetzt von ihrer Galerie auf die grässlichen Eisenkleider hinuntersah, kam ihr in den Sinn, dass Alfred Eisenburg genau so ein Großstadtjunge der ersten Generation gewesen war wie die beiden, die da in gelenkigen, eifrigen Haltungen halb knieten, um die glänzenden Schienen einer Ritterrüstung zu studieren. Es war eine Kindheit, die sie sich nicht vorstellen konnte und woran sie in heimlichem, schamvollem Mitleid nicht denken mochte. Sie war völlig verblüfft gewesen, als sie das erste Mal nach New York kam und merkte, dass fast niemand, den sie traf, die Romane von Dickens verschlungen hatte wie sie, die mit zehn Jahren damit angefangen hatte, und weil sie erst zwanzig war, als sie in der Stadt ankam, und unvertraut mit der Spielbreite kultureller Erfahrungen, hatte sie sich die nie mehr ganz abgeschüttelte Idee zurechtgelegt, dass diese Ureinwohner von New York dieses unschuldigen Vergnügens und vieler anderer mehr beraubt waren, weil sie in Apartments wohnten und nicht in zwei- oder dreistöckigen Häusern. (In ihren ersten Jahren in New York hatte sie jemanden kennengelernt, der noch nie eine Katze schnurren gehört hatte, bis er fünfundzwanzig war und zu einer Einweihungsparty auf Fire Island eingeladen wurde.) Sie hatten hinter Mülltonnen Verstecken gespielt statt hinter Fliederbüschen und in Eingängen von Apartmenthäusern statt in mit Stockrosen gesäumten Gassen. Aber wer war sie, um sie von oben herab zu bemitleiden? Ihre eigene Kindheit, die ihr in der Rückschau reich vorkam, hatte sie nicht dazu ausgerüstet, zu lesen oder zu sehen oder zu hören wie deren Kindheit; sie beneidete und verachtete, fürchtete und bewunderte sie zur gleichen Zeit. Da ihre Haltung sie stillschweigend anklagte, bevor sie den Rückzug antrat, suchte sie nie nach Bedeutungen, erkannte sie nie die literarisch-historische Zeichenhaftigkeit der Cocktailpartys, sondern blieb trotz gegenteiliger Beweislage hartnäckig bei ihrem Glauben, es handele sich dabei um Gelegenheiten, sich zu betrinken. Sie höre nicht richtig zu, deuteten Ton und Miene ihres Gegenübers taktvoll an, und wenn sie einmal redete, war es peinlich unpassend; immer und immer wieder war sie angestarrt worden und hatte sich anhören müssen: »Das ist überhaupt nicht dasselbe.«

Emma schauderte, als sie so ihr eigenes Wesen erforschte, das alle verächtlich behandelten, als wäre es ein zwar harmloses, aber widerliches Reptil. Sie merkte jetzt, wie kalt die Marmorbrüstung unter ihren Händen war, und empfand ihre Selbstvorwürfe als gerechtfertigt; ins Metropolitan Museum kam sie nicht, um die Meisterwerke zu betrachten, sondern um sich an Cocktailpartys zu erinnern, bei denen sie zu viel getrunken und Alfred Eisenburg gesehen hatte, und um Schuljungen zu beobachten und um den zufälligen Kontakt ihrer Handinnenfläche mit einem kalten Stück Marmor als Erfahrung zu verbuchen. Was war da zu machen? Eines jedenfalls war klar: Der heutige Ausflug in die Welt war voreilig; ihre Einsamkeit musste noch eine Weile anhalten, und vielleicht würde sie nie enden. Wenn der Anblick von jemand so Unerheblichem wie Alfred Eisenburg sie so übel erschrecken konnte, was geschähe bei einer Cocktailparty? Bei dem Gedanken wurde sie fast ohnmächtig, fiel fast kopfüber, und die Jungen unten, die sich von dem Panzerhemd lösten und zu einem blasonierten Wappenhemd übergingen, verwirrten sie.

Kurz, sie war noch nicht präsentabel. Wenn sie

auch nicht mehr verstümmelt war, so war sie doch noch verwahrlost; ihre Ansprüche mussten abgebürstet, ihre Ambiguitäten gesäubert, ihre Ausflüchte komplett überholt werden, bevor sie der beängstigenden Bildung eines Alfred Eisenburg gegenübertreten konnte, einer Bildung, deren Bestandteile sich zu einer zentralen Persönlichkeit zusammenschlossen, die »Intellektueller« hieß. Sie stellte sich vor, dass selbst die Jungen da unten Meinungen über Politik, Kunst, Metaphysik, Wissenschaft hatten, und weil sie trotz aller ihrer Gelegenheiten völlig unbedarft geblieben war, nahm sie fest an, dass die Jungen ihren Startvorteil daher hatten, dass sie in Wohnungen aufgewachsen waren, worin man nichts anderes tun konnte, als sich zu bilden. Dieses Intellektuellsein war nicht dasselbe wie Dilettantismus – es war eine Berufung an sich. Emma wusste zum Beispiel nicht, ob Eisenburg Maler, Schriftsteller, Komponist, Bildhauer oder etwas gänzlich anderes war. Als sie ihn zusammen mit Komponisten gesehen hatte, hatte sie ihn für einen von ihnen gehalten; als sie ihn das nächste Mal bei einem Atelierfest traf, sagte sie sich, er ist Maler; und als bei weiteren Begegnungen alles darauf hingedeutet hatte, dass er Schriftsteller war, schloss sie das allein aus irgendwelchen Indizien und nicht aus etwas, was er gesagt oder getan hätte. Es gab keinen Grund für die Annahme, er hätte bei ihr nicht dieselbe Art variabler Unbestimmtheit gesehen, und es machte ihre gegenseitige Anonymität vollkommen. Ohne das Zeugnis eines unvoreingenommenen Dritten hätten weder sie noch Eisenburg jemals erfahren, womit der andere tatsächlich sein Brot verdiente. Aber was es nun im Einzelnen war, spielte keine Rolle, denn seine größere Bestimmung war die des »Intellektuellen«, so wie jemand, der sein Talent speziell der Nase oder dem Hals widmet, immer noch Arzt ist. In diesem Licht betrachtet, war es umso verblüffender, dass sie damals bei jener Party so blitzartig geflirtet hatten.

Verblüffend, weil Emma sich selbst nicht als Intellektuelle betrachten konnte. Ihr privater Gegenbegriff war »Bauerntrampel«, und zu ihrem Bedauern – ein Bedauern, das sie schließlich aus Alfreds Kreisen vertrieben hatte – war sie nicht einmal ein echter Bauerntrampel. Wenn man sie so sah, hielt man sie oft für eine Intellektuelle, sie war ja, die Ärmste, aufs College gegangen und war danach nie mehr dieselbe gewesen. Sie würde jetzt zum Beispiel nicht wagen, zu Eisenburg zu gehen und ihm zu sagen, am meisten gefielen ihr an dem Botticelli die menschlichen, mitleidigen Augen der Pferde der Zenturionen, die sie an die Augen ihres Großonkels Graham erinnerten, den sie als Kind so geliebt hatte. Und sie hätte auch nicht zugeben wollen, dass sie von einer Crivelli-Madonna entzückt war, weil die Pfirsiche im Hintergrund genau wie Marzipan aussahen, und dass

Goyas kleiner roter Junge in ihr nur den dringenden Wunsch weckte, sofort rauszugehen auf der Suche nach einer pummeligen Katze, die sie streicheln könnte. Sie wusste schon, dass diese Art Empfindungen nicht wirklich sträflich waren, aber sie war nicht weit gekommen in der Kunst, sie geschickt einzusetzen; kokett war sie nicht. Im Krieg zwischen der Farm von Großonkel Graham und der Stadt New York war sie ein Soldat, der Handgeld ergaunerte, auf der einen Seite drohte das Kriegsrecht, auf der anderen Seite der Tod. Weder echtes Provinzgewächs noch selbstsicher *au courant*, wusste sie selten, woran sie war. Und das war ihre Achillesferse: Immer missverstand man, wer sie war, und glaubte, sie sei eine Intellektuelle, die es nicht ganz geschafft hat. Es war sinnlos, aufzuschreien, sie sei keine, sie sei ein waschechter Bauerntrampel; keine Menschenseele wollte ihr glauben. Sie wusste, tief im Innern und mit Schrecken, dass man sie schlicht für dumm hielt.

Man konnte als Bauerntrampel durchaus erfolgreich agieren unter den Olympiern, und das hatte sie auch beobachtet. Jemand mit Namen Nahum Mothersill war darin brillant gewesen, aber sie fragte sich oft, ob ihm nicht einfach der Name geholfen hatte und ob das überhaupt sein wirklicher Name gewesen war. Wenn sie, sagen wir, Hyacinth Derryberry hieße, hätte sie vielleicht, wie Mothersill es getan hatte, fragen können, wer Ezra Pound war. (Das erschien ihr plötzlich als ein sehr wichtiger Punkt; es war ja allerliebst, nicht zu wissen, wer Pound war, aber es war nur peinlich, zu wissen, wer er war, aber die *Cantos* nicht gelesen zu haben.) Wie anders es wäre, wenn Bildung nicht in ihre bäurische Natur reingepfuscht hätte! Ihre Bildung hatte sie nie von ihren Überzeugungen abbringen können, aber den Anblick ihres Geistes hatte sie jedenfalls gründlich verunstaltet – das arme Ding geschminkt, bis es aussah wie eine gemeine, verlogene, haltlose, unzufriedene, eine feige, zaghafte, schrille Frau. So glaubte sie heimlich weiter (würde es aber niemals gestehen), dass der Apfel, den Eva gegessen hatte, genau so geschmeckt hatte wie jene, die sie als Kind bei den Besuchen auf Großonkel Grahams Farm gegessen hatte, und dass Newtons Beobachtung trotz allem Getöse nichts Neues war. Die Äpfel, die sie gegessen hatte, waren doch fast alle von dem Baum gefallen, dessen Äste sie genau zu diesem Zweck geschüttelt hatte, und das Apfelexperiment schloss sowohl das Fallen der Frucht als auch deren Verzehr ein, und Eva und Newton und Emma verstanden einander vollkommen in diesem Ausschnitt der Wirklichkeit.

Emma schreckte auf. Die beiden Großstadtjungen, die, mochten sie noch so helle sein, Jungen waren, brachten irgendeinen metallischen Kleidungsgegenstand zum

Klirren, und sofort verließ sie die Galerie, als könnte dieses unziemliche Geräusch die Aufmerksamkeit der Menge erregen, und alle Welt einschließlich Eisenburg würde angelaufen kommen, um zu sehen, was passiert war. Sie huschte wie ein Wild durch Touristengruppen, bis sie einen leeren Sitzplatz vor Rembrandts berühmter Vogelscheuche »Mann in orientalischem Kostüm« fand – es war genau so etwas, diese fundamentale Gleichgültigkeit angesichts der meisten Sachen von Rembrandt, was das Leben in New York für Emma zur Hölle machte –, und dort auf dem pflaumenblauen Velours ging ihr überraschend auf, dass das letzte vertraute Gesicht, das sie gesehen hatte, bevor sie die Tür zu ihrem Grab geschlossen hatte, jenes von Alfred Eisenburg gewesen war.

Im September war es ihre Gewohnheit gewesen, mehrere Stunden am Tag in gerader Linie loszuziehen und nur an Ampeln und vor illegalen Taxis anzuhalten, in der Hoffnung, müde genug zu werden, um in der Nacht schlafen zu können. Um fünf Uhr – und nach und nach wurde es immer häufiger erst vier Uhr und schließlich halb vier – ging sie dann in eine Bar, wo sie, während sie trank, die Rubrik »Where to Dine« in der *Sun* zu studieren schien. Tatsächlich hatte sie längst aufgehört, auswärts zu essen; alle paar Tage schob sie sich mühsam dünne Scheiben von irgendetwas Nahrhaftem in den angeekelten Mund und spülte das schreckliche

Zeug mit gewaltigen Zügen von magischem, reinigendem, erfüllendem Apfelschnaps runter, den sie mit lauwarmem Wasser aus der Leitung verdünnte. An einem drückenden Tag, als der Himmel den Regen grimmig zurückhielt, als wollte er die ganze Stadt strafen, ging sie von der Neunzigsten Straße aus die Madison hinunter und dachte beim Passieren der Kirchenkanzlei von St. Patrick's, dass es beinahe so weit war und sie nach Osten zur Fünfzigsten abbiegen musste, um zum New Weston zu kommen, dessen Bar kühl war und geradezu aberwitzig dunkel. Da wurde sie gerufen. Sie drehte sich rasch in alle Richtungen um, bis sie Eisenburg herankommen sah, der dabei ein graues Kaugummiklümpchen aus dem Mund klaubte. Sie waren beide sichtlich schüchtern, und damals hatte sie gedacht, das läge daran, dass sie sich zum ersten Mal wiedertrafen seit ihrem kurzen und untadeligen Flirt. (Wie seltsam, dass sie die Anhäufung der Monate danach wegkratzen und sich daran erinnern konnte, wie sie sich in jener Frühlingsnacht gefühlt hatte – so zitternd, so erwartungsvoll, so ganz und gar jung, als säßen sie zusammen unter einem blühenden Apfelbaum.) Jetzt aber, wo sie wusste, dass ihre eigene Verlegenheit woandersher stammte, dachte sie, seine vielleicht auch, und sie verband seine Unbeholfenheit an jenem Septembertag mit dem, was sie von ihrem einzigen Verbindungsglied mit der Welt der

Olympier, seitdem sie diese verlassen hatte, innerhalb eines ausführlichen Berichts über jedermann gehört hatte. Dieser Informant hatte auf einer Party Alfred getroffen und sagte, Alfred mache eine sehr schwere Zeit durch, eine Scheidung, Armut, ein Sturm, der ihn den Job gekostet hatte, und schließlich ein Psychoanalytiker, dessen Honorar er schlicht nicht zahlen konnte. Vielleicht steckte er damals schon in diesem Albtraum, als sie sich bei der Kirchenkanzlei getroffen hatten. Ohne Alkohol und ohne das Dabeisein anderer Menschen mussten sie schüchtern sein, oder ihr Leiden hätte sich in aller demütigenden Nacktheit gezeigt. Wäre das jetzt auch noch wahr, wo sie sich an diesem Nachmittag unausweichlich in einem Saal mit frühflämischer Malerei träfen?

Auf dieser gemeinsamen Ebene, in diesem Zustand gesellschaftlicher Abgeschiedenheit, hatte Emma plötzlich den Wunsch, Alfred aufzustöbern und ihm auf der Stelle zu sagen, sie hoffe, ihm sei es nicht so schlecht ergangen wie ihr. Aber natürlich war sie nicht so naiv, und sie stand auf und ging zielstrebig auf die beiden Holbeins zu. Sie gefielen ihr, wie alle Holbeins. Es war aber nun einmal passiert, und sie konnte die Bilder nicht richtig betrachten; Eisenburgs hypothetisches Leiden und ihr eigenes reales Leiden verwischten die klaren Linien und verschlammten die leuchtenden Farben. Zwischen ihr und den Leinwänden schwammen die Monate von sich krebsartig ausbreitendem Misstrauen, von Ärger, der sie seekrank machte, von Kummer, der sie schüttelte wie ein Fieberschauer, von körperlichen Beschwerden, mit denen der arme, schikanierte Geist vergeblich das überheblich gesunde Fleisch zu ruinieren versuchte.

Schon dieser eine Blick auf sein Gesicht, durch die blökende Menge hindurch, sagte ihr, jetzt, wo sie ihn sich wieder vergegenwärtigte, dass seine Wangen hingen und seine Haut grau war (keine Seife und kein Wasser können je das schmuddelige Aussehen von Todtraurigkeit abwaschen) und seine Haltung müde. Sie wollte, dass sie zusammen in irgendeine hoffnungslos schäbige Bar gingen und einander über einer langen Abfolge kräftiger Whiskys in der rührseligsten Weise trösteten, ihre Krankheiten verglichen, ihre versehrten Seelen für diese wenigen Stunden schmerzlicher Gemeinschaft vermählten und hingerissen plaudernd feststellten, dass sie endlich, für diese kurze Zeit, nicht länger allein waren. Nur so, als Kranke, konnten sie heiraten. In allen anderen Umständen wäre es eine Mesalliance, von Beginn an zur Scheidung verdammt, denn Bauerntrampel und Intellektuelle mussten ihrer Klasse treu bleiben. Wenn es doch stattfinden könnte – diese Flitterwochen der Versehrten, dieses hochzeitliche Beilager der Verlassenen –, während sie köstlichen bernsteinfarbenen Whisky tranken in einem Schuppen mit einer Jukebox, einem stämmigen

Barkeeper und einer Handvoll hilflos Herumtaumelnder; wenn es stattfände, wäre es dann möglich, ihn davon abzuhalten, alles zu vermasseln, indem er über Nebensächliches spräche? Also über Kunst und Neurose, Kunst und Politik, Kunst und Wissenschaft, Kunst und Religion? Konnte er die Tagesmoden ablegen und seine Bildung in seinem privaten Lager lassen? Konnte er, heißt das, den Apfel fallen sehen und nicht gleich wie verrückt loslaufen und Newton brühwarm die Neuigkeit verkünden und ihn fragen, was in aller Welt das zu bedeuten habe? Konnte er ihr zuliebe (diesem kläglichen Bauerntrampel zuliebe, der hier im Metropolitan Museum drauf und dran war, das eigene Leid zu beweinen) den ganzen Disput vergessen und einmal seinen Augen trauend zugeben, dass die Erde flach war?

Es war jetzt eigentlich sinnlos, die Gemälde betrachten zu wollen. Sie ging in guter Absicht auf das Diptychon von Van Eyck zu und betrachtete lange die verdammten Seelen in der Hölle, bewacht von dem unerbittlichen, gleichgültigen und geschlechtslosen Engel, der über dem sich schließenden Höllenmaul stand. Sie sah in erneutem Erstaunen auf Jo Davidsons rosafarbenen, verrunzelten, einbalsamierten Kopf des Jules Bache, der als Schmuckstück auf einem kannelierten Podest vor einer flämischen Tapisserie stand. Aber in Wahrheit war ihr nichts anderes bewusst als ihr Bedürfnis, das Museum in Begleitung von Alfred Eisenburg zu verlassen, ihrem leiblichen Vetter auf dem Gebiet der Verzweiflung.

Sie musste aufgeben, zwei Stunden vor Schließung, obwohl sie vorgehabt hatte, bis zum Schluss zu bleiben, und sie gelangte zur Haupttreppe, die sie langsam hinabstieg, enttäuscht und mit neidischem Blick auf die Menschen, die heraufkamen und Klapphocker bei sich hatten, auf denen sie sitzen und sich in der Betrachtung der Bilder verlieren würden. Salvador Dalí ging schnell an ihr vorbei die Treppe hinunter. Bei den Telefonzellen zögerte sie, so schneidend einsam, dass sie fast ihr Adressbüchlein gesucht hätte, und tatsächlich holte sie eine Münze heraus, steckte sie aber wieder weg und drängte verloren gegen die hereinströmende Flut. Bei den Doppeltüren hörte sie plötzlich einen Pfiff, und sie drehte sich abrupt um im Wissen, dass es Eisenburg war, wie er es natürlich auch war, mit einem nicht passenden Lächeln auf dem langen El-Greco-Gesicht. Er nahm ihre Hand und fragte sie ernst, wo sie das ganze Jahr geblieben sei und wieso sie ausgerechnet heute ausgerechnet hier sei. Emma antwortete zerstreut, während sie auf seine schäbige Kleidung sah, sein struppiges Haar, den grünlichen Schimmer auf seiner weißen Haut, die tiefschwarzen Augen, in denen alle Gefühle zerzaust, zerfetzt waren und zusammengehalten gerade mal von dem schwachen Glauben, dass eine Änderung kommen *musste*. Seine Hand war warm, und ihre schien sich dahinein zu schmiegen, und ihrer beider Bedürftigkeit schien hier in ihren verschränkten Händen zu liegen. Und es gab keinen Zweifel; er hatte von ihrem Zusammenbruch gehört, und er sah in ihrem Gesicht, dass sie von seinem gehört hatte. Ihr gegenseitiges Erkennen war augenblicklich und absolut, denn sie sahen nur zu gut, dass sie Kinder waren und dass sie, wenn sie es wollten, für den Rest dieses Wintersonntags miteinander spielen durften, ganz nackt, ganz unschuldig. »Was ist das für ein Tag! Wo sind wir hier bloß!«, sagte Alfred Eisenburg. »Kann ich dir einen ausgeben, Emma? Hast du Zeit?«

Sie nahm nicht gleich an; vorsichtig fragte sie, wo sie von hier aus hingehen könnten, denn es war eine zu unwahrscheinliche Gegend für das, was sie suchte. Aber sie waren *en rapport*, und er, der erwachsene Menschen ebenso vermeiden wollte wie sie, schlug vor, zur Lexington rüberzugehen. Er brauche einen Drink nach so einem Nachmittag – sie nicht? Großer Gott, ja!, und sie fragte nicht, was er mit »so einem Nachmittag« meinte, und sagte nur, liebend gern, auch wenn das ein Eiertanz sei bis dahin, wo die Flasche war, die Friedenspfeife auf der Lexington. Aber dann war es gar nicht schlimm; selbst wenn sie ein Pfeifkonzert gehört hätten oder wenn jemand »Intellektueller liebt Bauerntrampel« gejohlt hätte, hätte es ihnen nichts ausgemacht, denn das Herz in der

Rinde des Apfelbaums umschloss die Namen Emma und Alfred, und gegen diese Verbindung gab es kein Einspruchsrecht. In ihrem eigenen Herzen, das genau wie ein Valentinstagherz aussah, spürte sie ein flügelartiges Flattern, eine köstliche Dringlichkeit, und aller Duft aller je gelebten blumigen Frühlingsliebesgeschichten schienen in der Whiskyflasche auf sie zu warten. Ihre Leiden zu vermischen, wie es ihnen ihr Händedruck versprochen hatte, hieß, sich ein eigenes Dasein zu schaffen, wie ein Kind, das sich selbst in jemand anders verwandeln kann, und sie drängten hastig dieser tiefen, bukolischen Erfahrung entgegen.

Eine ländliche Liebesgeschichte

Ein uralter Schlitten stand im Hof, um die angefressenen Kufen hatte sich Schnee um Schnee angehäuft. Auf dem gebleichten, splittrigen Sitz lagen hier und dort Büschel von Pferdehaar und Fetzen schwarzen Leders, mit dem er einst gepolstert war. Er machte mit seinen anheimelnden Rundungen weniger den Eindruck von Antiquiertheit als von gedrosseltem Elan, als ob müde Pferde keinen Schritt weitergekonnt und schließlich hier angehalten hätten. Der Schlitten hatte zu dem Haus dazugehört. Die frühere Besitzerin, eine tüchtige Geschäftsfrau aus Castine, die alte Häuser kaufte und sie mit all ihren Tücken wiederverkaufte, hatte bei der Besichtigung gesagt: »Ein pittoreskes Detail, nicht wahr«, und es dabei belassen, um sich dem Brunnen zuzuwenden, der, wie sie enthusiastisch ausführte, niemals versiegt war. May und Daniel aber fanden das »Detail« eher störend als pittoresk, zu sehr erinnerte es an kunstgewerblichen Kram, und als die Frau, schon mit ihnen in ihrem Auto, noch einmal darauf zeigte: »Ein bisschen fröhliche Farbe, und Ihr Hof gewinnt damit enorm«, überlief sie beide ein Schauder. Sie planten, den Schlitten als Erstes loszuwerden.

Aber teils, weil es wichtigere Dinge zu tun gab,

teils, weil sie nicht wussten, wohin damit (einen Pferdeschlitten konnte man nicht, im üblichen Wortsinn, wegschmeißen), und teils, weil er trotzig darauf zu pochen schien, als fester Bestandteil des Hofs dort zu bleiben, mit gleichem Recht wie die Bäume, taten sie nichts. Den ganzen Sommer über sahen sie, wie Vögel sich kurz auf der schwungvollen Vorderseite niederließen und wie Regenschauer die Kufen wuschen; im Herbst beobachteten sie, wie die goldenen Blätter den Sitz bedeckten und vertrocknend sich anschmiegten; und jetzt sahen sie, wie neuer Schnee sich dort anhäufte.

Der Schlitten war durchs Fenster der großen, hellen Küche zu sehen, wo sie alle Mahlzeiten einnahmen, und manchmal, zu betäubt von ihrer ländlichen Einsamkeit, um zu sprechen, schauten sie ihn an und vergaßen, während sie über seine Geschichte sinnierten, zu essen. Der Spross einer Kapitänsfamilie mochte ihn lässig kutschiert haben, oder er konnte ganz nüchtern die Unitarier aus dem Haushalt zur Kirche befördert oder die Frauensleute zu wohltätigen Besorgungen in der Gegend gebracht haben. Sie sprachen nicht darüber, was seine Funktion gewesen sein mochte, und ihr Schweigen war für May oft irritierend, denn sie fand, dass sie zu häufig schwiegen; und etwas verdrossen dachte sie, wenn etwas so Albernes und Aufreizendes, auf das wir beide schauen – und das, auch wenn wir es nicht wollten, unser Eigentum ist –, uns nicht zum Sprechen bringt, was dann? Aber sie wollte Daniel nicht in seinen Grübeleien stören; sie hielt den Mund, und aus dem Augenwinkel beobachtete sie, wie er dem Winter beim Verhüllen des Schlittens zusah, und als müsste sie eine schwierige Summe im Kopf ausrechnen, versuchte sie zu enträtseln, was ihre Münder verstummen ließ, die früher, vor Daniels Krankheit, die Tage zu kurz gefunden hatten, um sich all das mitzuteilen, was sie sich unbedingt sagen wollten.

Es war die Idee von Daniels Arzt gewesen, nicht die von ihnen beiden, die sie in das ehrwürdige Hinterland gebracht hatte, nachdem die wohlhabenden Sommergäste in ihren geräumigen Kombis längst aufgebrochen waren. Nördliche Sonne, reine Luft, ländliche Spaziergänge und stille Nächte, sagte Dr. Tellenbach, vielleicht in wehmütiger Erinnerung an seine Schweizer Heimat, würden zur Erholung der Lunge des »Professors« mehr beitragen als alle Ärzte und Kliniken der Welt. Nur für May hatte er hinzugefügt, dass es nach einem so langen Aufenthalt im Sanatorium (Daniel war ein Jahr dort gewesen), wo alles gedämpft zuging, für »den Jungen« (diesmal nicht »Professor«, obwohl der fast fünfzigjährige Daniel zwanzig Jahre älter war als seine Frau und zehn älter als Dr. Tellenbach) schwierig und sogar zerrüttend sein könnte, sofort wieder zu den Aufregungen und Ränkespielen der Universität zurückzukehren, zu dem – wie der Doktor mit dünnlippigem Humor sagte – »Tohuwabohu eines Schulmeisterlebens«. Die Unbilden eines Winters auf dem Land seien nichts im Vergleich mit den Strapazen von Kleinkriegen und Cocktailpartys. Alle Professoren wollten doch Bücher schreiben, oder? Und Daniel, Historiker mit der ganzen Wissensfülle zur Hand, hatte doch bestimmt etwas in petto, das die Raison d'Être für ein Jahr fern vom Trubel sein konnte, nicht wahr? May sagte, ja, wahrscheinlich, aber sicher sei sie sich nicht. Sie konnte das Zögern in ihrer Stimme hören, als sie den Augen des Arztes auswich und durch die Fenster auf die Berge hinter dem Sanatorium blickte. In den sich hinschleppenden Monaten, die Daniel nicht da gewesen war, hatte sie Trost darin gefunden, sich die Zeit vorzustellen, wenn sie beide genau in das Pandämonium zurückkehren würden, das der Arzt als Schreckbild an die Wand malte, und da es ein Pandämonium des geringsten und diskretesten Ausmaßes gewesen war, musste sie durch ihre Enttäuschung hindurch über die schweizerische Unschuld des kleinen Mannes lächeln, und sie erklärte, dass sie immer sehr ruhig gelebt hatten und selten mehr als zweimal die Woche ausgegangen waren.

»Zweimal die Woche!« Er war entsetzt.

»Ich fürchte aber«, protestierte sie, »ein zweites Jahr Stillstand würden wir nicht ertragen. Er hat tatsächlich vor, ein Buch zu schreiben, aber er möchte es in England schreiben, und nach England können wir jetzt nicht.«

»England!« Dr. Tellenbach hob dramatisch die Hände. »Gute Luft ist, was ich Ihrem Mann empfehle. Gute Luft und wenig Gespräche.«

Sie sagte: »Gespräche sind doch genau das, was er jetzt braucht nach all der Zeit, die er nur mit sich selbst im Gespräch war, außer, wenn ich ihn besuchen kam.«

Er hatte sie betont geduldig angesehen und dann höflich, aber bestimmt gesagt: »Ich hoffe Ihnen nicht über Gebühr lästig zu werden, wenn ich Ihnen sage, dass ich mit Ihrem Mann sehr wohl vertraut bin und dass ich als sein Facharzt diese Klausur anordne. Er selbst ist vollkommen einverstanden.«

Dass zwischen Daniel und Dr. Tellenbach ein höherer Grad an Verständigung herrschte als zwischen Daniel und ihr, verletzte May, und sie machte weitere Einwände, führte an, wie ihr Mann einmal den Kopf in die Hände gelegt und gestöhnt hatte: »Ich höre immer nur Sputumbecher und Röntgenstrahlen. Sind denn die Leute nicht mehr am Zustand der Welt interessiert?«

Aber Dr. Tellenbach war unerbittlich gewesen, und als sie schließlich aufstand, um zu gehen, sagte er: »Sie werden ihn zwangsläufig etwas verändert finden. Eine lange Erkrankung entrückt einen nachdenklichen Mann von seinen Mitmenschen. Das ist, als lebte man mit einer anspruchsvollen Geliebten, die sich nicht zufriedengibt mit der halben Aufmerksamkeit des Mannes, sondern die ganze fordert.« Sie hatte seinen Vergleich absurd gefunden und gar nicht erst gefragt, was er damit meinte.

Als dann aber die Zeit kam, in ihr neues Haus zu ziehen, und sie keine Änderungen bei ihrem Mann fand und sich sogar an dem neuen Landleben erfreute, konnte sie Dr. Tellenbach allmählich verzeihen. Zu Beginn war es wie zweite Flitterwochen, denn sie waren in einen Teil des Nordens gezogen, in dem sie noch nie gewesen waren, und erkundeten ihn gemeinsam, erlebten die bezaubernden Ansichten und Naturgeräusche gemeinsam. Außerdem hatten sie noch nie ein Haus besessen und immer in Stadtwohnungen gelebt, und obwohl das Haus alt und baufällig war, entzückten sie seine Bauweise, seine alten Türen und Fenster. Den ganzen Sommer über wiederholten sie: »Unglaublich, dass wir das jetzt haben! Dass es tatsächlich uns gehört!« Und sie gingen von Raum zu Raum, bestaunten die Fenster, aus denen nirgendwo etwas Hässliches zu sehen war. Nach Süden hinaus sahen sie auf einen Fluss, nach Norden auf einen See; im Westen war ein Kiefernwald, in dem der Wind immer seufzte und ein vergebliches Flehen hören ließ; im Osten die Wiese eines reichen Mannes, die sich einen Hügel hinab bis zu seinem alten, gebieterischen Haus zog. Allerdings hatte May manchmal auch in diesen verzauberten Tagen, während Daniel ruderte und sie Seerosen pflückte, auf seinem Gesicht eine Geistesabwesenheit bemerkt, und sie wusste dann, dass er Welten entfernt war, in Erinnerung vielleicht an seine Krankheit und das Sanatorium (von dem er nie sprach) oder in Gedanken an das Buch, das er schreiben wollte, so sagte er, sobald der Winter einsetzte und nur noch das Arbeiten blieb. Der Ausdruck auf seinem Gesicht mochte sie erschrecken, und sie erinnerte sich an die Worte des Arztes, aber dann, sogleich wieder sie selbst, geborgen in ehelicher Liebe, griff sie nach einer weiteren Seerose und zog an ihrem langen Stiel. Sie gärtnerten zwanglos zusammen und waren besonders stolz auf die Tabakpflanze, die nachts ihren Duft ins Schlafzimmer verströmte. Mit Begeisterung befragten sie gemeinsam Zimmerleute, Stuckateure und Schornsteinfeger. An den blauen Abenden saßen sie da und lasen, hörten nichts anderes als die Nachtvögel – Eistaucher auf dem See und Eulen in den Baumwipfeln. Als die Tage kühler und kürzer wurden, kam ein Heimchen und beglückte ihr Haus mit nächtlichem Gesang hinter dem Küchenherd. Sie holten sich zwei dicke, faule Tigerkatzen, die gleichmütig neben dem Kamin lagen und sich nur regten, um ein bisschen zu schnurren.

Weil sie erst im Juli eingezogen waren und alle Handwerker der Gegend schon Aufträge hatten, wurden die meisten größeren Reparaturen auf das Frühjahr verschoben, und im Oktober, als May und Daniel alles gemacht hatten, was sie selbst erledigen konnten, und Daniel seine eigene Arbeit angefangen hatte, fand May sich plötzlich ohne Beschäftigung. Ganze Tage konnten vergehen, ohne dass sie etwas anderes tat, als drei Mahlzeiten zu bereiten und ein wenig im Herbstnebel zu spazieren und die Katzen zu streicheln und darauf zu warten, dass Daniel von seinem Arbeitszimmer herunterkam und mit ihr redete. Jetzt sehnte sie sich manchmal nach den geschäftigen Tagen in Boston vor Daniels Erkrankung und selbst noch im vergangenen Jahr, als er nicht da war und sie Konzerte und Vortragsabende besucht und sich für gelähmte Kinder eingesetzt hatte und endlos unterwegs gewesen war auf der Suche nach Geschenken, um die Langeweile im widerwilligen Exil ihres Mannes zu mildern. Und in ihrem Sehnen war Reue, als ob sie dieses Leben, indem sie nach einem anderen verlangte, verriete, und reuig verkroch sie sich in den Schlaf. Manchmal schlief sie tagsüber stundenlang, den Katzen gleich, und wenn sie schließlich aufstand, musste sie den schweren Schlaf wegdrücken wie eine Tür.

Eines Tages beim Mittagessen bat sie Daniel, am Nachmittag mit ihr einen langen Spaziergang zu einer Farm zu machen, deren Besitzer hausgemachte Würste räucherte.

»Du gehst niemals raus«, sagte sie, »und Dr. Tellenbach hat gesagt, das musst du. Übrigens ist heute ein schöner Tag.«

»Ich kann nicht«, sagte er. »Ich würde ja gern, aber ich kann nicht. Ich habe zu tun. Geh du allein.«

Eine Welle von Einsamkeit überflutete sie, und sie sagte heftig: »Ach, Daniel, ich habe nichts zu tun!«

Ein Augenblick der Stille trat ein, und dann sagte er: »Es tut mir leid, dass du da durchmusst, meine Liebe, aber du wirst zugeben, es ist nicht meine Schuld, dass ich krank geworden bin.«

Mit ihrer Scham, den überhasteten, übertriebenen Entschuldigungen, der Versicherung, nichts in der Welt sei ihr wichtiger als seine Gesundheit und sein Frieden, machte sie alles noch schlimmer, und schließlich sagte er knapp zu ihr: »Sei doch kein Kind, May. Lassen wir einander einfach in Ruhe.«

Dieser Ausbruch, der allererste in ihrer fünfjährigen Ehe, war der Beginn einer ganzen Reihe. Kaum ein Tag verging, an dem sie nicht über etwas zankten; sie stritten über irgendetwas Konkretes, fochten über eine Sache des persönlichen Geschmacks, erwischten einander bei einer Ungenauigkeit, und jeder Streit endete damit, dass Daniel sagte: »Warum lässt du mich nicht in Ruhe?« Einmal sagte er: »Ich bin krank gewesen, und jetzt habe ich zu tun, und ich bin nicht mehr jung genug, um mich jedes Mal geistig neu einzustellen, wie es deiner Laune gerade passt.« Danach gab es immer Abbitten, und dann ging Daniel in sein Arbeitszimmer zurück und öffnete die Tür nicht mehr bis zur nächsten Mahlzeit. Schließlich schien ihr die Liebe, die doch das Zentrum ihrer beider Leben war, abgewürgt, überwuchert, unsichtbar. Und stumm vor Feindseligkeit oder wortreich in banalen Vorwürfen, versuchten sie wie getrieben, die Liebe wieder auszugraben, und konnten es nicht – konnten sie in ihrem verwilderten Grab nur zerquetschen. In seiner Zurückgezogenheit von ihr und dem Haus war Daniel ganz mit seiner Forschung beschäftigt, über die er nie sprach, außer um zu sagen, dass es sie langweilen würde, und die meiste Zeit, so erschien es May, bekümmerte es ihn nicht, was mit ihnen geschah. Sie spürte, wie das kalte alte Haus sie umhüllte, als wäre es ihrer beider Feind, böswillig darauf bedacht, sie ins Verderben zu stürzen. In Argwohn gefallen und in bloßer Gegenwart verkümmernd, starrten sie bei den Mahlzeiten auf den bedeutungslosen, absonderlichen Schlitten, der verlassen in dem monströsen Winter stand.

May ertappte sich, wie sie dachte: Wenn wir unser Haus wieder in den ursprünglichen Zustand versetzen und streichen ließen, hätte es etwas von Henry Fords Wayside Inn. Und ich könnte gerade diese Bemerkung machen und er würde sie vielleicht mit Geringschätzung quittieren und wir könnten wieder imstande sein, miteinander zu sprechen. Vielleicht könnten wir über Williamsburg sprechen und wie wir das damals bekrittelt haben. Sie spann den Faden mühsam weiter. Williamsburg war Teil unserer Hochzeitsreise; irgendwo waren unsere Füße in den Seitentrieben verheddert, als wir uns unter einer Weide küssten. Bald merkte sie, dass ihr an diesem Gedankengang nicht lag, wie ihr auch nicht daran lag, was er dazu sagen würde. In ihren gedachten Gesprächen mit Daniel erwähnte sie nie den Schlitten. Gegen den dünnen, kranken Gelehrten, dessen Gelehrsamkeit und Krankheit ihren Platz eingenommen hatten, hatte sie nach und nach eine tiefsitzende, aber nicht aggressive Abneigung gefasst.

Sie entdeckte das – und es war für sie nicht überraschend – an Weihnachten. Das Wissen sank wie ein Lot, und zugleich dachte sie an den Schlitten und verband ihn mit dem Geruch der Scheune an feuchten Tagen, und sie dachte, vielleicht ist er ja genau von diesen Tieren gezogen worden, die dort untergebracht waren und dem Gebälk ihren Geruch aufgeprägt hatten. In diesem Haus musste es früher einmal viel Leben gegeben haben – aber vor langer Zeit. Die Erde unmittelbar hinter der Scheune, so hieß es allgemein, war wegen der Pferde äußerst fett, obwohl seit über fünfzig Jahren keine mehr dort gewesen waren. Bei dem Gedanken an diesen Erdboden, den sie früher so gern durch die Finger hatte rieseln lassen, merkte May jetzt, dass sie sich nicht den Frühling herbeiwünschte, auch nicht, einen Garten anzulegen, und weitertastend entdeckte sie, dass sie sich nicht wünschte, den See wiederzusehen oder Kinder oder Lieblingsbilder oder auch nur ihr eigenes Gesicht an einem glücklichen Tag. Ein paar Minuten blieb sie fast entrückt in diesem Zustand der Wunschlosigkeit, aber dann, von ihrem Zynismus prompt kuriert, wusste sie, das war falsch, wusste sie, dass sie sehr wohl einen Wunsch hatte – den Wunsch nach einem Wunsch. Und jetzt fühlte sie sich in einem Strudel gefangen, und im selben Augenblick, da sie diesen Gedanken fasste, wirbelte eine Windbö das letzte Blatt der Ulme auf den Sitz des danebenstehenden Schlittens. Ihr ging durch den Kopf, sie könnte das Holz des Schlittens dem lebenden Baum gegenüberstellen und den Pferden, die, obwohl lange schon tot, sie jedes Mal, wenn sie Feuerholz aus der Scheune holte, an ihr feuriges, schwitzendes, dahinstürmendes Leben erinnerten.

An diesem Morgen saßen sie in der lichtdurchfluteten Küche, und nicht an ihn gewandt, sondern an den Schlitten, die Eiszapfen, den dunklen, reglosen Kiefernwald, sagte sie: »Ich frage mich, ob sie an so einem Tag immer den Pfarrer nach dem Mittagessen heimgebracht haben.« Daniel starrte gedankenverloren auf die hellsilbernen Verwehungen neben dem Brunnen und sagte nichts. Da kam ein Fuhrwerk vorbei, gezogen von zwei Ochsen mit Glöckchen an ihrem Joch. Es war die Stunde, zu der sie immer vorbeikamen und einen älteren Mann mit Pelzhut und eine ältere, in einen Schal gewickelte Frau zu einem unbekannten Ziel brachten. May und Daniel lauschten.

Plötzlich sagte Daniel mit jäh aufflammendem Ärger: »Was hast du gerade gesagt?«

»Nichts«, sagte sie. Und dann, nach einer Pause: »Wie schön wäre es heute am Jamaica Pond.«

Er drehte sich ruckhaft zu ihr um und schlug mit der Faust auf den Tisch. »Danach habe ich nicht gefragt!« Die Farbe stieg ihm fieberhaft in die mageren Wangen, und sein Atem ging schwer. »Du versuchst mich wieder krank zu machen. Es war wundervoll für dich, nicht wahr, solange ich weg war?«

»Aber nein, nein! Ach nein, Daniel, es war die Hölle!«

»Dann muss es aus dem gleichen Grund hier ja der Himmel sein.« Er lächelte wie der Professor, der seine Studentin bei einem Trugschluss ertappt hat.

»Himmel.« Sie sagte es bitter.

»Ja, warum bleibst du dann hier?«, schrie er.

Das war billig, eine Sackgasse, verzweifelt, wahr, unfair. Sie antwortete ihm nicht.

Nach einer Weile sagte er: »Ich glaube fast, da ist etwas, was du mir nicht erzählt hast.«

Sie begann sofort zu weinen, schluchzte quer über den Tisch: »Das hast du schon einmal gesagt. Was soll ich denn sagen? Was habe ich getan?«

Er sah sie an, ungerührt von ihren Tränen, ohne Mitleid und doch ohne Verachtung. »Ich weiß es nicht. Aber du hast irgendetwas getan.«

Es war, als durchwühle sie die unaufgeräumten Schränke und Schubladen eines anderen Menschen nach einem ihr nicht genannten Gegenstand, aber sie konnte ihr krasses Vergehen nicht finden.

Hausfraulich fragte sie ihn, ob er noch Kaffee wollte, und er lehnte entschieden ab und verlangte zu wissen: »Kannst du mir sagen, warum du mich immer piesacken musst? Ist das ein Zwang? Kannst du ihn nicht kontrollieren? Bist du dabei, verrückt zu werden?«

Von diesem Tag an spürte May eine gewisse Belebung innerhalb ihrer Einsamkeit, und ab und zu, wenn sie von einem Buch aufschaute und nachsah, ob die Ofenklappe richtig eingestellt war, oder hörte, wie eine Ratte ihr Haus-im-Haus neu herrichtete, oder die glöckchenbehangenen Ochsen vorbeiziehen sah, nährte und hätschelte sie ihre Wunde, wiederholte sich seine schrecklichen Worte, genau so, wie er sie gesagt hatte, ahmte die

Art nach, wie seine abgemagerten Lippen ausgesehen hatten und seine hellen, weitsichtigen Augen. Es fiel ihr schwer, eine längere Zeit zu lesen, und sie konnte nicht nähen. Ihr lag wenig daran, Änderungen in ihrem Haus zu planen; sie hatte vorgehabt, die gestrichenen Fußböden mit Sand abzuschleifen, um das Holz der breiten Dielen freizulegen, und sie hatte sich ausgemalt, wie die hohen Sprossenfenster aussehen würden, wenn im Frühling gelbe Samtvorhänge davorhingen. Durch Schweigen und Gleichgültigkeit geschult, war sie jetzt gegen den Verfall und die Schäden durch Wind und Schnee gefeit und sah, genau wie Daniel, ohne Missfallen auf die alten, garstigen Tapeten und den schäbigen Küchenboden. Eines Tages wurde ihr bewusst, dass der Schlitten ebenso lange dort stehen würde, wo er stand, wie sie blieben. Von jedem Gedanken kehrte sie zu ihrer tiefen, blutenden Verletzung zurück. Er hatte sie gefragt, ob sie dabei sei, verrückt zu werden.

Sie zahlte es ihm heim an den dunklen Nachmittagen, wenn er in seinem Arbeitszimmer eingeschlossen war und kaum ein Geräusch machte, nur manchmal Feuerholz nachschichtete oder in tiefen Gedanken hin und her ging. Sie saß am Küchentisch und schaute auf den Schlitten, und als Antwort auf Daniels Kränkung beleidigte sie seine Ehre, indem sie sich einen Liebhaber herbeifantasierte. Sein Gesicht stellte sie sich nicht vor, aber seine aufwendige und elegante Kleidung und sein Auftreten, weltmännisch und noch dem geringsten ihrer launischen Wünsche zuvorkommend, und seine geistvolle Redeweise und sein geschicktes Liebeswerben, das in dem Moment begänne, da er den Schlitten erblickte und sagte: »Davon muss ich dich sofort befreien.« Sie wäre vielleicht Witwe, vielleicht geschieden, vielleicht Ehebrecherin. Aber bei einer Affäre, die so durch und durch rechtmäßig war, musste man gar nicht ins Detail gehen. Musste man nicht, heißt das, bis zu einem bestimmten Punkt, und dann kam dieser Punkt, als sie sich der Tatsache bewusst wurde, dass sie an diesen Liebhaber nicht nur glaubte, sondern ihn liebte, gänzlich abhängig war von seiner Gesellschaft. Sie beklagte sich bei ihm über Daniel, und er tröstete sie; sie erzählte ihm Geschichten aus ihrer Kindheit, als sie fröhlich auf Partys gegangen war, begleitet von Jungen ihres Alters; sie verblüffte ihn manchmal mit ihren klugen Kommentaren über Bücher, die sie gerade las. Es erwies sich, dass sie zu dem Schlitten nur hinsehen musste und schwach wurde, ohnmächtig vor Entbehrung.

Bei ihren täglichen Aufgaben – kochen, abwaschen, sich um die verschiedenen Öfen kümmern und im Gemischtwarenladen des Dorfs einkaufen – dachte sie oft, sie sollte besser aufpassen, genau bei so etwas konnte man verrückt werden; eine Zeitlang kam sie dann auf

Daniels Frage zurück und schärfte so deren Schneide. Aber sie konnte ihre fremden Gedanken nicht einpferchen, und sie zitterte, wenn sie Schälerbsen einkaufte und fürchten musste, die herumlungernden alten Männer bei dem Laden würden neben ihr den Inkubus ihrer Sünden entdecken. Sie konnte solche Gedanken nicht abwehren, wenn sie beim Tee mit einer der alten frommen Damen der Nachbarschaft davon überfallen wurde, sodass sie sich mitten in einem Gespräch über eine Diakonisse in Bath innerlich zurückzog und ihren Liebhaber suchte, der erschien, ohne Gesicht, mit ausgestreckten Armen, wo sie doch steif aufgerichtet in einem Boston-Schaukelstuhl saß und gerade eine weitere Tasse Tee entgegennahm. Sie ließ die Zeit lang werden über den Kuchenplatten und dem harmlosen Gespräch und zögerte die Rückkehr nach Hause und zu Daniel hinaus, den sie fortwährend betrog.

Nicht lange nachdem sie ihre Liebe erkannt hatte, wachte sie morgens noch vor der Dämmerung auf, und sie blieb den ganzen Tag hellwach angespannt, belauerte alle Zeichen von Alter und Verschrobenheit bei ihrem Mann und verglich ihn in jeder kleinen Einzelheit – in ihren Augen zu seiner Beschämung – mit dem Mann, den sie, so schien es ihr jetzt, seit jeher fieberhaft geliebt hatte.

Als Daniel sie einmal in einer seltenen Anwandlung

küsste, zuckte sie unwillkürlich zurück, und er sagte ohne Schärfe: »Ich wünschte, ich wüsste, was du getan hast, mein armes Ding.« Es war, als forschte er in ihrem Gesicht nach schriftlichen Zeichen.

»Du hast gesagt, du wüsstest es«, sagte sie erschrocken.

»Das tue ich auch.«

»Warum wünschst du dann, dass du es wüsstest?« Ihre verwirrte Stimme klang hoch und verzweifelt. »Du redest nicht vernünftig.«

»Doch«, sagte er ruhig. »Ich rede immer vernünftig. Du bist es, die etwas verbirgt.« Ihre Augen schlichen sich zu dem Schlitten. »Aber ich wünschte, ich wüsste dein Motiv«, sagte er unparteiisch.

Einen Augenblick lang empfand sie, dass sie zwei Wahnsinnige waren, die dem anderen auf Fragen antworteten, die nicht gestellt wurden, und die nie die Sache berührten, um die es gerade ging, weil sie nicht wussten, was diese Sache war. Aber im nächsten Moment, als er sich spontan zu ihr umdrehte und ihren Kopf zwischen seine Hände nahm und wie ein nachsichtiger Vater sagte: »Ich verzeihe dir, Liebling, weil du gar nicht weißt, wie du mich verfolgst. Was das für eine Krankheit ist, weiß niemand anders als der Leidende selbst«, wusste sie wieder in aller Hilflosigkeit, dass sie nicht einmal in ihren Verirrungen übereinstimmten.

Diese Wintertage kamen und gingen, und jedes Mal nach dem Frühstück und dem Vorbeizug der Ochsen beschuldigte er sie ihrer verheimlichten Missetat. Sie konnte nicht länger in Abrede stellen, dass sie schuldig war, denn sie liebte, und sie hörte die Ausflüchte in der eigenen Stimme und spürte das schuldbewusste Fieber in den Adern. Auch Daniel wusste es und beobachtete sie. Wenn sie allein war, spürte sie, wie die Gegenwart ihres Liebhabers sie beschützte: wenn sie an dem erstarrten Spierstrauch mit den eisigen Spinnweben zwischen den Zweigen vorbei zum See hinunterging, wo das schwarze, unermessliche Wasser unter einer Eisdecke verborgen war; wenn sie stattdessen bis zum Tidefluss ging, wo die Männer in Verschlägen aus Teerpappe durch Eislöcher hindurch Goldlachse angelten; wenn sie durch die leblose Dämmerung vom Laden den Hügel hinaufging und beim Anblick des Schlittens den Atem anhielt. Aber manchmal verspottete dieses prächtige Wesen sie, und von Furcht vor den Konsequenzen ihrer Sünde gepackt, lief sie die Treppe hinauf zu Daniels Zimmer und barg den Kopf an seiner Schulter und weinte: »Komm runter! Ich bin einsam, bitte, komm runter!« Aber nie kam er, und am Ende, beruhigt durch seinen ruhig forschenden Blick, ging sie bitterlich allein zurück und stand am Küchenfenster, schamhaft halb verborgen hinter den Vorhängen.

Über Monate lebte sie mit ihrer täglichen Schmach, völlig verunsichert und in Scham, hartnäckig an ihrem Geheimnis festhaltend. Aber ihr wurde immer banger, wenn Daniel wieder und wieder zu ihr sagte: »Warum lügst du mich an? Was soll deine Stimmung?«, und sie konnte nicht mehr schlafen. In den Raunächten lag sie ausgestreckt neben ihm, während er schlief, starrte an die Decke, hell vom Widerschein des Schnees, und versuchte, nicht an den Schlitten da draußen unter der Ulme zu denken, und konnte doch nur an ihn denken und an den Mann, ihren Liebhaber, der damit auf irgendeine Weise verbunden war. Während sie Daniels Atem zuhörte, sagte sie sich: Würde ich ihm beichten, würde er verstehen, dass ich einsam war, und er würde mich trösten und sagen: »Ich bin hier, May. Ich werde dich nie wieder allein lassen.« So getrennt war sie dann von der Welt, so fern von seiner Berührung und seiner Stimme, so einsam, dass es war, als würde sie einen Fremden um Gemeinschaft bitten. Daniel schlief tief, keine Schuld machte ihn unruhig im Schlaf. Er schlief sogar so gut, dass er in Schneenächten niemals das Räumfahrzeug hörte, wie es sich stöhnend den Hügel hocharbeitete und den Schnee von der Straße schleuderte und vor seinem Näherkommen mit erst rotem, dann blauem Licht warnte. Wenn es an ihrem Haus vorbeizog, zischte der Schnee hoch wie Flammen. Die ganze Nacht hörte sie, wie Eichhörnchen ihre Nüsse im Gemäuer horteten, und hörte den Geist des Hauses auf den Treppen und auf dem Dachboden leise knarzen und tappen.

Im ersten Frühling, als die Nachtschwalben in den Schilfmarschen bettelten und das nördliche Licht den See und den Tidefluss versilberte und die Sterne groß waren und die hochgewachsene Pfeifenwinde Blätter bekam, ging May spät ins Bett. Jeden Abend saß sie auf der Hintertreppe und wartete, hörte das Hecheln eines Hundes, der nach Hause flitzte, den einzelnen Schrei eines Eistauchers. Abend für Abend wartete sie auf den Beginn ihrer Wiedergeburt, während Daniel, der nachsichtig über ihre Nachtwachen gesprochen hatte, oben schlief und seine Erkenntnisse über sie für sich behielt. »Ein Symptom«, hatte er mit vor Konzentration gerunzelter Stirn gesagt, als er ihre neue Gewohnheit kommentierte. »Lass es laufen. Vielleicht wirst du, wenn das hier vorüber ist, den Grund kennen, warum du mich mit diesen Obsessionen quälst, und du hörst auf damit. Es ist ja gut möglich, dass du tatsächlich eine leichte Geistesstörung hast. Das ist nichts, wofür man sich schämen müsste; du könntest in ein Sanatorium gehen.«

Als sie eines Nachts aus dem Fenster blickte, sah sie deutlich ihren Liebhaber im Schlitten sitzen. Er hielt eine Hand über die Augen, und sein Kinn war von einem roten Seidenschal bedeckt. Er trug keinen Hut und hatte blondes Haar. Er war groß, und seine langen Beine streckten sich träge über den Holzboden des Schlittens. Er war jünger, als sie ihn sich vorgestellt hatte, und er schien ziemlich fragil, denn eine zarte Blässe lag auf seiner hohen, intelligenten Stirn, und aus seiner ganzen Haltung sprach die Mattigkeit eines Kranken. Er trug einen weißen Blazer und eine graue Flanellhose und hatte eine gelbe Rosenknospe in seinem Revers. Obwohl er jung war, schien er doch nicht ihrer Generation anzugehören; vielmehr wirkte er wie die Reinkarnation irgendeines Onkels vor fünfzig Jahren. May bewegte sich nicht, bis er verschwand, und dann – obwohl sie wusste, dass sie wirklich behext war – war ihr einziges Gefühl Verlegenheit, vermischt mit Zweifel; sie war nämlich nicht sicher, dass er sie liebte.

In dieser Nacht schlief sie längere Zeit. Sie lag nahe bei Daniel, der im Mondlicht lächelte. Sie konnte voraussehen, dass ihr Schlaf diese Nacht schwer sein würde wie ein Koma, und sie war sich des Augenblicks bewusst, als sie in Schlaf fiel.

Sie war mit einem Kanu inmitten einer Wiese aus Seerosen, und ihr Liebhaber pellte in aller Ruhe ein hartgekochtes Ei. »Wie intim das ist, ein Ei mit dir zu essen«, sagte er. Sie war nervös, das Kanu könnte umkippen, aber zugleich war sie entzückt von seinem Witz und von der Art, wie er ihre Schulter ganz leicht mit dem lackierten Paddel berührte.

»May? May? Ich liebe dich, May.«

»Oh!« Hingerissen hörte sie ihre Stimme antworten. »Oh, ich liebe dich auch!«

»Der Winter ist vorbei, May. Verzeih die Halluzinationen eines kranken Mannes.«

Sie wachte auf und sah, wie Daniels blonder, blasser Kopf sich über sie beugte. Er ist alt! Er ist krank!, dachte sie, doch unter ihren Tränen, um ihn ein weiteres Mal zu täuschen, sagte sie: »Gott sei Dank, Daniel!«

Ihm war kalt, und er konnte nicht mehr schlafen und bat sie, ihm eine Tasse Tee zu machen; bevor sie aus dem Zimmer ging, küsste er ihr die Hände und die Arme und sagte: »Wenn ich je wieder krank bin, verlass mich nicht, May.«

Unten in der Küche, zwischen kalten Schatten und der bedrängenden Dämmerung, überfiel sie ein heftiger Schauer. »Wie spät ist es?«, sagte sie laut, obwohl es ihr egal war. Sie erinnerte sich, ohne irgendeinen Grund, wie sie und Daniel im letzten Oktober im Hof gestanden hatten und sich fragten, ob sie die Schornsteine, die nicht gebraucht wurden, verdecken sollten, und er hatte dagegen entschieden, sagte aber: »Ich hoffe, es verfangen sich keine Vögel darin.« Sie antwortete: »Ich dachte, die sind längst alle in den Süden aufgebrochen«, worauf er mit einem unverständlichen Vorwurf in der Stimme sagte: »Die Stare bleiben.« Und sie erinnerte sich, wieder ohne Grund, an den Tag, an dem sie stolz und aufgeregt ins Haus gestürzt war und gerufen hatte: »Ich habe ein Hermelin gesehen. Es saß ganz gelassen da und gab mir Zeit, es anschauen.« Er hatte kategorisch gesagt: »Hier gibt es keine Hermeline.«

Sie hatte nicht widersprochen; sie hatte geseufzt, wie sie auch jetzt seufzte, und wandte sich zum Fenster. Der Schlitten war fahl in diesem Licht, es saß niemand darin; und es hatte auch seit vielen Jahren niemand mehr darin gesessen. Aber in diesem Augenblick kam der Kater des Schmieds vorsichtig über das taufeuchte Feld und kletterte hinein, als wäre es sorgfältig geplant, und rollte sich auf dem Sitz ein. May stocherte in der Schlacke im Ofen herum und wollte in der Scheune Kleinholz holen. Aber sie dachte an die Kälte und die klamme Luft und den Geruch der Pferde, und sie ging nicht, sondern stand da und hielt den Schürhaken und lehnte sich darauf wie auf einen Schirm. Es gab keinen warmen Platz für sie. »Wie spät ist es?«, wimmerte sie, untröstlich, hob den Schürhaken und strich damit sanft über den Löwenfuß des feuerlosen Ofens.

Sie wusste jetzt, dass es keine Änderung geben und sie ihren Liebhaber nie mehr sehen würde. Äußerst verwirrt, wie ein allein weggesperrtes Waisenkind, ging sie nach draußen und stieg in den Schlitten. Der gleichmütige Kater des Schmieds streckte sich und nahm eine neue Position ein, und May saß neben ihm, die Hände fest im Schoß ineinander verschränkt, und fragte sich wieder und wieder, wie sie den Rest ihres Lebens leben würde.

Das Leben ist kein Abgrund

Lily, zwanzig Jahre alt, tat hier in diesem heißen, kahlen Raum an einem strahlenden Wintersamstag Buße anstelle des armen Cousins Will, denn der arme Will, alt und gebrechlich und mit den Nerven am Ende, lag mit Bronchitis im Bett. Und seine Haushälterin hatte sich, prustend und aufwallend wie in Nachahmung seines elektrischen Inhalators, strikt geweigert, zuzulassen, dass er die Anweisungen seines Arztes missachtete. Lily war Mündel und Sekretärin ihres Cousins, und sie mochte ihn sehr und war ihm dankbar, und sie war um seinetwillen gekommen – der Wille war willig, das Fleisch war schwach – und hatte dafür ihr Schlittschuh-Date mit Tucky Havemeyer geopfert, einem etwas anstrengenden Verehrer, der es glatt abgelehnt hatte, zu verstehen.

Sie war im Armenhaus und besuchte die alte Cousine Isobel Carpenter, eine selbsternannte Märtyrerin, die von Will, dem schlechtesten und schmeichlerischsten Börsenmakler, der je gelebt hat, ruiniert worden war. In einer großspurigen Laune – bei den Carpenters war immer alles großspurig gewesen – hatte Isobel ihr gesamtes Vermögen ihrem Cousin Will übergeben, der es, wie sie boshaft behauptete, vollständig in Bananenplantagen in

Winnipeg gesteckt hatte. Im Stolz ihrer äußersten Armut, in die er sie gestürzt hatte, lehnte sie Angebote von ihm und der gesamten Verwandtschaft, sie bei sich aufzunehmen, ab und rollte in ihrem altmodischen Rollstuhl stracks zum Armenhaus und blieb dort, ein steter und grimmiger Vorwurf an die ganze Familie, und wie liebte sie ihr Ungemach, das die anderen viel mehr traf als sie. Die Cousins (Lily war ausschließlich mit Cousins ersten, zweiten oder in ihren Überkreuzungen noch entfernteren Grades verwandt, sodass das genaue Verwandschaftsverhältnis zwischen Will und Isobel nur mit einem Rechenschieber hätte ausgemacht werden können) erschienen an Besuchstagen in Scharen, um sie zu beknien, doch in ihren bequemen Autos zu ihren großen bequemen Häusern mitzukommen, aber sie blieb eisern. Auch im Umgang mit den Behörden war sie außerordentlich schlau, denn angesichts des Luxus, den sie haben könnte – sie müsste nur fragen –, hatte sie kein Recht, hier zu sein. »Will hat mich ins Armenhaus gebracht«, sagte sie in selbstmörderischer Schadenfreude, und mit ihrem starken Hang zur Wörtlichkeit beließ sie es nicht bei der Redensart. Sie war jetzt seit achtzehn Monaten hier und dabei, wie Cousine Augusta Shephard sagte, kreuzfidel. Der arme Will! Wenn er an einem Samstag nach einem seiner Besuche nach Hause kam, war er unfähig, zu Abend zu essen, und ging gleich ins Bett, versehen mit einer Flasche Whisky und einer dreifachen Dosis Bromit und einem Band Wilkie Collins, dem einzigen Autor, der ihn von Cousine Isobel ablenken konnte. Lily spürte bei diesem ihrem ersten Besuch (Will hatte geschworen, er werde sie in ihrer Jugend und Unschuld niemals dem aussetzen, was er »mein Problem« nannte) schon selbst das tiefe Unwohlsein, das ihm so zusetzte und bei dem die Augen des alten Mannes glasig wurden, und sie hoffte, andere Verwandtschaft würde bald eintreffen.

Nachdem Isobel das Verwandtschaftsnetz (es war eine spinnenartige Familie, körperlich entschieden unüppig) so einigermaßen entwirrt hatte und zu ihrer Zufriedenheit feststellte, dass Will Hamiltons heutige Vertreterin der Spross eines Mannes so entfernt auf dem äußersten Ast ihres eigenen Baums war, dass die Bezeichnung »Cousine« kaum mehr war als ein Höflichkeitstitel, begann sie eine Rede in so sorgfältiger und genau akzentuierter Wortfolge, dass Lily nicht überrascht gewesen wäre, hätte sie sich dabei eines Spickzettels bedient.

»Das Ganze hier ist ein einziger Skandal. Eine öffentliche Schande. Wenn sie mir Bleistift und Papier gäben – fragt mich nicht, wieso sie es nicht tun, denn ihre Regularien sind meinem armen Gehirn ganz unverständlich –, würde ich Personen höheren Orts schreiben, wo, wie ich sagen darf, der Name Judge James Carpenter nicht vergessen ist. Ich hatte nie etwas übrig für Séancen;

das Übernatürliche hat mich nie genarrt; auch wenn sie mich persönlich anriefe, ich würde nicht glauben, der Anruf käme von Mary Baker Eddy aus ihrem Grab im Mount Auburn Friedhof. Aber ich schwöre, ich weiß, dass dieser gute Mann, der ehrwürdige Richter, sich im Grabe umdreht, wenn seine unsterbliche Seele bedenkt, wo ich hier bin. Er hat Will Hamilton nie gemocht. Kleine Männer sind verschlagen.« Bevor Arthritis sie hatte schrumpfen lassen, war Isobel auf ihren Blockabsätzen stattliche ein Meter achtzig groß gewesen.

Ihre Stimme einer Achtzigjährigen schwankte, hielt aber durch und kletterte entschlossen über das An- und Abschwellen des Boogie-Woogie, der quer durchs Dreibettzimmer aus dem Radio kam; davor saß, in einem Morris-Stuhl eingesunken, eine kleine Frau und schlug ihre Schläfen im Takt zu der Musik mit so dünnen und gekrümmten Fingern wie die Zweige, die über die Fenster kratzten, wenn der Wind an den Bäumen rüttelte.

»Gut, ja, in Ordnung, ich räume ein, gebe zu und akzeptiere, dass dies eine Wohltätigkeitseinrichtung ist.« Staatsanwältin der Anklage, artikulierte sie jede klingende Silbe oberhalb der tiefen Ochsenfroschstimmen der Kontrabässe und neigte sich in ihrem Rollstuhl bekräftigend vor. »Aber ist man denn als Bürger nichts als Treibgut und Strandgut? Ich soll verwahrlost sein? Aussätzig oder der Landstreicherei schuldig? Ich wüsste gern – und das ist eine Frage, die ich dem sogenannten Doktor, der sich herablässt, mir einmal im Monat eine Visite abzustatten, regelmäßig stelle, zu ihm also sage ich: ›Was sind denn nun die Vergehen und Übertretungen auf meiner Anklageliste, für die ich gestraft werde, indem ich als Abendessen um vier Uhr nachmittags eine Pampe bekomme und mir der Freigang verboten ist zwischen Thanksgiving und Patriots' Day?‹ Darauf hat dieser Dr. Merrill keine Antwort. Er hat eine bemerkenswerte Ähnlichkeit mit einem Bediensteten, den ich damals in der Newberry Street hatte.«

Für einen Augenblick schloss sie die Augen und wiegte den Kopf langsam hin und her, vielleicht im Gedanken an das Haus in der Newberry Street, ein düsterer Klotz aus Ziegeln und Schmuckgittern und vorspringenden Erkern, voller Marmor, Chinoiserien und stalaktitischer Kronleuchter, ein Haus, das vor dem Tod des Richters und Isobels Ruin der Treffpunkt von allerlei Leuchten aus Cambridge gewesen war und nun junge Arbeiterinnen beherbergte. Aber die Gegenwart war ihr deutlich interessanter als die Vergangenheit, und sie fuhr fort: »Wäre das Essen und der Mangel an Luft alles, könnte man es durchhalten: Durchhaltevermögen war immer ein herausragender Zug bei den Carpenters. Aber es ist nicht allein der Mangel an leiblichem Wohl, der die Knochen meines Vaters schlackern lässt – noch mehr ist es, wem ich hier Gesellschaft zu leisten habe. Zum Beispiel, Cousine Lily Holmes (allmählich erinnere ich mich ein bisschen besser an dich), ist es allein Gottes Gnade zu verdanken, dass keine Schreie von dem Bett dort kommen. Letzte Woche sind der Reihe nach drei Leute laut schreiend gestorben. Verrückt geworden, tja. Der Bestatter hat die Erste hier direkt vor mir hingelegt und es nicht für nötig gehalten, die Vorhänge zuzuziehen, bis ich deutlich werden musste. Mag Will Hamilton auch meine Laren und Penaten aus dem Fenster geschmissen haben – meinen Schneid habe ich noch immer, was?«

Ein einzelnes gelbes Auge, rotumrändert und kaum bewimpert, blinzelte Lily zu und ließ dann das Bild des barbarischen Leichenbestatters verblassen, als Isobel auf das leere Krankenhausbett starrte, wo die Übeltäterinnen geheult hatten und gestorben waren. Über dem Bett hing, mit Klebestreifen an die verschrammte Wand befestigt, ein aus einem Magazin gerissenes Foto von Franklin Roosevelt, dessen Hand leicht auf dem Nacken seines Scottish Terriers Fala ruhte. Der Gedanke an schreiende kranke alte Menschen drückte Lilys Inneres wie eine lieblose Hand zusammen, und in ihrem Herzen beschwor sie das Bild von Tucky, wie er auf dem Jamaica Pond seine Kreise zog, Hilfe! Tucky, ich ertrinke!

»Aber du kannst dich darauf verlassen, dieser Frieden währt nicht lange«, erklärte Miss Carpenter. »Du wirst sehen. Sie werden eine neue Verrückte bringen, damit sie hier herumwüten und herumschreien kann, und in einer Sprache, die ich gar nicht zu verstehen wünsche. Das macht der da nichts aus …« Sie zielte mit einem knotigen Finger wie mit einer Pistole auf die Frau am Radio. »Die ist blind, blind von Geburt an. Und nicht richtig im Kopf. Sie hat den ganzen Krawall hier scheint's gar nicht mitgekriegt, sondern immer nur diesem Ragtime gelauscht. Tum-ti-tum, tum-ti-ta. Das Ganze schreit doch zum Himmel nach Rache.«

Sie beschrieb mit zitternder Hand einen wackligen Bogen, um das Zimmer, die größere Station dahinter und die anderen rostfarbenen Gebäude des rechteckigen Innenhofs einzuschließen, zu sehen durch die hohen, vorhanglosen Fenster. Sie erblickte zwei alte Männer, die mühselig den Weg entlanggingen, als träten sie auf zerbrochenes Glas, und ihr Kopf ruckte wachsam vor. »Meine liebe Lily, die Diskriminierung, die hier herrscht, spottet jeder Beschreibung«, sagte sie. »Sag mir doch bitte, wieso diese alten Zausel, die kaum kriechen können, nach draußen gehen dürfen, wenn ich, die ich in diesem komischen Apparat geschwind bin wie der Wind, bis April eingesperrt bin?« Sie rollte sich schnell ein Stück vorwärts, um ihre Geschicklichkeit zu demonstrieren, und dann wieder zurück. Triumphierend gab sie ihrer Besucherin einen langen, gebieterischen Blick, und

Lily applaudierte einsilbig, indem sie murmelnd ihr Bedauern und ihre Bestürzung darüber ausdrückte, dass Isobel nicht dieselbe Freiheit gewährt wurde wie den alten und – wie Miss Carpenters Blick unterstellte – hergelaufenen Männern.

Glücklicherweise für Lily erschien genau da Cousine Augusta Shephard wie ein Garten auf Flügeln in der Station. Ihr Nerz duftete stets nach Fleurs de Rocaille, und sie war schön, intelligent, hatte einen mehr als wohlhabenden Mann (die Stadt Reno hätte allein von Lilys Familie bequem leben können), und sie war bei Weitem die Glücklichste von allen. Jetzt küsste sie Lily und erkundigte sich nach Will, aber bevor Lily antworten konnte, sagte Isobel: »Er hat mir die Nachricht zukommen lassen – mündlich, sie auf Papier zu schreiben, hat er nicht geruht –, dass er Schnupfen hat.«

»Der Arzt hat gesagt …«, setzte Lily rasch ein.

»Der Arzt hat gesagt!«, spottete Isobel. »Will Hamilton hat gesagt: ›Die eingebrockte Suppe will ich nicht auslöffeln.‹ Männer von schwacher Statur haben auch einen schwachen Charakter.«

»Jetzt mal halblang, Izzy«, sagte Augusta fröhlich und wickelte einen Strauß Freesien aus dem Papier. »Hast du Lily vollgequatscht? Dich in einem fort beklagt, obwohl du nur Piep sagen müsstest, um im Schoß von lauter Luxus zu landen, verwöhnt bis ans Ende deiner Tage?«

»Die können mich mal!«, sagte Isobel boshaft, aber sie lächelte leicht, denn sie bewunderte Augustas unerschrockene Stichelei.

»Die hübsche Lily! Sie sollte an so einem Nachmittag mit ihrem Lieblingsverehrer unterwegs sein. Wie du unsere Geduld strapazierst! Roger hat mir aufgetragen, dass ich dir sage: ›Um Gottes willen, meine Liebe, genug ist genug. Höchste Zeit, die Komödie zu beenden.‹ Wir haben die ganze dritte Etage für dich im himmlischsten Moosgrün und Pflaumenblau herrichten lassen.«

»Guten Geschmack hattest du ja immer, Augusta«, sagte Isobel erfreut. »Will hat damals einen Dekorateur engagiert, der seinen dritten Stock ganz in Grauweiß und Pink hergerichtet hat, was ganz gewiss nicht mein Stil ist. Gleichwohl, Ma'am, auch wenn ich mich artig bedanke – ich werde nicht kommen. Will Hamilton hat mich ins Armenhaus gebracht.«

Jetzt begann Augusta sie freundlich aufziehend zu beschwatzen. Sie sprach von der Küche, die sie installiert hatten, damit Isobel sich ihre Mahlzeiten allein zubereiten konnte, wenn sie denn klösterlich leben wollte; sie sagte, es brauche nur einen kurzen Anruf, um auf Isobels Wink hin eine gebildete Schwedin zu bekommen, die gleichermaßen geschickt im Kochen wie im Massieren sei; Ostern nähere sich …, ob Isobel nicht bitte noch vorher aus dem Schützengraben kommen wolle?

Mitten im vergeblichen Schmeicheln (denn Isobel war sichtlich gewillt, ihren Trotz noch etliche Zeit aufrechtzuerhalten, sie streckte ihre Zunge raus bei jedem Leckerbissen, der ihr vor dem Mund baumelte, und sagte, sie misstraue Schwedinnen und Ostern habe seit Urzeiten keinerlei Bedeutung mehr) kam eine Pflegerin herein und gab der alten Frau eine Pille, und bei der Unterbrechung lehnte sich Augusta zu Lily hinüber und flüsterte: »Kleines, du solltest nicht hier sein! Kleines, versprich mir, dass du dich nicht traumatisieren lässt.« Lily kannte das Wort nicht, nickte aber ihrer Cousine beruhigend zu, deren durchsichtige blaue Augen ernstlich besorgt blickten. Sie fühlte sich plötzlich viel jünger, als sie war, und ihr Flüstern war ein Wimmern, als sie sagte: »Darf ich gehen, wenn du gehst?« Augusta nickte und wandte sich wieder Isobel zu und sagte: »Warum musst du nur so vorsintflutlich sein?«

»Ich möchte, dass du weißt, Augusta …« Isobels ganzer verdrehter Rumpf kippte seitlich über den Rollstuhl, als sie einen leise zischelnden Monolog begann, wobei ihre Hand den Mund fast vollständig verbarg, sodass Lily nichts verstehen konnte.

Jetzt, da das schwere, fleckige, behaarte Gesicht abgewendet war und sie von diesem Teil des Besuchs gnädigerweise ausgeschlossen war, sah Lily aus dem Fenster und versuchte, ihren eigenen Gedanken nachzugehen, wie sie es mit Tucky Havemeyer wieder einrenken konnte, in den sie höllisch verliebt war. Was er ihr am Telefon gesagt hatte! Erst hatte er gefleht und sie dann beschimpft: »Du bist einfach zu nachgiebig. Oder aber du lügst. Eine alte kranke Cousine, das ist die bescheuerteste Ausrede, die ich je gehört habe. Übrigens kenne ich alle deine Verwandten, und die sind nicht kränker als die Katze von meiner Tante.«

Es war erstaunlich, wie geschickt Isobel es geheim gehalten hatte, dass sie im Armenhaus war; man glaubte sie im Ausland, sich sonnend in einem Altersheim in der Schweiz, und wie sie in ihrer Leidenschaft für Masochismus und Ränkespiel Will dazu gebracht hatte, jemanden anzuheuern, der für sie Briefe und Ansichtskarten aus Vevey verschickte. Lily war nicht in der Position, die Katze der Familie aus dem Sack zu lassen; wenn sie Tucky davon überzeugt hätte, dass sie ihre Verabredung aus Notwendigkeit und nicht aus Laune gebrochen hatte, und ihm den Grund genannt hätte, wäre ihm wahrscheinlich ihr ganzer Clan auf einmal zuwider geworden. Tucky war hochsinnig, ziemlich sozialistisch und ziemlich arm, und sein Herz wäre zweifellos dieser boshaften alten Komödiantin zugeflogen.

In ihrer Fantasie stritt sie mit Tucky, aber sie verlor, und verzweifelt versuchte sie sich in das Treiben von ein paar Spatzen zu versenken, denen die alten Männer etwas hingeworfen hatten, was nach einem Stückchen Graham-Cracker aussah. Aber sie konnte sich nicht darauf konzentrieren. Sie war ganz aus der Fassung.

Aus der Fassung geriet sie, als sie daran dachte, wie Isobel gewesen war, bevor sie hierherkam, an das Sommerhaus am North Shore mit seinen Rasenflächen, die sich bis zu dem prächtigen Meer erstreckten, und an die Figur des Vaters, der mit hundertunddrei Jahren gestorben war, der Richter, Cousin Jamie, ein gebildeter, scharfzüngiger Hauch von einem Mann und in seinem weißen Anzug fast zwei Meter lang, der die Menschen amüsierte, die er herunterputzte, während sie ihm huldigten, wenn er an einem Augustnachmittag unter einem riesigen Sonnenschirm Hof hielt. Das Haus war von größter Eleganz, und Augusta hatte von dem Richter und von Isobel gesagt: »Das sind wahrscheinlich die feinsten Pinkel, die du je kennenlernen wirst, Lily, also schau dir alles genau an.« Und tatsächlich waren sie so viel feiner und reicher und hochfahrender als jedermann sonst, dass es für sie keine Kompromisse gab: Reparaturen kamen nicht in Frage, sondern gleich Neukauf. Nach dem Tod des Richters hatte Isobel ihren Cousin Will eingeladen, mit ihr »aufs Finanzkarussell zu steigen« – sie hätte es besser wissen können; damals sagten ihr alle, sie habe den Verstand verloren; seine fahrigen Geschäfte betrieb er ohne Blick nach links oder rechts, und kein anderes

Familienmitglied hätte den Türknopf seines Maklerbüros auch nur mit der Feuerzange angefasst, obwohl alle ihn sehr mochten. Und er hatte irrwitzig und auf der Stelle ihr ganzes Vermögen in alle Winde verstreut. Der Richter, ein bisschen wunderlich, als er die Hundert überschritten hatte, hatte nichts davon in Treuhandschaft gegeben. Und so war Isobel, ohne einen Pfennig und ohne Ausbildung, nicht in der Lage, ihren Lebensstil in irgendeiner Weise zu ändern: ihn ersetzen konnte und wollte sie nicht, und so konnte und würde sie nur verlieren. Ihr Abstieg in schäbigste Not war so rasant, dass er in sich selbst eine Art theatralischen Glanz hatte. Als Roger Shephard hörte, dass sie bis auf ihren letzten Sou blank war, hatte er, obgleich bekümmert, ein Lächeln nicht unterdrücken können und gesagt: »Bei denen gibt es keine halben Sachen.«

Achtzehn Monate, anderthalb Jahre jetzt, lebte sie schon im Armenhaus, immer hilfloser mit ihrer Arthritis und immer gerissener in den Torturen, die sie für den armen Will ausheckte. Sarkastisch wies sie alles Essbare, das er ihr schickte, mit der Bemerkung zurück, ruiniert habe er sie, aber vergiften werde er sie nicht; sie schrieb diabolische Antworten auf seine Briefe, warf die Blumen weg, die er schickte, und ebenso die geschenkten Bücher, Magazine und kernlosen Trauben. Jemand hatte gesagt: »Das Einzige, was sie dazu bringen könnte auszuziehen, wäre das Versprechen, dass sie den armen Will Hamilton bei lebendigem Leibe fressen kann.«

Augusta, noch gebannt von der geflüsterten Schmährede, hatte die Augen geschlossen, und Lily wusste, dass sie litt, wie Isobel jedermann leiden ließ, eine Mischung aus Mitleid und Wut. Aber nach dem Besuch wäre Augusta frei, in die allumfassende Heiterkeit ihres Lebens zurückzukehren, zu einer netten Cocktailparty vielleicht oder zu Drinks an der Bar des Ritz mit einem der unzähligen Männer, die sie zu lieben behauptete und in dem Moment heiraten wollte, wo Roger im Grab lag. Lily dagegen konnte nur zu einem leeren Abend und dem Geruch nach Styrax im Haus zurückkehren und zu der Erinnerung an das hier! Dieser grässliche Ort! Sie blickte um sich, entsetzt und voller Groll.

Man hätte kaum einen Raum finden können, der kahler wäre als dieses Dreibettzimmer oder trostloser gerochen hätte, nach Anstaltssuppe, feuchten Scheuerlappen und Jodoform und schwitzenden Gipswänden. Das Wintersonnenlicht heizte den bereits warmen Raum weiter auf und strich über das deprimierende Inventar von drei schmalen Betten, bestückt mit flachen Kissen und ergrauten Tagesdecken, drei Metallschränkchen, deren Farbe abblätterte und deren hinfällige Türen offen hingen; in dem der blinden Frau war nichts, in Isobels eine rote herzförmige Bonbonschachtel und ein kleiner Stapel

Stofftaschentücher. Auf dem Schränkchen lag ein bunter, kippeliger Haufen, eine Schachtel Kleenex und eine Ausgabe von McCall's (grobe Täuschung! Isobel las nie etwas anderes als Plinius und Edward Gibbon), ein verschnürtes Päckchen Weihnachtskarten, ein gebatikter Schal und als Krönung obenauf ein lebensechter Gürteltierkorb, darin eine Flasche Handlotion vom Billigladen, eine Schachtel Hustendrops und in einem Passepartout eine ausgefranste braune Fotografie von Miss Carpenter und dem Richter, vor sechzig Jahren aufgenommen, wie sie dasitzen in einem stattlichen Brougham vor einem bis hoch zu den Kaminen in Wisteria eingehüllten Haus. Außer dieser Ansammlung von Dingen, deren jedes einzelne aussah wie aus einem Papierkorb gerettet oder von einem Kleinrentner ausgeliehen, gab es Augustas in ein Wasserglas gequetschte Freesien, deren Duft engelhaft gegen die rüden Gerüche ankämpfte. Lily gegenüber auf einem Fensterbrett stand ein Usambaraveilchen, dessen schlaffe Blätter über den Rand des weißen Topfs hinaus dahinsiechten; noch nicht ganz tot, aber in tödlichem Koma, sah es aus, als wäre es von einer bösartigen und rasch fortschreitenden Krankheit befallen, und doch stand es in so guter Blumenerde, dass kräftige grüne Triebe zwischen seinen faulenden, sich zersetzenden Stängeln sprossen.

Lily forschte zaghaft nach irgendeinem Zeichen von Lebendigkeit oder Freude in dieser tristen Szene. In den

Gesichtern oder Habseligkeiten der beiden Bewohner war es nicht zu finden, aber das Pflegepersonal schien gesund und munter, nahezu frech – Frechheit an so einem Ort war makaber; es war wie ein Singvogel, der in einem Käfig in einem Gefängnis singt. Die Oberschwester an ihrem Pult neben der Tür kaute Kaugummi und las ein Buch, das sie zum Lachen brachte; und an einem langen Tisch an der hinteren Wand von Isobels Station, hinter der blinden Frau, falteten mehrere junge Frauen in hellblauer schmuddeliger Schwesterntracht Krankenhauskittel und krumpelige Laken und diskutierten gutgelaunt über den Begriff »Kuchen«, auf den sie alle, wie es schien, während der Fastenzeit verzichteten. Das liberale Lager argumentierte, dass Schichttorten und Eclairs und dergleichen das Einzige seien, auf das sie verzichten müssten, aber zwei Puristinnen, älter und dünner als die anderen, sagten, ihre persönliche Absicht sei es, ebenso Maismehl-Muffins und Rosinenbrot zu entsagen.

Über dieses fröhliche Grüppchen und die lachende Oberschwester hinaus konnte Lily weit in die Station hineinsehen, worin jedes Bett – und davon gab es vier lange Reihen – mit einer steinalten, zusammengekrümmten Frau belegt war; die Buckel ihrer welken Körper unter den dünnen Bettdecken sahen verstümmelt aus und unförmig wie amputierte Gliedmaßen oder Häuflein zerbrochener Knochen, und die freudlosen Gesichter, die aus den kärglichen Kissen starrten, hatten alle Besonderheit verloren: zu unterscheiden, welches von ihnen überwiegend düster oder gemein oder tapfer oder verblödet war, wäre nicht möglich gewesen, denn Alter und Erniedrigung hatten die vorherrschende Gemütsart verwischt und den Gesichtsausdruck fast vollständig gelöscht. Einige der Frauen hatten Besuch, und auf ihren Waschkommoden lagen Handtaschen und Hüte und Handschuhe herum; wer allein war, stierte gierig zu den glücklicheren Nachbarinnen und hielt sich, wie die alten Schrullen in Comicstrips, die Hände an die Ohren, um zu lauschen. Ein unaufhörliches weibliches Gebrabbel drang aus dem Saal, und obwohl sie unbeweglich waren, schienen die Bettlägerigen rastlos und zappelig zu sein; sie machten den Eindruck von Hausfrauen, die hastig etwas Ordnung herzustellen versuchen, wenn sie sehen, wie unerwarteter Besuch die Einfahrt hochkommt; der Eindruck kam allein von ihren Stimmen, die weder Resonanz noch Modulation hatten; sie zirpten wie Grillen, trocken und schrill.

»Warum wollen sie mir nicht erlauben, dass ich meine eigene Kleidung habe?«, sagte Isobel, während sie in ihrem Rollstuhl hin und her ruckte und kurz die Hand vom Mund nahm. Augusta riss die Augenlider wieder zu voller Aufmerksamkeit auf, und Isobel legte sich wieder die Hand als Dämpfer an den Mund.

Nur halb so groß, wie Lily sie in Erinnerung hatte (die Legende besagte, Isobel habe als große, kräftige und spöttische junge Frau eine Gesellschaft namens »Amazonen-Schwesternschaft von Langdon Shore« gegründet, deren Mitglieder Asse beim Keulenschwingen waren), trug sie jetzt ein Kleid aus bedrucktem Baumwollstoff, am Rundhalsausschnitt und den Kimonoärmeln mit Schrägband eingefasst; braune Baumwollstrümpfe umhüllten die eingefallenen Beine wie ein paar Nummern zu große Wickelgamaschen und fielen in Falten über ihre hohen Herrenschuhe. Aber um den schuppigen Hals trug sie eine Kette aus Kunstperlen und an der Schulter eine schief angesteckte Brosche mit Feueropalen, sicherlich für so gut wie nichts in einem Antiquitätenladen am Revere Beach gekauft und sicherlich niemals von Miss Carpenter selbst. Ein Haarnetz drückte das kurzgeschnittene weiße Haar zusammen, das sie, als es noch dick war, als schimmernden Chignon getragen hatte. Was für eine Schmierenkomödie spielte sie hier! Wie boshaft war ihre Vernachlässigung! Ihre Fingernägel waren dreckig, und Lily wusste, dass ihr Haar bestimmt einen ranzigen Geruch hatte. Sie ist verrückt, dachte Lily, warum können sie das nicht sehen und weisen sie in eine psychiatrische Klinik ein?

Ohne Lilys prüfenden Blick zu beachten, fuhr Isobel in ihrer gedämpften und verbissenen Philippika fort, und Lily wollte sich schon anderem zuwenden, als das Druckmuster im Kleid ihrer Cousine ihre Aufmerksamkeit erregte: Es war ein Fries von reifenschlagenden Kindern, in endloser Wiederholung, rund und rund um den schmalen, zerbrechlichen Leib. Dieser unfreiwillige Humor entsetzte sie, und sie schaute schnell weg, aber sie war jetzt verdrossen, und statt den Spatzen bei ihrem wilden Gehüpfe zuzusehen, das die leicht zu erfreuenden alten Männer zum Jubeln brachte, drehte sie sich zu der blinden Frau hin, um zu sehen, wie die gekleidet war.

Auch sie trug solche launigen Sachen, Fünfjährige auf einer mit Gänseblümchen übersäten blauen Spielwiese, und um die Schultern war ein verhedderter Kissenbezug geschlungen, der im Nacken wie eine Mönchskapuze anlag. Aus dem lieblosen Loch, das den Ausschnitt bildete, erhob sich lang und biegsam und blauweiß der Hals, ein präraffaelitischer Hals, der mit natürlicher, nobler Anmut sanft hin und her schwang, sein perfekter Rhythmus inspiriert, aber keineswegs abhängig von dem kehlig klingenden Klavier, das auf einer entfernten Radiostation »Hold 'em Hootie« spielte. Die Frau, sah Lily, war nicht alt. Ihr Haar war grau, aber in einem jugendlichen Stil kurzgeschnitten; ein schlichter Pony lag über ihrer Stirn; und obwohl ihre Haut Flecken hatte, die wahrscheinlich von irgendeinem Ernährungsfrevel kamen, war sie glatt und zartrosa. Sie hatte eine kleine, gerade Nase und ein festes Kinn, und auch wenn Lily sie nur im Profil sah, war sie sich sicher, dass das Lächeln auf ihren Lippen breit und echt war. Die Hände aber, die unaufhörlich die Schläfen bearbeiteten – in einem Rhythmus, der unabhängig war sowohl vom Radio als auch von dem pendelnden Hals – waren alt; mit ihren hervortretenden Adern und den reichlichen Leberflecken sahen sie eiskalt aus und wie abgestorben, und die Fingerkuppen waren übermäßig spitz.

Die Boogie-Woogie-Aufnahme endete, und eine affektiert schleppende Stimme mit unechten Südstaaten-Diphthongen und verschluckten Konsonanten nahm die unsichtbare Hörerschaft auf den Arm. »Hey, Leute, was fläzt ihr da vorm Radio rum, wenn der Abwasch seit Tagen auf euch wartet? Okay, okay, wenn ihr unbedingt faulenzen wollt, riskier ich ein' Blick in den Postkorb und guck, wer was will.« Die netten katholischen Irinnen prusteten los, und eine mollige rothaarige junge Frau sagte: »Diese Diskjockeys! Die sind so lässig, findet ihr nicht auch? Irgendwie süß, was die machen, tun so, als hätten sie einen Kater oder so.«

»Du kriegst die Motten, was'n das?«, sagte die Stimme, und Lily stellte sich einen gelangweilten jungen Mann mit aufgedunsenem Gesicht vor, der sich am Kopf kratzte und ein Gähnen unterdrückte, während er mühsam improvisierte. »Hier haben wir jemand von da ganz unten in Braintree, die will, dass ich ›Bluebird of Happiness‹ als Boogie auflege! Na, meine Süße, Miz Edna Murphy aus der Van Buren Street Numero Hundertneun, so'n Ding müssten Sie sich schon selber backen. Aber ich sag euch was, ich spiel das jetzt nach alter Weise ab, um der alten Zeiten willen.«

In der kurzen Stille im Studio, während die neue Platte bereitgestellt wurde, wurde die blinde Frau von einer überraschenden, beziehungslosen Erregung gepackt; ihre Hände lösten sich vom Kopf, sie schlug sie leise und krampfhaft zusammen und hielt sie dann mit zusammengelegten Handflächen unter dem Kinn, wie ein Kind, das sein Gutenachtgebet aufsagt, aber selbst in dieser Position waren sie nicht ruhig; sie ruckten und zuckten und bogen sich in schrecklicher Erregung, und Lily bemerkte, dass die Frau gleichzeitig mit den Füßen stampfte. Lily konnte sie zwar nicht sehen, weil das Bett dazwischen war, aber sie hörte, wie sie schwerfällig und unregelmäßig auf dem Linoleumboden den Takt schlugen; der säulenartige Hals bewegte sich heftiger, und abrupt begann der kleine kurzgeschorene Kopf auf seinem schönen Stiel schnell zu rotieren. All diese Bewegungen hatten ein unterschiedliches Tempo; sie war wie eine, der es gelingt, ihren Bauch zu tätscheln und gleichzeitig den Kopf zu reiben, und die Wirkung war verwirrend.

Im selben Moment, da die Musik wieder begann, drehte die blinde Frau den pendelnden Kopf gerade so zur Seite, dass er Lily genau gegenüber war. Die toten, weit offenen Augen lagen in tiefvioletten Kratern; das Knochengerüst war sichtbar unter der perlmutterfarbenen Haut, und um die Nachahmung eines Totenkopfs vollkommen zu machen, stand der dünnlippige, gänzlich zahnlose Mund offen, in einem kalten Dauergrinsen. Vielleicht eine halbe Minute lang blieb sie regungslos, schien Lily anzustarren, und dann, bei der frohsinnigen Behauptung des Lieds,

Just remember this
Life is no abyss,
Somewhere you'll find the bluebird of happiness

war sie augenblicklich wieder elektrisiert. In einem Anfall von Entzücken schlug sie die Hände auf der flachen Brust zusammen und seufzte, und in ihrer Beseeltheit stieß sie einen kleinen Schrei aus. Der Kopf nahm wieder die vorige Stellung ein, die Fingerspitzen kehrten zu den Fransen ihres schelmischen Ponys zurück, und Lily Holmes, getroffen, angeschlagen, betäubt, schloss die Augen.

Das ungeprägte Gesicht kam ihr vor, als wäre es nichts weiter als ein geschicktes Tragwerk, um dessen Vorsprünge, Öffnungen und Verzierungen zu stützen, denn weder Wissen noch Erfahrung hatten sich darin eingeschrieben; gezeichnet war es einzig von absoluter, monströser Armut. Es war eine Parodie, ein altersloses Knochengerüst; es war eine Illustration, ein Vorzeigebild umfassender, lebenslanger Befürftigkeit. Weil es keinen Fortschritt in dem Leben gegeben hatte (außer, man würde das flüchtige Hin und Her des Déjà-vu Fortschritt nennen), gab es auch keinen Rückschritt, und die Frau konnte nicht wie Isobel sagen – wenn sie denn überhaupt sprechen konnte –: »Einst war ich das, und jetzt bin ich dies. Einst wohnte ich in Marmorhallen, und jetzt lebe ich in einer Unterkunft, die der geringste meiner Leibeigenen verschmäht hätte«, um aus dem Kontrast eine gewisse Befriedigung zu ziehen, und sei es eine bittere. Abzusteigen, in welche Tiefen auch, hieß trotz allem Teilhabe am Leben. Wenn man von Isobels Widrigkeiten sprach, konnte man Verbformen gebrauchen; sie hatte ihr Geld verloren, sie war ruiniert worden, sie war aus höchster Höhe in tiefste Tiefen gestürzt. Aber für die Frau, die ohne den wichtigsten der Sinne und, wie Isobel durchblicken ließ, ohne jeden Verstand auf die Welt gekommen war, passten nur Adjektive: sie war blind, allein, animalisch. In dem abscheulichen Grinsen, dem krampfartigen Tanzen und dem Seufzer der Wonne hatte sie etwas Nacktes und Unmenschliches und Unnennbares gezeigt, und gerade aufgrund dieser Beschränktheit war ihre Freude an dem plärrenden Lied so überschwänglich. Es gab da keinen Irrtum: Der Ausdruck auf dem kaum verhüllten Totenschädel war tiefstes Entzücken gewesen, aber was für Gefühle hatten es hervorgebracht? Hoffnung? Dankbarkeit für die ermutigende Versicherung, dass das Leben kein Abgrund war? Ein Verlangen nach Liebe? Konnte in diesem Stück bläulichen, schwer arbeitenden Fleisches und krummer Knochen ein Verlangen sein wie Lilys eigenes Verlangen, mit Tucky zusammen zu sein? Wenn das der Fall war, war es zu schrecklich, darüber nachzudenken. Sie spürte, wie ein quälender Kummer in ihrem Innern aufstieg und die Lunge füllte und Tränen in ihre Augen trieb. Hilf mir, Tucky! Aber sie wusste, dass nichts, was er tun könnte, die Erinnerung an jene leere Ekstase löschen würde.

Isobel änderte ihre Haltung und nahm dabei die Hand vom Mund; im Tonfall eines Schlussworts sagte sie: »Brailleschrift zu lesen hat die da nie gelernt, ich denke, weil ein deutlicher Mangel an grauer Materie vorlag. Ich hatte vor, diese gutinformierte Sozialarbeiterin zu fragen, woher das Radio überhaupt gekommen ist, denn in den achtzehn Monaten, die wir in dieser Räuberhöhle zusammen sind, hat keine einzige Menschenseele sie je besucht. Es tauchte eines Tages im letzten Herbst aus dem Nichts auf. In einer Hinsicht war es eine Wohltat, hat sie doch, bevor es da war, nichts anderes getan, als dazusitzen und seltsame Geräusche von sich zu geben. Sie hat irgendwas mit ihren Backenzähnen gemacht, was wie eine Hornisse klang.«

»Ich weiß«, sagte Augusta mit einem Seufzer. »Es ist zum Erbarmen.«

»Ja, zum Erbarmen«, sagte Isobel. »Ich gebe zu, es ist zum Erbarmen, aber ich sage auch: Ist es denn rechtens, dass ich mit einer inkontinenten Idiotin und ihrem Radio eingesperrt bin, einem Radio, aus dem von der Frühmesse bis zur Abendmesse ein grauenhafter Mist tönt? Verflucht noch mal, nein.«

Sie schaute jetzt geradeaus und hielt einen Vortrag über das Essen, zweifellos, wie sie sagte, das allerschlechteste in der ganzen Christenheit. Bestimmt herrschte in der Küche ein Ostdeutscher.

»Will Hamilton hat mich ins Armenhaus gebracht«, machte die zänkische Stimme weiter. »Das Gebäude hier nennt man ›das Todeshaus‹, aber ich habe Will zu verstehen gegeben, dass mein Geist alles ist, was ich zu verlieren habe, und noch gebe ich den nicht auf. Verflucht und noch mal verflucht.« Sie schwieg, bereitete eine neue Bosheit vor und drehte einen schmalen Silberring an ihrem Finger, während sie mit verächtlichem Lächeln durch das Fenster auf die verweichlichten alten Männer sah, zu denen inzwischen eine dicke, schwerfällig gehende Frau gestoßen war, die mit ihrem Stock auf die Spatzen zeigte und brüllend lachte.

»Zum letzten Mal, Isobel«, sagte Augusta. »Jedenfalls zum letzten Mal an diesem Nachmittag, wirst du nun zu Roger und mir ziehen?«

»Oho, Gusta«, sagte Isobel in bösem Spott, »und was würde Will dazu sagen? Nach all der Mühe, die er sich mit Pink und Grauweiß gemacht hat? Er hat mir einen Finnen versprochen, der mich mit Birkenzweigen bearbeiten würde.«

»Armer Will«, sagte Augusta und hob ihre Augen zum Himmel. »Armer Will!«

Isobel ignorierte sie und drehte den Patrizierkopf langsam herum und sah Lily mit durchdringendem Blick an. »Ich hoffe, dein Vater hat dir dein Geld in Treuhandverwaltung hinterlassen – wenn nicht, wird Will Hamilton dich ruinieren. Ich mochte deinen Vater«, sagte sie und fügte sachlich hinzu: »Er hieß Matthew Holmes.«

Darauf wusste Lily nichts zu sagen, aber es war auch nicht nötig, denn Isobel ratterte fort: »Ich mochte Matt Holmes. Ein erstklassiger Segler, wie Judge Carpenter viele Male bemerkte. Es tut mir leid, dass er tot ist. Er wäre noch jung, und das ist mehr, als was man über die meisten Leute sagen kann. Die meisten Leute sind jetzt tot. Eva Tuckermans Beerdigung war am Donnerstag. Hat einer der Kingsolvings den Gottesdienst abgehalten?«

»Ja«, sagte Augusta. »Das Begräbnis war wunderbar. Deine Blumen, per Auftrag aus Vevey, haben alle bewundert.«

»Mich wird man auf dem Armsünderfriedhof begraben«, triumphierte Isobel. »Du hast meine Frage nicht beantwortet, Lily. Hat dir dein Vater das Nötige in Treuhand hinterlassen?«

»Mein Vater hat mir nichts hinterlassen«, sagte Lily, und das traf im Wesentlichen zu. Eine geringfügige Summe, gerade genug, um Weihnachtsgeschenke zu machen und den Friseur zu bezahlen, würde ihr im nächsten Jahr zukommen, aber jetzt war sie völlig abhängig von Cousin Will, der ihr neben einer hübschen Suite und drei angenehmen Mahlzeiten am Tag ein kleines Gehalt fürs Tippen seiner Briefe zahlte, in denen er sich immer und ewig aus irgendeinem finanziellen Schlamassel zu befreien versuchte.

»Nichts!«, schrie Isobel auf. »Was soll das heißen, nichts?«

»Kein Geld«, sagte Lily und spürte heiß eine unerklärliche Anwandlung von Stolz.

»Mach keine Witze«, sagte Isobel scharf. »So was habe ich ja noch nie gehört. Sagt sie die Wahrheit, Augusta?«

Verlegen nickte Augusta und sagte: »Du erinnerst dich doch daran, dass Matt und Laura alles in ihre Flugschule in Arizona gesteckt hatten, und das ging alles in Trümmer, nachdem sie beide …, du weißt schon, Liebe, nach dem Unfall. Lily blieb nicht viel, aber Teufel auch, Izzy, Lily kommt damit aus.«

Die alte Cousine Isobel sah von einer Cousine zur anderen wie eine Ratte, die etwas im Schilde führt. »Wollt ihr mir etwa mit einer Predigt über die Unwägbarkeiten des Lebens kommen?«, sagte sie. »Vorrecht einer Uralten wie mir ist es, kein Blatt vor den Mund zu nehmen. Und ich warne euch – wir Insassen hier sprechen nicht in wolkigen Begriffen wie ›innerer Reichtum‹.« Sie streckte ihre Hand aus und fasste ein Stückchen von Augustas schwarzem Wollstoffärmel und sagte: »Vorzüglicher Stoff. Für eine Riesensumme extra aus England hergeschafft. Roger Shephard ist herrlich reich.«

»Er ist reich«, sagte Augusta, »und er hat ein goldenes Herz. Er möchte, ich möchte, alle möchten, dass du zu uns ziehst. Rogers Idee war es auch, dass ich dir heute etwas mitgebracht habe, was dich wieder in die Welt locken soll.« Und aus ihrer Handtasche holte sie ein Foto von zwei jungen Frauen in Ballroben und zwei jungen Männern in Fracks.

»Das bin ich«, sagte Isobel und lächelte, »und das ist Susi Holmes. Das da hinter mir ist Don Tucker und das hier natürlich Stevie Holmes. Habt ihr die Schleppen an den Kleidern gesehen und die Frisuren à la Pompadour?

Wie konnten wir glauben, es ginge nicht ohne Riesenfächer aus Straußenfedern? Und Diademe, meine Güte! Meines war aus Smaragden, das weiß ich noch.« Fasziniert sah sie auf das Bild, hielt es nahe an ihre Nase, dann auf Armeslänge, und freute sich unter spöttischem Prusten wie eine Schneekönigin.

Die jungen Frauen waren mit den letzten Laken und Kitteln fertig und verließen den Raum, außer einer hübschen Zierlichen mit einem liebenswürdigen Silberblick. Sie ging zum Fenster und ließ die Jalousie gegen die Sonne herunter, die im Untergehen blendete, und sagte: »Die Zeit ist rum, meine Damen. Abendessen, Miss Carpenter.«

»Abendessen! Es ist gerade mal Zeit für den Tee.«

»Wünschen Sie das Silberservice, Madame?«, fragte das Mädchen kess. »Oder wünschen Madame das Spode?« Aber das war ein Witz, und sie klopfte Isobel liebevoll auf die Schulter und sagte: »Was haben Sie denn da, meine Liebe? Eine Ansichtskarte?«

»Bernice, das Bild zeigt mich in dem Aufzug für den Wohltätigkeitsball. Schau dir mich mal genau an.«

»Wohltätigkeitsball! Ach, Miss Carpenter, Sie sind mir eine! Manchmal muss ich mich einfach schieflachen bei ihren beißenden Bemerkungen.« Das Mädchen blickte fröhlich zu Augusta und Lily hinüber, und dann studierte sie neugierig die Fotografie. »Erzählen Sie mir alles über die hier, ja, Miss Carpenter? Sie haben mich doch auf den Arm genommen, dass Sie das wären und dass Sie auf den Wohltätigkeitsball gegangen sind, oder?«

»Bernice, ich sage dir, das bin ich in all meiner Pracht. Meine Besucherinnen können es bezeugen. Meine Damen, haben Sie das Kostüm bemerkt, das ich hier täglich zu meinem Wohltätigkeitsball trage? Mögen Sie die herumtobenden Kinderchen unten im Hof? Will regt sich darüber auf. Will scheint seinen Sinn für Humor verloren zu haben.«

»Der Hof ist zu feucht für Patienten mit Arthritis.«

Die Worte, wie eine Devise geäußert, hingen über den Stimmen und dem Radio. Es war die blinde Frau, die gesprochen hatte, forsch und laut, und Lily drehte sich zu ihr und sah, dass ihr Profil, flach wie ein Basrelief, in einem bösen Grinsen nach oben gezogen war. Eine Pflegerin saß auf der Armlehne des Morris-Stuhls und versuchte, sie mittels eines Holzlöffels mit Brei zu füttern, aber die fuchtelnden Hände der Frau vereitelten das immer wieder, und die Pflegerin brummte und seufzte und rief schließlich ungeduldig: »Jetzt hör aber endlich auf, ist doch kein Ungeziefergift.«

»Kümmern Sie sich nicht um Viola«, sagte Bernice zu den Besucherinnen. »Viola hasst essen.«

»Wer täte das nicht?«, sagte Miss Carpenter und verzog das Gesicht, als ihr eigenes Tablett gebracht wurde. An diesem Nachmittag sollte sie eine Schale Grießbrei und einen Salat aus geraspelten Möhren mit Rosinen essen; als Nachtisch war ein Stück Rührkuchen vorgesehen, hier und da mit dunkelklebriger Marmelade beschmiert. Was würde sie wohl tun, wenn das Tablett wieder in der Küche wäre und der Winterabend angebrochen, und Lily sah sich um, ob es eine brauchbare Nachttischlampe gab, um das Exemplar von McCall's lesen zu können. Aber es gab überhaupt keine Lampen in dem Raum außer einer kleinen nackten Glühbirne in der Mitte der Decke, und als sie die bestürzt anstarrte, las Isobel ihre Gedanken und sagte: »Die Nächte hier sind doppelt so lang wie die Tage. Gibt es, frage ich euch, eine chinesische Folterqual, die schlimmer ist als meine? Das Radio dahinten läuft bis zehn Uhr in der Dunkelheit. Und ich kann nichts machen, als in diesem Stuhl zu sitzen oder auf dem Bett zu liegen und vor mich hin zu nähen. Nähen! Etwa mit diesen Händen, die von Arthritis deformans, wogegen es kein Heilmittel gibt, gänzlich unnütz geworden sind? Dass ich nicht lache!«

»Du könntest dir Kortison geben lassen«, sagte Augusta müde, »wenn du nur wolltest.«

Bernice drängte Isobel zu essen. »Seien Sie brav und essen Sie was, Schätzchen«, sagte sie freundlich. »Hier haben wir einen köstlichen Austerneintopf für Sie. Ist doch egal, wie wir's nennen. Strengen Sie Ihre Fantasie an, Schätzchen, und tun so, als wäre es Austerneintopf.«

»Mjam mjam«, sagte Isobel säuerlich.

Es war offensichtlich, dass das Essen für sie weit mehr war als bloße Nahrungsaufnahme. Als sie den Brei zu löffeln begann, leuchteten ihre Augen auf, und Lily dachte, wahrscheinlich würde sie die weiße Pampe nicht für die saftigsten Austern der Welt hergeben. Ihr Grimm belebte und verjüngte sie; sie aß gierig.

»Miss Carpenter, wieso haben Sie nie geheiratet, wenn das auf dem Foto wirklich Sie waren?«, fragte Bernice. »Ein hübsches junges Mädchen wie Sie?«

»Ich war zu gut, um geheiratet zu werden«, sagte die alte Frau böse zwinkernd. »Ich war zu gut und zu reich.«

»Nur die Guten sterben jung«, verkündete die blinde Frau.

»Mehr weißt du einfach nicht, Viola«, konterte Miss Carpenter, und mit direktem Blick auf sie belehrte sie Viola: »Du verstehst nicht mal die Hälfte von dem, was du redest. Du kannst nicht denken, du kannst nur nachahmen wie ein Affe. Du wärst vielleicht ein interessanter Fall, wenn man zufällig an so etwas interessiert wäre. Bin ich nicht.«

»Just remember this, life is no abyss«, kreischte Viola

lauter als die Kaskade klimpernder Hawai-Ukulelen, und in kummervoller Sehnsucht legte sie die zerbrechlichen Hände auf ihre kleinen jugendlichen Brüste.

»Geht jetzt, meine Lieben«, sagte Isobel. »Unsere arme kleine Lily wird früh genug hier landen.«

»Also das ist jetzt die Höhe!«, rief Augusta. Sie war wirklich wütend, und ihr Wangen glühten, als sie sich in ihren Mantel nestelte und Lily vom Stuhl zog. »Dieses Kind lässt du in Ruhe! Geld ist nicht alles.«

»Der Mangel an Geld ist alles«, sagte Isobel feixend, unerschütterlich. »Der Mangel an Geld ist ewige Bestrafung.«

»Lüg nicht! Du liebst das hier! Es ist keine Bestrafung für dich, es ist eine für den armen Will Hamilton.«

»Und warum auch nicht, wenn ich fragen darf?« Nie war Bosheit heiterer. Lily, deren körperliche Bekundungen sich auf die Bewegungsmuster von Tanzen, Schlittschuhlaufen, Küssen und Geküsstwerden beschränkten, hätte Isobel am liebsten ins Gesicht geschlagen, sie am kurzen Haar gezogen, die verkrümmten Finger gekniffen. Eine heftige Regung, in ihrem Leben noch nie erlebt, stärker sogar als der Kummer, als sie vom tödlichen Flugzeugabsturz ihrer Eltern erfuhr, stieg in ihr auf wie eine zweite Person, und in dieser neuen Regung war sie jetzt mächtiger als ihre Cousine und fuhr sie an: »Du bist ein Geier! Du hast nicht einen Tropfen Liebe in dir.

Viola hat das!« Und ganz gegen ihren Willen brach sie in Tränen aus.

Für einen Augenblick war Isobel sprachlos, aber nur für einen Augenblick, und dann sagte sie: »Viola hat nichts. Viola ist die Verkörperung dessen, wozu Will Hamilton mich gebracht hat.« Ihr Blick verschwamm, und wie eine zerstreute Königinwitwe winkte sie ihre Cousinen fort, und Augusta führte die weinende Lily aus dem Raum. Sie gingen durch die langgezogene Station, und trotz ihrer Tränen lächelte Lily die gebrechlichen Bettpatientinnen an, die gönnerhaft zurücklächelten. Eine sagte mit zitternder Stimme: »Wie froh bin ich, dass ich an einem so hässlichen Tag nicht nach draußen muss«, und sie wühlte sich in ihre groben grauen Decken.

Der Abgrund aus winterlichem Zwielicht öffnete sich vor ihnen wie ein riesiges Maul, und ein roher Wind scheuerte ihre Wangen. Augusta schimpfte im Dahineilen wie eine Vogelmutter: »Will hätte dich nicht schicken dürfen. Es muss ihm richtig übel gehen, dem armen Will, dass er dich hat gehen lassen.«

»Ich *wollte* kommen«, schluchzte Lily. »Ich wollte es doch für Will.«

»Du bist ein treues Mädchen, ein gutes Mädchen. Ich weiß, ich weiß das ganz instinktiv, dass du etwas aufgeben musstest, um hierherzukommen. Hast du doch bestimmt, Kleines, oder?«

Jetzt waren sie in den weichen, wohligen Tiefen von Augustas Cadillac, und Lily legte den Kopf auf die Schulter ihrer Cousine und erlaubte ihren Tränen zu verebben, bevor sie zu sprechen versuchte. »Ich wollte nur Schlittschuh laufen auf dem Jamaica Pond. Aber wir haben uns gestritten. Nämlich Tucky Havemeyer und ich. Er hat mir nicht geglaubt, dass ich eine kranke Cousine besuchen will.«

Augusta nahm ihre Hand, und die Augen fest auf den Nacken des Chauffeurs gerichtet, sagte sie: »Meine liebe Lily. Ich fühle mich schrecklich. Ich weiß nicht, ob ich Champagner mit einem Goldblatt darin trinken oder auf der Straße Bleistifte verkaufen soll. Das Leben ist ein Abgrund, so oder so.«

Weil sie jung und optimistisch war und in ihrem tiefsten Herzen nicht glaubte, dass zwischen ihr und Tucky Havemeyer alles aus war, gewann Lily in genau umgekehrtem Verhältnis zu Augustas Zusammenbruch wieder Halt. Draußen löste eine schmuddelige Vorstadtgegend das offene Land ab, und aus keinem besonderen Grund freute Lily sich, das hässliche, hektische Neonlicht zu sehen, das Bier, Tabletten, Doppeldecker-Sandwiche und all die anderen Linderungsmittel und Exzesse in diesem Leben ohne Abgründe anpries. Erwachsen, auch wenn sie noch schwankte, und tröstend sagte sie zu Augusta: »Weißt du, was ich machen würde, wenn ich du oder

Roger oder Will wäre? Ich würde sie in eine psychiatrische Anstalt stecken. In eine für psychisch kranke Verbrecher.«

»Aber Lily!« Augusta wandte ihr das Gesicht mit weit aufgerissenen Augen zu. »Aber Lily, verstehst du denn nicht, dass wir alle unsere Cousine Isobel lieben?«

Bis der Wagen Lily vor Wills Tür absetzte, sagten sie kein Wort mehr. Augusta war zu entsetzt, um sprechen zu können, und Lily zu verwirrt. Die Cousine Isobel lieben! Wie war es möglich zu lieben, was so abgrundtief lieblos war? Sie fühlte sich fremd in dieser Familie und verraten von ihrem eigenen Verrat an der Konvention, die sie, durch irgendein Versehen, nicht erlernt hatte. Hieß das, der arme Will liebte ebenfalls seine Cousine Isobel, die ihn langsam, aber stetig umbrachte, ihn so gewiss mordete, als hätte sie die Hände um seinen Hals? Wenn die beiden die Cousine Isobel liebten, dann liebte Lily sie beide nicht. Voller Abscheu zog sie sich von der Frau neben ihr zurück, wütend sah sie den Abstand kleiner werden zwischen sich und ihrem Treuhänder, der seine eigene Zerstörung liebte, und wandte sich in Gedanken, ohne Freude, ohne Trost, Tucky Havemeyer zu. Es gibt nur einen Menschen, der liebt, dachte sie, und das ist Viola, die nichts nehmen kann und nichts geben kann. Alle anderen sind oberflächliche Wesen.

Lily kämpfte mit ihrem Paradox und fühlte sich in

dieser Umklammerung uralt. Und als der Wagen in die Brimmer Street einfuhr und sie ihren blonden, finster dreinblickenden, gestiefelten und mit Jagdkappe ausstaffierten Jungen sah, wie er die Klingel am Hamilton-Haus drückte, stutzte sie in plötzlicher Freude, wies die Heuchelei ihrer ganzen Sippschaft zurück, schaute noch ein letztes Mal im Geiste zurück auf Viola in ihrem Stand der Gnade, stürzte aus dem Wagen und rief: »O Tucky! Haben wir das zeitlich nicht prima hingekriegt?«

Ich liebe jemanden

Meine Freundinnen sind gegangen, haben mich zurückgelassen in der eigentümlichen Blässe des Sommerzwielichts in der Stadt. Wie lange lungert der Tag herum, wie lärmend die Kinder darin! Ich höre ihre grellen Stimmen in den Straßen wie Glas splittern, wenn sie ihren Müttern antworten, nein, sie kommen nicht rein, und zu den trüben Fenstern der Mietshäuser »Marian!« oder »Harold!« hinaufrufen und dabei regelmäßig den Endkonsonanten auslassen. Von meiner eigenen Trägheit beschämt, möchte ich sie für die ihre ausschimpfen und sie streng, als wäre ich ihre Lehrerin, fragen: »Wer soll das sein – Harol.« Ich höre, wie ihr Baseball gegen die Mauern von Geschäften prallt, ich höre ihre geschickten Füße beim Seilspringen, höre, wie sie Songs aus *South Pacific* singen, höre einen plötzlichen, einzelnen Schrei, bei dem es weder Ouvertüre noch Finale gibt: Im Augenblick, da er sich formt, ist er schon vorbei, wie eine Seifenblase. Während ich ihnen halb gegen meinen Willen zuhöre, denke ich, was für eine starke Brut sie doch sind, was für eine geheime Gesellschaft mit ihren verhüllten Totems und Tabus. Was bedeutet diese plötzlich in einem Singsang gerufene Äußerung, die ich höre: »Meine Mutter lässt im Badezimmer die Würfel tanzen?« Oder das hier: Vor ein, zwei Tagen sah ich auf dem Gehsteig eine Inschrift, die mich seitdem verfolgt; in einem dicken, schiefen Herzen standen mit Kreide die Worte »ICH LIEBE JEMANDEN.« Ich musste da denken, wie raffiniert dieses Bekenntnis war, das weder den Liebenden noch das geliebte Wesen verrät. In einem Erwachsenen (wie mir zum Beispiel) wäre es eine Prahlerei oder eine nervöse Lüge, aber bei dem Kind, das dies schrieb, war es nicht mehr als ein ironisches ›Später vielleicht‹.

Meine Ungeduld mit den Kindern heute ist nicht echt; einsam und allein bin ich aus anderen Gründen, während ich hier in der Hitze und dem malvenfarbenen Licht sitze, einen leeren Abend vor mir, und erst jetzt merke, dass ich mich mit ein bisschen Gesellschaft und etwas zu tun hätte versorgen sollen. Es ist ein melancholischer Tag, und seine Ereignisse haben mir die Kräfte geraubt: Ich sitze einfach da und starre auf eine Vase mit exquisiten Rosen. Harriet Perrine und Nancy Lang und Mady Hemingway und ich waren am Nachmittag auf der Beerdigung unserer lieben Freundin Marigold Trask. Berühmt für ihre Schönheit, ihren Charme und ihren eleganten Witz, zur Freude begabt, hat Marigold sich letzten Donnerstag mit Amobarbital umgebracht und einen Ehemann und zwei kleine Jungen hinterlassen. Wir fünf sind enge Freundinnen seit Schultagen gewesen, und der Tod hat uns schwer getroffen; auf eine merkwürdige Art hat er uns auch gedemütigt, und als wir vor der Zeremonie (in einer nichtreligiösen »Kapelle« mit einer elektrischen Orgel und falschen Queen-Ann-Stühlen) zusammen aßen, sprachen wir überhaupt nicht über Marigold, sondern redeten so, wie wir es getan haben, als sie noch lebte und bei uns war. Wir sprachen über Theaterstücke und Kleider, und wir kosteten die Skandale, die die Welt außerhalb unseres Zirkels überschwemmten, gründlich aus. Wir verhielten uns, selbst jetzt, wo es geschehen war, als ob niemandem von uns etwas Hässliches zustoßen könnte. Aber hinterher, als wir gesehen hatten, wie die graubehandschuhten Lakaien ihren Sarg schlossen und sie zum Leichenwagen trugen, sind wir hier in meine Wohnung hochgekommen, und über unseren Drinks haben wir ausführlich über das Überflüssige, die Torheit, das Elendige ihres Selbstmords gesprochen. Es war ein Ton von Verbitterung in all unseren Stimmen. »Wenn die Leute doch bloß warten würden!«, rief Nancy Lang. »Alles ändert sich mit der Zeit.«

»Wenn es um Morton ging, von dem hätte sie sich scheiden lassen können«, sagte Mady. »Wir hätten zu ihr gehalten.«

»Ich glaube nicht, dass es um Morton ging«, sagte Harriet, und wir alle nickten. Morton war ein Langweiler, und wir mochten ihn alle nicht, aber er war überhaupt nicht die Sorte Mann, die eine Frau zu so was treiben würde. Dann brachte Harriet dies ins Spiel: »Vielleicht war es ja der Ungar.«

»Aber das ist doch seit Monaten vorbei«, sagte Mady. »Und außerdem hat *sie* mit *ihm* Schluss gemacht.« Mady ist eine orthodoxe Frau – in ihrem Kopf geht es so prosaisch zu wie in ihrem modernen Haus.

Nancy sagte: »Es muss etwas Tieferes gewesen sein. Wenn nicht, war es nur eine Gemeinheit, ihren Jungen das anzutun.«

Wir sprachen dann über die Wirkungen solcher Katastrophen auf Kinder, und obwohl wir nicht über Banalitäten hinauskamen (wir sind keine Frauen mit originellem Geist; wir »halten uns auf dem Laufenden«, das ist so ungefähr alles, was man über uns sagen kann) und sachlich blieben, wurde ich den Gedanken nicht los, die anderen hätten das Gefühl, es wäre besser gewesen – wenn denn eine von uns die Überdosis Schlaftabletten hatte nehmen müssen –, ich wäre es gewesen. Ich habe nämlich nie geheiratet, und mein Tod würde niemandem zur Last fallen. Meine Freundinnen würden mich vermissen, das schon; um es deutlich zu sagen: Sie hätten niemanden mehr zum Bemuttern und Beschützen in einer Welt, die für ein einsames Leben nicht geeignet ist. Sie hängen an mir, bestimmt, und auf ihre Weise lieben sie mich, aber sie sind nicht betroffen. Das können sie auch nicht sein, denn wie in aller Welt sollten sie mich wirklich kennen; es würde sie als verheiratete Frauen in Verlegenheit bringen, einer Junggesellin in das Herz zu blicken, das zur gleichen Zeit verarmt und verschwenderisch ist, zur gleichen Zeit lieblos und überschwänglich weich. Daher, aus reiner Notwendigkeit, haben sie sich ihr eigenes Bild von mir geschaffen, und ich vermute, wenn ich sie von ihren Vorstellungen befreien wollte, würden sie denken, ich halluziniere; erschrocken würden sie mich so schnell wie möglich zu einem erstklassigen Arzt schaffen.

Harriet, eine unermüdliche und sich irrende Charakterdeuterin, erklärt oft in meiner Gegenwart, ich sei »eines dieser Wesen, die nichts, aber auch gar nichts auf den Boden der Realität bringen kann«. Meint sie damit, dass ich mich auf nichts einlasse? Oder leitet sie ihr ätherisches Bild von mir aus der Tatsache ab, dass ich mich nie zu ändern scheine? Meine Stimmungen zeigen sich nie, und vielleicht gibt mir das eine Ausdruckslosigkeit, die sie mit der höheren Sphäre assoziiert. Ich mache niemals drastische Änderungen in meinem Leben; selten räume ich meine Möbel um; meinen Haarschnitt habe ich seit zwanzig Jahren. Harriet lebt in einem Zustand täglicher Überraschung, aber Überraschung nur angesichts von Dingen und Szenen oder Menschen, die sich nicht im Geringsten ändern. Sie beginnt ihren Tag mit dem Erstaunen darüber, dass ihr Frühstücksei in Farbe und Konsistenz exakt das gleiche ist wie das Ei von gestern und von vorgestern und dass ihre glücklichen, gesunden Augen morgen dasselbe Phänomen begrüßen werden. Immer wenn sie in die Frick Collection geht, um ihre Lieblingsbilder zu sehen, steht sie ergriffen vor El Grecos heiligem Hieronymus, mit entzückt gefalteten Händen, ihr ganzes Sein wie ein erstaunter Ausruf: »Nanu, das ist ja immer noch hier!«

Aber ich bin dankbar, dass Harriet und Nancy und Mady mich in einen Mythos eingesponnen haben. Ihre beruhigende Überzeugung, dass Götterblut in meinen Adern fließt und meine Funktionsweise von höchst vestalischer Art ist, hat mich alle diese Jahre (ich bin dreiundvierzig) davor bewahrt, in Hysterie oder Morbidität oder Hypochondrie oder sonst irgendeine Art Erbärmlichkeit zu verfallen, vor denen selbst die umsichtigsten Junggesellinnen mit etwas Vermögen nicht gefeit sind. Ich habe keine Entourage mänteltragender junger Männer um mich, und Trinken ist kein Problem; die Anliegen, deren ich mich annehme, sind altehrwürdig und unstrittig: Ich lese behinderten Kindern vor, aber ich lasse mich in nichts verwickeln, was auch nur entfernt weltanschaulich wäre. Ich weiß, meine Freundinnen sind fest davon überzeugt, dass ich einst eine Liebesaffäre hatte, die übel ausgegangen ist – auf dieser Generalhypothese beruht wohl zur Hälfte der Reiz unverheirateter Frauen, die kein Anzeichen von Unzufriedenheit zeigen, und kein Taktgefühl macht froher als eines, das einen Kummer schützt, über den nie gesprochen wird. Immer wieder einmal amüsiert es mich, zu überlegen, wie ihre Mutmaßungen aussehen. Ich könnte mir denken, dass sie bei ihren Spekulationen meinen Liebhaber glanzvoll sterben lassen, in einem Krieg vielleicht oder in einer Lungenheilanstalt. Ich sehe sie geradezu, wie sie ihre Dinnergäste vorwarnen, bevor ich eintreffe: »Jenny Peck, müssen Sie wissen, hat niemals geheiratet. Sie hatte eine dieser wirklich tragischen Geschichten, als sie noch sehr jung war, so absolut verheerend, dass sie nicht einmal zu ihren engsten Freundinnen je ein Wort darüber gesagt hat.«

Tatsache ist aber, dass es in meinem Leben nichts gegeben hat. Ich habe es ganz in der Halbwelt von kurzen Flirts verbracht (einige haben nicht länger gedauert als die Zeit, die es braucht, um unter dem Vordach eines Theaters zwischen zwei Akten eine Zigarette zu rauchen), von Freundschaften, die an Kälte eingingen oder sich ausgetrocknet dahinzogen und ihren Sinn überlebten und nicht ein einziges Mal zu der Möglichkeit von Liebe vorstießen. Ich habe in Tagträumen gelebt, die über die Jahre hinweg immer weniger hochgespannt waren, letztlich so gleichgültig, dass ich jetzt eher die Namen der achtundvierzig Bundesstaaten hersagen würde, als jene dürftigen Gespinste nochmals ins Auge zu fassen. Von Kindheit an habe ich unfehlbar alle Umwege genommen, die um Leidenschaft und Hingabe herumführen; oder ich sage es so: Ich bin immer eine Pilgerin ohne Glauben gewesen, Reisende in der Erwartung des Verlustes, mit der Gewissheit, dass der Gral zum Zeitpunkt, da ich das Ende meiner Reise erreicht hätte, weggezaubert wäre. Sähe ich nicht selbst bei mir diese Skepsis, diese bedingungslose Zurückweisung, diese – ich gebe es zu – Verachtung, fände ich es erniedrigend, dass niemand mir einen Heiratsantrag gemacht hat. Mir liegt nicht daran, zurückzuweisen, aber ich weiß nicht, wie ich annehmen soll. In meiner Verstocktheit bin ich jetzt, heute Abend, deutlicher tot als Marigold Trask in ihrem Vorstadtfriedhof.

Aber meine Reflexe sind noch lebendig und meine Nerven rege, und manchmal fühle ich den Schmerz durch die Betäubung hindurch. Und dann will ich manchmal am Morgen nicht aufwachen, obwohl mir meine abstrusen und schrecklichen Träume unnachgiebig und harsch zusetzen. Wie sarkastisch meine Träume sind! Die ganze Nacht durch verhöhnt und quält mich mein unterbewusster Sinn: »Touché!« Und doch, bewusst hätschele ich die Wunde nicht. Von meinen Freundinnen mit geröteten Augen erwischt werden? Kommt nicht in Frage – sie zu täuschen ist mein Geschäft: cogitant, ergo sum. Anders als Marigold würde ich diese warmherzigen Frauen niemals verstören wollen, was würde ich denn ohne sie machen? Ich wüsste nicht, wie ich meine Existenz regeln sollte, würden sie nicht nach einem Galeriebesuch oder einer Nachmittagsveranstaltung bei mir hereinschneien und mich zu einem Essen mitschleppen, wenn der Extra-Mann entweder »interessant« oder »bedeutend« ist (all die Ägyptologen, denen ich zugehört habe! Die Fortschrittler mit ihren Missionen! Werde ich bis zu meinem Sterbetag den Herpetologen vergessen können, den Mady mir einmal bescherte und der mir während des ganzen Fischgangs von Kobras erzählte?), würden sie mich nicht auf lange Sommerwochenenden mitnehmen, mir Blumen oder kleine Präsente oder Parfums in raffinierten Flakons schicken, mir ihre Ehemänner zum Lunch ausleihen, mich kurz gesagt wie jemanden von königlichem Blut behandeln, der einer unheilbaren, aber nicht entstellenden Krankheit ausgesetzt ist.

So sitze ich also hier und meditiere im Zwielicht, während jenseits von mir und unter mir die Stadtkinder ihren wilden Straßenbaseball spielen und ihr Abendessen ebenso aufschieben wie ich meines. Ich weiß, ich sollte mich rühren. Ich sollte die Gläser und die Aschenbecher in die Küche tragen und abwaschen, denn meine stille und pingelige Haushaltshilfe, die täglich kommt, wäre alarmiert, wenn ich von meinen Gewohnheiten abwiche. Ich muss essen, was sie für mich zubereitet hat, ich muss lesen, muss mich duschen, muss wieder lesen und schließlich das Licht ausmachen und in der Hitze, die wie Gallert über der Stadt liegt, in meine Albträume gleiten. Aber im Nachsinnen über mich selbst, über Marigold (wie heimlich hat sie es getan!), über das anonyme Kind, das der Welt erzählt hat, es liebt jemanden, habe ich mich beruhigt und bleibe hocken, wo ich bin, unfähig, mir ein Ziel zu geben, irgendetwas zu tun.

Inzwischen sind meine Freundinnen wieder zu Hause in Fairfield County. Alle drei sind begeisterte Gärtnerinnen und werden jetzt gerade dabei sein, sich um ihre Tomatenpflanzen zu kümmern und zwischen den Maisreihen zu jäten. Ich stelle mir ihre kühlen, mit Rosen bestückten Wohnzimmer vor, worin sie später zu den Ehemännern stoßen und ihre Cocktails trinken. Ist es zu spät, um jemanden anzurufen und ein Abendessen und ein klimatisiertes Kino vorzuschlagen? Viel zu spät. Viel zu spät. Idiotischerweise sage ich den Satz laut, wiederhole ihn zwanghaft mehrere Male und versuche mir vorzustellen, wie meine Lippen aussehen, während ich das Wort »viel« in die Länge ziehe.

Allmählich verlieren die Wörter ihre Bedeutung und ich rede dummes Zeug. Was würden die bloß von mir denken, wenn ich wie eine Idiotin brabbele? Ich habe gerade die Lippen gespitzt, um zum x-ten Mal »spät« zu sagen, als ein Gewirr von Stimmen durch mein offenes Fenster dringt. Das Geschrei, wie von einer wütenden, blökenden Menge, ist näher als die Geräusche von der Straße, und ich schrecke hoch. Vielleicht ist es eine Party im Gartenstück nebenan; aber die Stimmen sind rau, und es ist kein Lachen dabei. Es hallt wider, als knurrten auf dem Boden einer Grube eine Menge Leute; gedämpft und dennoch laut – und obwohl laut, sind die Wörter ununterscheidbar. Meinem Charakter treu, bleibe ich für einen Augenblick dem Tumult fern; aber dann, weil es weder eine Pause noch eine Änderung gibt und weil das Geräusch so nahe klingt, wird mir doch etwas bang. Trotzdem bewege ich mich nicht, mache nicht einmal das Licht an, und plötzlich, wie der Knall einer Pistole, explodiert in der heißen Dämmerung eine Obszönität. Die Stimme, die sie hervorstößt, ist die eines halbwüchsigen Jungen, sie ist hoch und hilflos vor Empörung. Ich stehe auf, schaudernd bleibe ich vor dem Stuhl stehen und rücke dann über den Teppich vor und öffne die Tür zum Schlafzimmer.

Während ich zögere, bemerke ich wieder die Gläser und die Aschenbecher. Und obwohl mein Herz jetzt schnell pocht und die Furcht Gestalt annimmt, denke ich wieder, und ganz unabhängig davon, an Marigold, und ich frage mich, ob sie wusste, als es näher kam. Es! Die Umschreibung schockiert mich, und ich korrigiere: als der Tod näher kam. Aber macht das den Satz besser? Es bedeutet mir ebenso viel wie *Tod* – oder, wo wir dabei sind, *Leben*. Ich gehe einen Schritt weiter und sage: »Ich frage mich, ob sie schließlich wusste, warum sie nichts anderes mehr wollte.« Ich nämlich, die ich am Rand des Lebens stehe, sehe in der Arena jedermann blindlings agieren. Ich würde es wissen, aber Marigold? Weiß der Stierkämpfer, bis er tatsächlich in Gefahr ist, dass die Gefahr selbst sein Meister ist? Nicht der Ruhm, nicht die Rosen der Damen oder der Festumzug oder der Applaus, sondern das Aufblitzen des Bösen, der Willkür und des Unbekannten? Weitab von jeder Bühne und im Sicheren weiß ich, die ich nie impulsiv handele, so ziemlich genau, was bei meinem rationalen Verhalten herauskommt. Es macht mich zu einer Frau ohne Hoffnung; aber da es keine Hoffnung gibt, gibt es auch keine Verzweiflung.

Ich lehne mich aus dem Schlafzimmerfenster und entdecke die Quelle des Krachs im Hof dieses respektablen Apartmenthauses: Ein wilder Haufen von Jungen drängelt sich in der Einfahrt, wo das Tor noch nicht geschlossen ist. Sie haben die verschiedensten Größen, Gestalten und Hautfarben, und ich erkenne in ihnen sofort einen Trupp jugendlicher Gangmitglieder, über deren

Bösartigkeit ich in den Boulevardblättern gelesen habe. In allen Gesichtern herrscht derselbe Ausdruck, eine Mischung aus Wut und Faszination, und ihre Augen sind alle auf etwas fixiert, was ich nicht sehen kann. Mehr als zwanzig sind es, und von ihnen kommt das anhaltende Knurren. Ich lehne mich weiter hinaus, und am Ende des Lichthofs sehe ich zwei Jungen miteinander kämpfen. Der Kampf ist weit fortgeschritten, denn einer der beiden, groß und schwarzhaarig, hat den anderen auf den Betonboden gedrückt. Blut fließt aus dem vor Keuchen weit geöffneten Mund, und die Hände zucken schwach an den Schultern seines Angreifers. Das Handgemenge findet schweigend statt. Mich bestürzt, wie zynisch es ist, und ich versuche, den Verlierer zu bemitleiden, aber ich kann es nicht, seine Niederlage hat ihn hässlich gemacht. Sein strähniges braunes Haar liegt wie Fetzen verteilt auf dem Beton, die Parodie eines Heiligenscheins.

Jetzt sind andere Bewohner wachgerüttelt, kommen an ihre Fenster und schauen abgestoßen und empört hinaus. Über mir schreit ein Mann nach unten: »Ich hol die Polizei!« Aber der Kampf geht weiter, schweigend und bösartig, und die Jungen in der Toreinfahrt ignorieren meinen Nachbarn, der ganz rabiat wird und schreit: »Raus hier aus dem Hof! Ich hab eine Pistole!«

Aber sie achten nicht darauf. Schließlich macht der Junge, der auf dem Rücken liegt, die Augen zu und äußert einen leisen Satz, offenbar, dass er sich geschlagen gibt, denn der andere stößt ihm ein letztes Mal brutal in die Rippen und steht auf, leicht schwankend. Die Erregung vorbei, verlässt die Zuschauerschar sofort die Toreinfahrt; sie verschwinden rasch, alle Mann auf einmal, und schauen nicht einmal zurück. Aber der Sieger bleibt noch zurück wie ein Schauspieler auf der Bühne, als erwarte er Applaus, und als er sieht, dass die anderen gegangen sind, schaut er zu den Fenstern der Wohnungen hoch. Vielleicht sucht er nach dem Mann, der ihm mit der Ordnungsmacht gedroht hat; vielleicht will er den herausfordern. Aber er findet stattdessen mich, und wie er zu mir hochsieht, bricht sein wildes Gesicht in ein schamloses Lächeln aus. Ich vermute, er ist achtzehn oder neunzehn, aber die Bosheit in seinen kleinen schwarzen Augen und seinem tiefroten Mund ist uralt. Er hat einen dünnen Schnurrbart, so gepflegt und theatralisch, dass es aussieht, als wäre er auf die Oberlippe geklebt. Er sieht mich an, und dann sieht er runter auf den anderen Jungen, der jetzt auf die Füße kommt, und dann sieht er wieder zu mir hoch und zuckt die Schultern. Verlangt er von mir, die Gerechtigkeit seiner Gewalttätigkeit zu bestätigen? Oder ihre Schönheit? Oder die Leidenschaft?

Das Blut ist mir brüsk ins Gesicht geschossen, und ich drehe mich vom Fenster weg. Meine Absicht zuerst ist, mich aufs Bett zu legen und, falls ich kann, mein inneres Auge auf das zu richten, was ich gerade gesehen habe. Stattdessen, willenlos wie eine Schlafwandlerin, wende ich mich zur Wohnungstür, nehme den Aufzug nach unten und trete hinaus auf die Straße, wo jetzt kein Tumult mehr ist, sondern eher eine mit Händen zu greifende, hinterhältige Stille. Ich fühle mich beobachtet, meine Gedanken durchschaut. Ohne bewussten Plan gehe ich schnell die Straße hinunter, vorbei an den öden Gebäuden mit ihren Katzenklappen und den winzigen Parzellen zähen Ligusters, und weiter in Richtung Avenue, wohin sich die Jungen, denke ich, verzogen haben. Ein Streifenwagen fährt langsam vorbei, und ein gelangweilter Polizist wirft seinen Zigarettenstummel aus dem Fenster.

Mein Ziel ist jetzt klar. Ich merke, dass ich den Rowdys direkt ins Gesicht sehen will, sowohl dem unbesiegten als auch dem niedergeworfenen, sehen möchte, ob ich endlich die rätselhafte Energie erfassen kann, die alle Welt antreibt, nur mich nicht.

Aber ich komme nicht bis zur Avenue. Auf halbem Weg schaue ich runter auf den Gehsteig und sehe das geschwollene Herz mit seiner verblassenden Botschaft ICH LIEBE JEMANDEN. Ebenso gut könnte sie unter einem Schädel mit gekreuzten Knochen lauten: ICH HASSE JEMANDEN. Jetzt brauche ich nicht weiterzuforschen; die Antwort ist hier in dem offensichtlichen, hohlen Gekritzel, und ich gehe zurück zu meiner Wohnung und sammle die Gläser und die Aschenbecher ein.

Meine Freundinnen und ich haben mein Leben mit bestem Geschmack eingerichtet, und das Einzige, was bei diesem so elegant arrangierten Bankett fehlt, ist etwas zu essen.

Im Zoo

Mit schroffen Klagelauten schüttelt der blinde Eisbär in seiner Altersschwäche langsam und unaufhörlich den Kopf in der mittäglichen Juligluthitze der Berge. Seine offenen Augen sind blau. Niemand bleibt stehen, um ihn anzusehen; ein alter Farmer resümiert im Vorbeigehen die Lage des alten Bären, indem er ihn unbarmherzig kichernd als »Auslaufmodell« vermerkt. Geduldig und verzweifelt hockt er mit seinen gelb gewordenen Hinterbacken auf dem Hauptfelsen seines Schwimmbeckens, seine riesigen Spielzeugtatzen stecken in schlammigen Halbstiefeln.

Die Grizzlybären zu seiner Rechten, eine konventionelle Familie aus Vater und Mutter und zwei im Frühling geborenen Jungen, tollen abwechselnd herum oder schlafen. Der Schwarzbär zur Linken des Eisbären hat das Lärmende, Schurkische, irgendwie Einnehmende eines Draufgängers; er heißt Clancy, wie das Schild am Käfig verrät, und er ist ein wüster, streitsüchtiger Krakeeler, ständig grummelnd, während er auf und ab geht oder innehält, um sein Publikum, Kinder und Mütter, anzustarren und aus seinem Schlund mit der grauen Zunge ein geradezu vesuvisches Getöse hervorzustoßen. Sollte er in menschlicher Gestalt wiedergeboren werden, dann als Mann der Tat, vielleicht als Footballtrainer, wahrscheinlich als Politiker. Fast erwartet man, seinen schwarzen Hut am Ast einer seiner Bäume hängen zu sehen; jeden Augenblick könnte er sich eine Zigarre anzünden.

Nicht nur die unmittelbaren Nachbarn des Eisbären bilden einen so starken und bedrückenden Kontrast zu ihm. Auf einem mit Abfall übersäten, schütteren Grasgelände findet die Versammlung der eingebildeten Affen statt, die einander auf der Suche nach Flöhen Rücken und Brust kraulen, sich mit langen, schwarzen Fingern zimperlich in der Nase bohren, mit ihren begabten Schwänzen am Fliegenden Trapez schwingen und wie am Spieß schreien. Selbst wenn sie trauern – man könnte meinen, das Orang-Utan-Männchen steht kurz vorm Selbstmord –, bleiben sie Komödianten; ihre Niedergeschlagenheit ist nur geheuchelt, denn sie sind völlig sicher in ihrem ungestümen Stammesgehabe und in ihrem erschreckenden Scharfblick und ihrer Verachtung. Ihr leichtfüßiges Herumwirbeln ist eine Irreführung, in Wirklichkeit beobachten sie verstohlen und gerissen den kläglichen Eisbären (»ein Auslaufmodell«, zitieren sie den Farmer. »Trifft haargenau auf ihn zu«, prusten sie) und den geschwätzigen Schwarzbären (»Stimmungskanone. Schwafler. Niedriger IQ«, vermerken sie verächtlich in seiner Akte), und die dummen, spießigen Grizzlys (»für die gilt nur: Stopf dich voll und hau dich aufs Ohr«, lautet der Kommentar der Affen). Und sie beobachten meine Schwester und mich, zwei Frauen mittleren Alters, wie wir da auf der Bank zwischen den Zoobewohnern sitzen, Popcorn futtern und allmählich durstig werden. Wir sind in Gedanken versunken.

Eine beiläufige Bemerkung von Daisy vor ein paar Minuten hat Erinnerungen geweckt und uns ins Grübeln gebracht. »Ich weiß nicht wieso«, sagte sie, »aber dieser blinde Bär, der Arme, erinnert mich an Mr Murphy.« Der Name »Mr Murphy« hat uns beide sofort in unsere Kindheit versetzt, wir sind Hals über Kopf tief eingetaucht, und unser späteres Leben ist dabei verblasst. Und jetzt essen wir schweigend unser Popcorn mit dem rituellen Heißhunger der Kindheit; es ist nicht so sehr ein Nahrungsmittel als vielmehr ein Sakrament, und zum Gedenken an unser schwesterliches, freundschaftliches Verhältnis breche ich das Schweigen und behaupte, dies ist das beste Popcorn meines Lebens. Die Überspanntheit meiner Äußerung gibt mir augenblicklich das Gefühl, ich lasse mich gehen, und eine Weile vermeide ich es, den blinden Eisbären anzusehen. Meine Schwester stimmt mir weder zu, noch widerspricht sie; sie sagt bloß, dass Popcorn das Einzige ist, was sie je wirklich gern gegessen hat. Danach knabbern wir lange wortlos weiter, aber ich weiß, weil ich sie gut kenne und weiß, wie ähnlich sie mir ist, dass Daisy dasselbe denkt wie ich; wir beide erinnern uns traurig an Mr Murphy, der in einer bestimmten Zeit unseres Lebens unser einziger Freund war.

Dieser Zoo ist in Denver, einer Stadt, die meiner Schwester und mir nichts bedeutet, es ist bloß der Ort, an dem wir in einen Zug steigen oder auf ihn warten. Daisy wohnt zweihundert Meilen weiter westlich, und sie hat es sich angewöhnt, wenn mein alle zwei Jahre stattfindender Besuch bei ihr vorbei ist, mich über die Berge zu begleiten, um mich an meinem ostwärts fahrenden Zug zu verabschieden. Wir kennen fast niemanden hier, und da unser Aufenthalt immer kurz ist, haben wir uns nie bemüht, die Stadt mehr als nur oberflächlich kennenzulernen. Wir kennen das Büro der Burlington-Busse im Norden und die respektablen Hotels, ein oder zwei Restaurants, Union Station und seit heute den Zoo im Stadtpark.

Doch seit dem Augenblick, als Daisy Mr Murphys Namen genannt hat, sind wir in Denver nur physisch anwesend; unser Geist und unser Herz sind in Adams, fünfzig Meilen nördlich, und wir sehen unter der unbarmherzigen weißen Mittagssonne die Straßen dieser hässlichen Stadt, ihre Anlagen und Bäume und Brücken, den Musikpavillon im tristen Park, die Landstraßen, die aus ihr hinausführen, nach Westen zu den Bergen und nach Osten zum Flachland, ihre zahlreichen Kirchen unbestimmbaren Stils, ihre Highschool, die wie ein Brotlaib aussieht, das Universitätsgelände, eine uns kaum bekannte Oase, die wir nur hin und wieder durchquert und dabei den wilden Wein an den eindrucksvollen Gebäuden bestaunt haben. All das hat sich für immer mit so hartnäckiger Deutlichkeit in unser Gedächtnis eingeprägt, dass man nur den Namen der Stadt laut sagen muss, und schon liegen unsere Nerven blank und wir werden wieder heimgesucht von Schreckensangst und dem Gefühl der Demütigung.

In späteren Jahren haben wir vermutet, dass Adams gar nicht so schlimm war, wir wissen ja, dass wir seine Hässlichkeit übertrieben haben, weil uns die Stadt als verlängerter Arm der habgierigen, lieblosen, höhnischen, selbstgefälligen Pflegemutter Mrs Placer vorgekommen ist, zu der wir nach dem Tod unserer innerhalb eines Monats gestorbenen Eltern geschickt wurden – zwei groteske Gestalten wie bei Dickens, zaghaft, mit schwachen Nerven, nahe am Wasser gebaut, in der Schule zurückgeblieben. Daisy war zehn und ich acht, als wir unbegleitet die lange Reise von Marblehead zu unserer Wohltäterin machten, die wir nie gesehen hatten und von der wir erst etwas hörten, als unser Pastor uns von der Abmachung berichtete, die unser Vater auf dem Sterbebett getroffen und unsere Mutter auf dem ihren bestätigt hatte. Dieser Mann, dessen Name und Gesicht ich vergessen und dessen Abschiedsworte an uns ich nie verziehen habe, versuchte unsere Tränen zu trocknen, indem er von Indianern und Büffeln plauderte; weit ausgiebiger und in salbungsvollem Predigttonfall erging er sich über die christliche Barmherzigkeit einer Mrs Placer. Sie sei, sagte er, kinderlos und kinderlieb und nach dem langwierigen Hinscheiden ihres tuberkulösen Mannes seit vielen Jahre Witwe, seinetwegen sei sie in die Rocky Mountains gezogen. Zu seinem Unterhalt und wegen der kostspieligen medizinischen Betreuung habe sie eine Pension geführt, und nach seinem Tod habe sie, da er ihr nichts hinterließ, die Pension weiterführen müssen. Sie sei eine Jugendfreundin unserer Großmutter väterlicherseits, und unser Vater habe in Ermangelung von vertrauenswürdigen Verwandten sie zur Begünstigten seiner Lebensversicherung gemacht, unter der Bedingung, dass sie uns bei sich aufnähme und großzöge. Der Pastor erklärte uns mit einer bemerkenswerten Offenheit – wo er doch zu kleinen Kindern sprach –, dass die Hinterlassenschaft unseres Vaters für unsere Betreuung kaum mehr als ein Tropfen auf dem heißen Stein sei, und er ermahnte uns eindringlich, Mrs Placer zum Ausgleich für ihre Gastfreundschaft und Aufopferung eine artige Stütze und ewig dankbar zu sein. ›Aufopferung‹ war das Wort, das uns eingehämmert wurde.

Und so kamen wir, um unsere Eltern trauernd und völlig verängstigt, zu der trockenen Stadt im Westen, ins Haus von Mrs Placer, ein Haus, in dem die eckigen und nicht gepolsterten Möbel unbarmherzig und die Bilder an den Wänden entweder finster oder fürchterlich waren und die Pensionsgäste, die im oberen Stockwerk zwischen düsteren Schränken und Chiffonier-Kommoden hausten, während all der Jahre ihrer Zimmerwirtin im Aussehen wie auch im Verhalten immer ähnlicher wurden.

Nach ihrem schon farblich scheußlichen Abendessen saßen Gran – so wollte sie von uns genannt werden – und ihre Pensionsgäste, hager und adlerähnlich, an Frühlings- und Sommer- und Herbstabenden in Schaukelstühlen auf der Veranda, um sich an ihren delikaten Kümmernissen zu laben: an den Kränkungen, die ihnen von undankbaren Söhnen und Töchtern widerfahren waren, an den Frechheiten, die sich Straßenbahnfahrer oder arrogante Verkäuferinnen im Bekleidungsladen herausgenommen hatten, all diesen Beleidigungen und absichtlichen Zusammenstößen, die ihr täglich Brot und ihr täglich Kreuz ausmachten. Wir kleinen Mädchen spülten unterdessen das Geschirr in der höhlenartigen Küche und lauschten ihren eintönigen Märtyrerstimmen, die sich wie Blutegel an ihr einziges Gesprächsthema und ihr einziges Credo festsaugten – dass das Leben im

Wesentlichen darin bestand, hereingelegt, enttäuscht und betrogen zu werden.

In regelmäßigen Abständen sagte Mrs Placer, die Vorsitzende der Opferschar: »Natürlich ist mir das egal; ich muss bloß darüber lachen«, und dann erzählte sie irgendeine empörende Geschichte von einer vertrackten Gemeinheit, die jemand, den sie nicht einmal kannte, ihr angetan hatte. In einigen der Fälle, die sie mit ihren wissbegierigen, parteiischen Geschworenen dort auf der Veranda verhandelte, hinter bitter riechenden Hopfenranken in berauschender Bergluft, waren manchmal auch Daisy und ich involviert, und sobald wir das mitkriegten, rangen wir um Fassung, umklammerten einander und flüsterten: »Soll sie doch nicht erzählen! Wie hat sie das bloß herausgefunden?« Ja, wie nur? Ganz sicher haben wir ihr nie etwas davon gesagt, dass wir beleidigt oder als Letzte ins Team gewählt wurden, und niemals haben wir verraten, dass ein Lehrer uns ausgeschimpft hatte oder dass wir mit johlendem Gelächter begrüßt wurden, wenn wir auf dämliche, unfaire Scherze hereingefallen waren. Aber sie wusste es. Sie wusste auch von den Pyjamapartys, zu denen wir nicht eingeladen wurden, von Steaks & Pommes frites, bei denen man uns demonstrativ übergangen hatte; sie wusste, dass die Gesangslehrerin unmissverständlich gesagt hatte, ich könne keinen einzigen Ton treffen, und die Anleiterin beim Nähen verkündet hatte, Daisys Finger seien lauter Daumen. Uns klapperten die Zähne in der Kälte unserer Vereinsamung, wenn wir ihre empörte, streitsüchtige Stimme hörten, die unser Recht verteidigte, Waisen zu sein, Almosenempfänger, völlig abhängig von ihr – abgesehen von dem wahrlich lachhaft geringen Betrag aus der Lebensversicherung unseres Vaters –, wo sie doch alles tue, um irgendwie zurechtzukommen. Natürlich sei ihr das egal; sie müsse bloß darüber lachen, dass Menschen gemeinhin so engstirnig seien, dass sie auf vater- und mutterlose Überbleibsel wie uns herabschauten, und damit auch auf sie. Es sei doch seltsam, dass die Leute es ihr nicht hoch genug anrechneten, dass sie sich dieser kränklichen armen Dinger angenommen habe, die nicht einmal mit ihr verwandt seien, sondern nur Enkelinnen einer ehemaligen Freundin.

Wenn ein Mädchen mit Zahnspange zum Spielen zu uns kam, dann tat es das laut Gran, um sich heimlich über uns zu erheben, da unsere Zähne krumm waren, aber kein Geld vorhanden war, um sie richten zu lassen. Und was konnte dahinterstecken, wenn wir zum Abendessen beim Arzt zu Hause mitkommen sollten? Wollten der Arzt und seine vornehm tuende Frau aus New York samt diesen schnippischen Töchtern mit ihren Haarspangen aus purem Gold und ihrem Shetlandpony ihre armen Lieblinge beschämen? Oder etwa die arme Gran selbst, indem ihre beiden Kleinen dazu verführt wurden, voller Bedauern nach Hause zurückzukehren in das einfache, aber ehrliche Leben, das alles war, was sie ihnen bieten konnte?

Es gab keine Gesellschaftsschicht, die nicht vor Betrügereien und Machenschaften zum Himmel stank. Und das Schulsystem war fast das Allerschlimmste: Wenn wir Bruchrechnen einfach nicht verstanden, war das nicht die Schuld unserer Lehrerin? Und welches Recht hatte sie dann, uns »nicht bestanden« hinzuschreiben? Für Gran war sonnenklar, dass die Lehrerin nur ihre eigene Unfähigkeit zu unterrichten vertuschen wollte. Unwahrscheinlich war auch – höchst unwahrscheinlich –, dass die Klinik mit kostenloser ärztlicher Behandlung zufällig immer wieder genau an dem Tag geschlossen wurde, wenn unsere Namen im Alphabet an der Reihe waren, sodass nichts gegen unsere schlechten Mandeln getan wurde und wir im Winter oft krank wurden und Gran mit ihrem lahmen Bein und dem nicht sonderlich starken Herzen hunderte Male am Tag die Treppe hochsteigen und uns abwechselnd etwas bringen oder holen musste.

Im dichten Nebel dieser Beschuldigungen und verdeckten Intrigen und Zweideutigkeiten wuchsen Daisy und ich als Würmchen auf. Ich glaube, niemand konnte sich der Atmosphäre in diesem Haus entziehen, wo alle wie auf rohen Eiern gingen, von denen ein Vögelchen ihnen gezwitschert hatte, dass sie faul seien. Die Pensionsgäste bespitzelten sich gegenseitig, tuschelten hinter den Türen, mutmaßten, zogen Vergleiche und läuteten Tratsch so ein: »Mit dem gebührenden Respekt …« oder »Mir ist die Sache ja egal, aber …«. Die Wachsamen patrouillierten tagsüber in der Stadt und kamen am Abend zurück, um ihrer Hohepriesterin die erbeuteten Leckerbissen zu Füßen zu legen und auf die orakelhafte Deutung der Innereien von Hinz und Kunz und Koch und Küster, der Verkäuferin an der Eisbar und der unnatürlich tauben weißen Katze des Friseurs zu warten.

In der Folge wurden Daisy und ich ebenfalls misstrauisch. Aber es war Misstrauen uns selbst gegenüber, das uns trübsinnig und weinerlich machte, das Gesicht vom Grübeln verzerrt. Warum waren wir nicht glücklich, wenn sich Gran doch bis aufs Blut für uns aufopferte? Warum übersahen wir den Zeitungsjungen nicht einfach, der sie mit einem Schimpfwort bedacht hatte? Warum waren wir weiterhin unbeirrt freundlich zu dem Lebensmittelhändler, der, erfolglos, versucht hatte, sie bei einer Kiste Schweinefleisch-Bohnen-Konserven übers Ohr zu hauen?

Unsere Freundschaften waren angstbesetzt und verstohlen; wir schmeichelten uns ein und logen, und je stärker unsere Bedürfnisse wurden, desto stärker fühlten wir unsere Erniedrigung; wir wurden bemitleidet; wir blickten rastlos umher, immer auf der Hut vor Mrs Placer oder einem ihrer Informanten; wir waren Heuchlerinnen.

Dennoch war unser Lebenstrieb nicht ganz gekappt, und Daisy und ich fanden mit der Zeit eine Zuflucht in einer kleinen Menagerie unten an der Bahnstrecke. Sie gehörte einem sanftmütigen trunksüchtigen Taugenichts, der den lieben langen Tag seinen Badewannen-Gin mit Zitronenwasser trank, Patience spielte, vor sich hin lächelte und zu seinen Tieren sprach. Er hatte eine kleine verkümmerte rote Füchsin und ein geruchlos gemachtes Stinktier, einen Papagei aus Tahiti, der Pariser Französisch plapperte, einen betrübten Kojoten und zwei Kapuzineräffchen, so ernsthaft und menschlich, so klein und traurig und herzig und so fromm aussehend mit ihrer Tonsur, dass man geradewegs denken musste, ihr Geschnatter sei wirklich eine ordentliche Sprache mit einer Grammatik, die ein Philologe eines Tages verstehen würde.

Gran wusste Bescheid über unsere Besuche bei Mr Murphy, und sie hatte nichts dagegen, denn es machte ihr großes Vergnügen, ihn in Grund und Boden zu verdammen, wenn wir heimkamen. Über sein Laster musste man nicht spekulieren – es war erwiesen, dass er vom frühen Morgen bis zur Mitternacht benebelt herumhing. »Den schwarzhaarigen Iren«, sagte Gran, »wird der Geschmack am Alkohol mit der Muttermilch eingeflößt, und den kriegen sie nie los. Ich kenne ja all die Versprechen, in Zukunft abstinent zu leben und keinen Tropfen mehr anzurühren. Der Weg zur Hölle ist mit guten Vorsätzen gepflastert.«

Wir waren noch kleine Mädchen, als wir Mr Murphy entdeckten, es war noch vor der gewaltigen Not der Pubertät, die Knochen und Hirn weit schmerzhafter als zuvor peinigen sollte, und wir liebten ihn, und wir hofften, ihn zu heiraten, wenn wir erwachsen wären. Wir liebten ihn, und wir liebten seine Äffchen genau im selben Maß und genau auf dieselbe Art; sie waren uns Ehemänner, Väter und Brüder, diese zwei kleinen, hässlichen, dunklen, verschwiegenen Männer, die sich um ihren eigenen Kram kümmerten und uns unseren Kram machen ließen. Wenn wir die Finger durch die Gitterstäbe des Käfigs steckten, nahmen die Äffchen sie manchmal in ihre winzigen festen Hände und schauten kummervoll in unsere Gesichter, zögerlich und irgendwie zerstreut, als täte es ihnen fürchterlich leid, uns nicht einordnen zu können, sie freuten sich aber gleichwohl, uns zu sehen. Mr Murphy, der auf einem Küchentisch im Hinterhof neben dem Tiergehege eine Blue-Moon-Patience legte, schaute gelegentlich auf und sagte, mit seinen wunderschönen blauen Augen blinzelnd: »Ihr seid sowas von nett, dass ihr so viel Wind um meine kleinen Freunde macht. Dafür liebe ich euch.« Es lag nichts Forderndes in seiner Stimme und nichts Klebriges; das Wort ›lieben‹ auf seinen Lippen klang heiter und ehrlich, ohne Hintergedanken. Wir saßen ihm oft zur Seite und schauten zu, wie er die Spielkarten nach Rang sortierte und innehielt, um einen tiefen Zug aus seinem Getränk zu nehmen, als wäre er am Verdursten, und dann seinen Tieren zuwinkte und rief: »Ja, ihr Jungs, ihr seid schon toll.«

Da Mr Murphy uns gegenüber so zurückhaltend war wie die Kapuzineräffchen, höflich unverbindlich, waren wir überrascht, als er uns an einem Frühlingstag mitteilte, er habe ein Geschenk für uns, wobei er hoffe, Mrs Placer habe nichts dagegen; es sei ein Welpe, und sein Besitzer habe ihn gebeten, ein Heim für das Hündchen zu finden – halb Collie und halb Labrador Retriever und von beiden Seiten her blaublütig.

»Ihr könnt Mrs Placer sagen –«, er lächelte bei dem Namen, denn Gran war stadtbekannt, »dass aus diesem Bürschchen ein feiner Wachhund wird. Sie braucht nie mehr Angst um ihre Silberlöffel zu haben. Oder um ihre Ehre.« Das Letzte murmelte er vor sich hin, ohne zu lachen, aber er hatte dabei das Kinn im Kragen; und Fältchen zeigten sich um seine Augenwinkel. Er ließ uns den Welpen nicht sehen, den wir im Schuppen jaulen und winseln hörten, denn unsere Enttäuschung, sagte er, würde schwer auf seinem Gewissen lasten, wenn wir unser Herz an den Kerl verlören und ihn dann nicht behalten dürften.

Beim Abendbrot erzählten wir Gran von Mr Murphys Geschenk. Ein Hund? Zunächst einmal, warum ein Hund? War es womöglich an Mr Murphys Ohr gedrungen, dass Gran gerade heute ihren Garten für den Frühling bepflanzt hatte, genau das, was ein ungestümer Hund partout zerstören will? Was für ein Geschlecht hatte der Welpe eigentlich? Ein Männchen! Weibchen seien viel verlässlicher, hatte sie gehört; Männchen stromerten herum, und wenn sie heimkamen, rochen sie widerlich nach Stinktier; so eine Überlegung war Mr Murphy natürlich nicht in den benebelten Sinn gekommen. Ob dieser Junghund überhaupt stubenrein war? Hatten wir denn nicht danach gefragt? Das war doch die Höhe!

Gran wandte sich an ihre Gefolgschaft, die, von Mr Murphys Machenschaft sogleich fasziniert, ihre süße Rote Bete nicht aßen. »Ist das etwa zu weit hergeholt, oder erscheint es euch nicht zweifelsohne seltsam, dass dieser Mr Murphy versucht, meinen kleinen Mädchen einen Köter aufzuschwatzen, der nicht abgerichtet ist?«, fragte sie. »Wäre er stubenrein, hätte er das gesagt, und so kann man getrost davon ausgehen, er ist es nicht. Vielleicht kann man ihn gar nicht stubenrein bekommen. Von solchen Fällen habe ich schon gehört.«

Die Fantasterei wurde alsbald üppig ausgesponnen, und alle trugen bereitwillig und geübt ihr Scherflein bei. Der Hund – fast greifbar im Zimmer – verstreut überall seine Haare, kratzt sich das flohbefallene Fell, schüttelt sich nach Regen, dass es von den Tapeten trieft, schleppt irgendeinen schrecklichen Kadaver über den Boden, zerkaut Pantoffeln, schmeißt mit seinem Schwanz Stühle um, schnappt sich die Koteletts von der Servierplatte, bellt, beißt, bespringt Hündinnen, lässt sich auf Kämpfe ein, stinkt fürchterlich nach Aas, beschmutzt den Teppich mit seinen matschigen Pfoten, verkratzt das Parkett mit seinen Krallen. Er bekommt Tollwut; beißt ein Kind, zwei Kinder! Drei! Jeden in der Stadt! Und Gran und ihre armen Lieblinge landen im Gefängnis, weil sie diesen mörderischen, übelriechenden, betrunkenen, römisch-katholischen Hund aufgenommen haben.

Und dann lenkte sie erstaunlicherweise ein und gab ihre Einwilligung. Es war genau so, wie Mr Murphy es vorhergesehen hatte, das Wort ›Wachhund‹ hatte dem Verfahren eine Wende gebracht. In dem Augenblick, wo Daisy es aussprach, machte Gran Halt und ordnete den Rückzug an; und noch während sie ihre Truppen sammelte, den Kurs änderte und die Lage aufklärte, schickte sie uns in die Küche für das Dessert. Und als die Nachspeise aufgetischt war, wurde die Verwendbarkeit des Hundes – die ungeheuren Möglichkeiten für Nachforschung und Strafverfolgung durch einen von Mrs Placer trainierten Hund – leidenschaftlich und im Detail von den acht aufrecht sitzenden Bluthunden erörtert, die am Tisch ihren Apfelauflauf hinunterschlangen, als hätten sie ein frisch erbeutetes Kaninchen vor sich. Der Hund sitzt jetzt in Habachtstellung neben seiner Herrin, die Ohren gespitzt, die Nase witternd, der Beschützer von Witwen & Waisen, all der Einsamen ohne ein wahres Zuhause. Er macht kurzen Prozess mit Einbrechern, gemeingefährlichen Irren, Spannern, Zigeunern, betrügerischen Missionaren, tricksenden Vertretern. Er geht zum Laden und bringt die Einkäufe nach Hause, apportiert die Abendzeitung, die der Zeitungsjunge frech auf einen unzugänglichen Platz geschleudert hat, rettet Krüppel aus brennenden Häusern, bewahrt Kinder vorm Ertrinken, ist auf Befehl bei Fuß, macht Männchen, kuscht, steht auf, setzt sich, springt durch einen Reifen, erlegt Ratten.

Beide Male war der Hund – erst Übeltäter der schlimmsten Sorte und dann Säule der Gesellschaft – in der Vorausdeutung ein ausgewachsenes Tier, und als Laddy am nächsten Tag auf der Bühne erschien, klein, wackelig und winselnd, derart verlassen fühlte er sich, verschlug es Gran und ihren Mietern den Atem; seine tapsigen Babypfoten genierten sie, seine herzerweichenden Blicke kamen zur falschen Zeit. Aber niemals hätte man von Mrs Placer sagen können – und Mrs Placer war die Erste, dies zu bestätigen –, dass sie eine Frau wäre, die ihr Wort nicht hält, und ihre Lieblinge würden jedenfalls ihren Hund kriegen, so schwachsinnig und nichtsnutzig der auch sein mochte. Während der ganzen ersten Nacht heulte er in seinem Karton in der Küche nach seiner Mutter, und am Morgen hatte er unbestreitbar einen Saustall aus dem Raum gemacht – hatte den Boden verschmutzt und das Tischtuch zusammen mit einer Flasche Ketchup heruntergerissen, sodass alles voll war mit dicker blutiger Soße. Am Morgen gestanden die Mieter, dass sie eine höchst vergnügliche Nacht hinter sich hatten, denn es sei doch zu komisch gewesen, wie entschlossen der Welpe es keinem gönnte, auch nur ein Auge zuzumachen. Nach dieser ersten Nacht schlief Laddy in unserem Zimmer und wurde von uns in all unseren schlaflosen Nächten begeistert getätschelt, geknuddelt und abgeküsst und im Flüsterton eingelullt. Er war unser Baby, unser bester Freund, der klügste, hübscheste, netteste Hund auf der ganzen weiten Welt. Unsere zärtlichen und stürmischen Liebkosungen animierten ihn, uns freudig erstaunt anzukläffen, und dann hielten wir ihm zum Spaß seine Schnauze zu, worauf er tief in der Kehle wie ein ausgewachsener Hund knurrte und heftig den Kopf schüttelte, und wenn wir ihn losließen, kniff er uns mit größtmöglicher Vorsicht.

Er war ein intelligenter und gutmütiger Hund, und wir hatten ihn schnell erzogen. Er hielt sich fern von Grans Radieschen und Kopfsalaten, nachdem er von ihr ein paarmal scharf mit einem Riemen auf den Rücken seine wohlverdiente Strafe bekommen hatte, und schon bald hörte er auf, Schuhe und die Wäsche auf der Leine zu zerfetzen, und überwand auch sein kindliches Gewinsel. Er gedieh wie Unkraut; er verlor seine sanfte Rundlichkeit, und sein Fell aus rußigen Wollfusseln wurde zu dichtem, rostschwarzem Deckhaar; seine Nase wuchs zu aristokratischer Länge heran, und seine pfiffigen spitz zulaufenden Schlappohren richteten sich wachsam auf. An ihm war alles ein bronzefarben schimmerndes Schwarz, außer einer weißen elisabethanischen Halskrause und einem weißen Fleckchen am Ende seiner kecken Rute. Niemand konnte leugnen, dass er ungewöhnlich hübsch aussah und dazu noch viel persönlichen Charme und Klasse hatte. Er begleitete Daisy und mich morgens zur Schule, in überbordender Freude an seinem Leben innerlich lachend, während er in großen Sätzen anmutig vor uns hersprang, nur gelegentlich abgelenkt von seinem privaten Interesse an Gerüchen oder all den unbekannten Geschöpfen im Gras, im Großen und Ganzen aber seiner Rolle als Beschützer gerecht werdend. Er hatte schnell Kontakt zu anderen Hunden, und manchmal ging er auf ein langes Jagdwochenende in die Berge mit einem riesigen, dominanten alten roten Hund namens Mess, der die meiste Zeit seines Lebens frei im Bezirk gelebt hatte, und das nicht schlecht, speziell als Hund bei der Feuerwehr.

Es war nach einem dieser dreitägigen Ausflüge ins Hochland, dass Gran Laddys Erziehung in die Hand nahm. Er war total erschöpft und verschmutzt zurückgekehrt, sein Fell voller Spitzkletten und Zecken, seine Augen blutunterlaufen, lautes Rasseln in seiner Brust; den halben Tag lag er regungslos vor der Haustür, als hätte er einen fürchterlichen Kater, seine jammervollen Blicke, wenn wir ihm Futter oder den Wassernapf anboten, drückten nur zu klar aus: »Um Himmels willen, lasst mich in Ruhe.« Gran war verärgert, dann beleidigt, schließlich wütend. Selbstverständlich nicht wütend auf Laddy, da jeder Immunität genoss, der in ihrem Haus wohnte, sondern auf Mess, dessen schurkischer Charakter, zusammen mit dem seiner nominellen Herrchen, der Feuerwehrleute, sie mit einem Ausdruck der Objektivität – natürlich sei ihr das egal, sie müsse nur darüber lachen – scharf unter die Lupe nahm. Ein Pensionsgast, der das Westzimmer auf der Rückseite bewohnte, konnte etwas über den Feuerwehrchef und seine nächtlichen Besuche in einem gewissen Haus erzählen, in dem eine Schar gewisser junger Frauen lebe, im Alter zu eng beieinander, um Schwestern zu sein, und zu alt, um als die

Töchter der Frau durchzugehen, die behauptete, ihre Mutter zu sein. Was für eine Geschichte! Die glubschäugige Bibliothekarin, die in einem der Vorderzimmer wohnte, konnte weitere interessante Andeutungen über den stellvertretenden Feuerwehrhauptmann beisteuern, der, so meinte sie, bezeichnenderweise ein Buch über Hypnose ausgeliehen hatte. Sie wusste auch – in der Stadt hatte sie natürlich eine höchst nützliche Position inne, und in ihrer respekteinflößenden Glaskabine in der Mitte der Bibliothek entging ihren azurblauen Basedow-Augen und den begierigen Ohren einfach nichts –, dass die Frau des Feuerwehrchefs nicht gar so gewissenhaft war, wie sie es hätte sein sollen, wenn sie an den Bridge-Abenden im Damenclub den Spielstand vermerkte.

Im Augenblick gab es wenig, was Mrs Placer und ihre Gefolgschaft tun konnten, um die Seelen der Feuerwehrtruppe und ihrer Familien zu retten und somit die Stadt vor der Vernichtung durch Feuer zu bewahren (ein sehr schüchterner Mieter – Mr Beaver, ein Neuling, der nicht lange bleiben sollte – hatte während dieser Deklamation ständig geschnuppert, als rieche er bereits brennendes Fleisch), zumindest aber konnte und würde das unzuträgliche Band zwischen Mess und Laddy auf der Stelle und für alle Zeit zerschnitten werden. Gran sah über die Veranda zu Laddy hin, der in voller Länge ausgestreckt und zitternd in der dunkelsten Ecke lag und abgehackt in sich hinein bellte, da er im Traum Hasen verfolgte, und sie sagte: »Ein Hund kann eine Moral haben wie ein Mensch.« Mit diesem Diktum fanden Laddys lustvolle männliche Urlaubstage ihr Ende. Es mag Gedankenübertragung gewesen sein, was ihn weckte; er hob den schweren Kopf von seinen Pfoten, stand mühsam auf, zögerte einen Moment und trottete dann müde über die Veranda zu Gran. Er stellte sich ergeben neben ihren Stuhl, den Kopf gesenkt, die Rute hängend, als wollte er sagen: »Okay, Mrs Placer, zeigen Sie mir wie, und ich werde den Pfad der Tugend wandeln.«

Schon am nächsten Tag änderte Gran Laddys Namen zu Caesar, da er würdevoller klang, und am Abendbrottisch hieß es witzelnd, er kam, sah und besiegte Mrs Placers Herz – denn in ihrem Kreis, wo die Großzügigkeit, die sie ihren Adoptivkindern erwies, täglich demonstriert wurde, hielt man viel von Mrs Placers Herz. Am selbigen Tag, auch wenn wir es noch nicht wussten, hörte Laddy auf, unser Hund zu sein. Nach kurzer Zeit hörte er sogar auf, das Tier zu sein, das wir gekannt hatten. Etwa eine Woche nachdem er zu Caesar geworden war, ließ er sich häuslich in ihrem Zimmer nieder und schlief neben ihrem Bett. Sie gewöhnte ihm ab, uns bis zur Schule zu begleiten (die Verführung zu einem liederlichen Leben war dort in den Straßen übermächtig, zum Beispiel war da ein Chow-Chow – aber was soll's), indem sie ihn ganz einfach an einen Baum kettete, sobald sie in der Früh aufstand. Strenge Erziehung, dazu Klapse, die sie gelegentlich seinen empfindlichen Ohren gab, um Härte und Haltung aufzubauen, veränderten langsam, aber sicher seinen Charakter. Aus einem lebhaften, anhänglichen, unbekümmerten irischen Kelten (mit seinen Anwandlungen von Melancholie im Wechsel mit Ausgelassenheit) wurde ein herrischer, militanter, tüchtiger, lauter Teutone. Sein Bellen, einst in unterschiedlichsten Tonlagen, beschränkte sich nun auf einen dunklen glottalen Laut.

Bald weigerte sich der Zeitungsjunge rundheraus, unser Haus zu beliefern, nachdem ihm Caesar gekonnt die Fahrradklammern vom Hosenbein gerissen hatte; die Haut war unverletzt, nicht einmal lädiert, doch er hatte seine Prinzipien. Der Milchmann näherte sich der Hintertür von jähen Zuckungen ergriffen wie im Veitstanz. Gasableser, Kohlenlieferanten und Müllmänner bekreuzigten sich, wenn sie Katholiken waren, und wenn nicht, war's wie das Pfeifen im Walde. »Braver Hund, braver Caesar«, säuselten sie und heuchelten, sie wüssten ja, er belle mehr, als dass er beiße, wohlwissend, dass es nicht stimmte, wie die Geschichte mit dem Vertreter der Olson-Teppiche bewies, der so töricht gewesen war, Caesar den Kopf zu tätscheln, und mit einem ganz üblen Biss bedacht wurde, der genäht werden musste. Caesar belästigte zwar nicht die Pensionsgäste, aber er verachtete sie, und er duldete es nicht, von irgendwem persönlich angesprochen zu werden, außer von Gran. Eines Abends wanderte er ins Esszimmer, als suche er nach einer verschusselten Sache, und aus unerforschlichem Grund blieb er plötzlich stockstill stehen und schenkte dem schreckhaften Mr Beaver einen langen durchdringenden Blick. Mr Beaver, von Kopf bis Fuß zitternd, stotterte: »Ha-ha-hallo, äh, Caesar, alter Knabe«, worauf Caesar auf ihn losstürmte. Einen Augenblick stand es auf Messers Schneide, doch Gran rettete Mr Beaver, nur um ihn eine Stunde später zu verlieren, als er sich mit Sack und Pack verabschiedete und in den Christlichen Verein junger Männer umzog. Diese Schlappe und der sich ergebende Einkommensverlust hätten höchstwahrscheinlich Caesars Ruin bedeutet und seine Abschiebung ins Tierasyl, hätte sich nicht ein frisch verwitweter Apotheker, leicht aufbrausend und ganz nach Grans Geschmack, gerade vor einer Woche um ein Zimmer in ihrem Haus beworben, und der zog jetzt überglücklich ein, als käme er nach Hause.

Schließlich verlangte die Polizei einen Maulkorb für Caesar und warnte, sollte er wieder eine größere Straftat begehen – sie führte den Fall vom Teppichvertreter an –, würde er auf der Stelle erschossen. Obwohl Mrs Placer keinen Respekt vor dem Gesetz hatte, da sie einfach zu gut über die Ordnungshüter Bescheid wusste, gehorchte sie. Das heißt, sie gehorchte nur zum Teil; sie verpasste Caesar ein paar Stunden am Tag den Maulkorb, gewöhnlich früh am Morgen, wenn wenig Verkehr war und bevor die Waren ausgeliefert wurden, den Rest der Zeit waren seine mächtigen Kiefer und seine blitzend weißen Säbelzähne frei, um zuzuschnappen. Zwischen den beiden herrschte eine so ungewöhnlich enge Beziehung, eine so eindrucksvolle Verbundenheit im Misstrauen, dass Caesar, wenn er einen sich nähernden Polizisten witterte, ihr sofort die dringende Notwendigkeit vermitteln konnte, ihm seinen Nasenkäfig überzustülpen. Und der Polizist, ausgeschickt wegen der Beschwerde eines zu Tode geängstigten Nachbarn, wurde an der Tür von diesem gesetzestreuen Paar begrüßt.

Daisy und ich wünschten uns, tot zu sein. Wir waren hin- und hergerissen zwischen dem Hass auf Caesar und der Liebe zu Laddy, und wir konnten die Hoffnung nicht aufgeben, dass ihn eines Tages ein Wunder in das liebe Tier von damals zurückverwandeln würde, bevor er zum Vizepräsidenten des Placer-Regimes berufen wurde. Jetzt nahm er an den Versammlungen nach dem Abendessen auf der Veranda als aktives Mitglied teil, wobei er regungslos an Grans Seite stand, es sei denn, sie hatte einen Auftrag für ihn. Er führte diese Aufgaben nicht mit der Miene eines Bediensteten aus, sondern mit der eines Komplizen. »Bring mir die Zeitung, Caesar!«, befahl sie ihm, und er, erschreckend intelligent und ein wenig neunmalklug, öffnete selbstständig die Fliegengittertür und kam augenblicklich zurück mit dem Bulletin, von dem Mrs Placer dann irgendeine offizielle Meldung wie das Tagesevangelium vorlas, um sie dann entrüstet zu deuten.

In dem zunehmenden Schmerz über unseren Verlust und unsere Demütigung wandten wir uns wortlos an Mr Murphy. Wir sprachen nicht geradeheraus zu ihm, denn Mr Murphy äußerte sich meist indirekt, vage, und oft, wenn er das Pronomen ›ich‹ benutzte, schien er von jemandem zu sprechen, der etwas links neben ihm stand, doch wir besuchten ihn und seine Tiere während des traurigen Sommers jeden Tag und holten uns so viel Trost wie möglich aus der behaglichen, ruhigen Trägheit dieses Hinterhofs, wo kleine schwarze Augen den unseren höflich begegneten und jeder nur halb wach war. Wenn Mr Murphy sich in seiner sanften, unkonzentrierten Art nach Laddy erkundigte und gleichzeitig nach einer Strategie suchte, um die Herz-Dame neben den König zu positionieren, sagten wir: »Dem geht's gut« oder »Laddy ist ein famoser Hund«. Und Mr Murphy, der den Durst, sein Talent und seine Geliebte, ehrfurchtsvoll löschte, murmelte: »Freut mich.«

Wir wollten ihm sagen, dass wir seine Hilfe brauchten, zumindest seine Anteilnahme, doch wie konnten wir seine sonnige Welt verdüstern? Es war furchtbar, Mr Murphy aufgewühlt zu erleben. Meistens gelassen in höheren Sphären schwebend, konnte er gelegentlich mit einem Bums auf den Boden der Realität zurückgeholt werden, wie wir es einmal gesehen und mitangehört hatten. Nicht weit weg von seinem Haus wohnte ein böser zwölfjähriger Unruhestifter, der ständig überm Zaun hing und versuchte, dem Papageienweibchen obszöne Wörter beizubringen. Erfolglos, denn es sprach kein Englisch, und der Junge war verdattert von dessen kaltem Blick und dem höhnischen »Tant pis«. Eines Tages nahm sich der Rabauke aber zu viel heraus; er schoss wie ein Schachtelteufel mit dem Kopf weit vor über den Zaun und zielte mit einer Wasserpistole dem Stinktier genau ins Gesicht. Mr Murphy sprang rot vor Wut auf; er packte einen Stein, warf ihn gezielt und traf den Jungen mitten ins Kreuz, so hart, dass er auf der Stelle umkippte, mitten in eine dreckige Pfütze, wo er um sich tretend und schreiend liegenblieb und, wie sich herausstellte, ziemlich böse verletzt. »Wenn du dich noch einmal hierhertraust, bring ich dich um!«, brüllte Mr Murphy. Ich glaube, er meinte es ernst, denn ich habe selten Zorn erlebt, der so resolut, so lodernd und so wortreich war. »Wie konnte er es wagen!«, schrie er und kletterte in Mallows Käfig, um das Stinktier zu kraulen und zu streicheln und zu beruhigen. »Er muss völlig verrückt sein! Er muss der Teufel sein!« Er kehrte nicht zu seinem Spiel zurück, sondern ging im Hof auf und ab und fluchte in einer Tour, hielt nur inne, um seinen Tieren, die jetzt genauso viel Angst vor ihm hatten wie vor dem Eindringling, etwas vorzusummen und direkt aus der Flasche zu trinken, ohne sein übliches Zitronenwasser. Wir waren fasziniert von dieser unbekannten Seite an Mr Murphy, doch erleben wollten wir sie nie wieder, denn sein Gesicht war gefährlich violett geworden, und die Adern an seinen Schläfen schienen gleich zu platzen, und seine Augen sahen verglüht aus. Noch nie hatten wir jemand gesehen, der einem Verrückten so ähnlich war. Darum erzählten wir ihm nichts von Laddy; was er nicht wusste, würde ihn auch nicht schmerzen, auch wenn es uns schmerzte und wie eine große jammernde Wunde in uns pochte.

Schließlich erfuhr Mr Murphy von der Verwandlung unseres Hundes an einem Abend im Billardsalon, den er ab und an besuchte, wenn er von dem zwar seltenen, aber unwiderstehlichen Drang zu schwatzen befallen wurde, und als er uns am darauffolgenden Nachmittag fragte, wie es Laddy gehe, und wir antworteten, dem gehe es prima, sagte er völlig ruhig, während er überlegte, ob er den Kreuzbuben jetzt bewegen oder den rechten Augenblick abwarten sollte, wir seien reizende kleine Mädchen, doch wir lögen das Blaue vom Himmel herunter. Er schien überhaupt nicht wütend zu sein, nur interessiert, und die ganze Zeit über, während er uns ausfragte, hantierte er ruhig weiter mit Gin und Kartenspiel, Herz und Pik und Karo und Treff. Es geschah selten, dass er ein Spiel gewann, an dem er gerade saß, aber an diesem Tag klappte es, und als er die ausgelegten Spielkarten in ihrem idealen Ordnungsmuster sah, lehnte er sich zurück, machte ein enttäuschtes Gesicht und sagte: »Hol's der Teufel.« Dann raffte er die Karten zusammen, ungewohnt schwungvoll und geschickt, schob sie übereinander und band sie mit einem Gummiband zusammen. Danach teilte er uns mit, was er von Gran hielt. Er wurde so laut und wutentbrannt wie bei dem anderen Mal, und obwohl er ständig wiederholte, er wisse, wir seien unschuldig, und uns nicht die geringste Schuld gab, hatten wir Angst, er könnte plötzlich seine Meinung ändern, und stumm duckten wir uns gegen den Affenkäfig. In ihrem Schrecken hielten die Äffchen die Finger fest, die wir ihnen durchs Gitter boten, und machten leise protestierende Laute, als wollten sie sagen: »Hör doch auf, Murphy! Unsere Nerven!«

So jäh der Wutanfall begonnen hatte, endete er auch. Mr Murphy bekam wieder seine normale Gesichtsfarbe und sagte ruhig, am zweckmäßigsten sei es, den Streit direkt mit Mrs Placer auszutragen. »Auf der Stelle«, fügte er hinzu, obwohl er schmerzlich befürchte, dass es zu spät sei, um den bösen Feind aus Laddys missbrauchtem Geist auszutreiben. Und da er den Hund uns gegeben habe und nicht ihr, verlangte er, dass wir ihn begleiteten, wir sollten für unsere Rechte eintreten, Furchtlosigkeit beweisen, uns als echte Iren zeigen, und das könne die alte Hexe sich hinter die Ohren schreiben.

Ach, was für ein heißer Tag das war! Wir schlichen wie im Fieberwahn durch die brodelnde Hitze, wo nur die Heuschrecken Energie hatten, sich zu bewegen, und ich erinnere mich, dass ich mich fragte, ob Äther so roch wie der Gin in Mr Murphys Atem. Daisy und mir sollten auf irgendeine Weise die Innereien mitsamt Herz und Seele und Stolz herausgeschnitten werden, und ich wünschte mir nur, angetrunken zu sein wie Mr Murphy, der mühelos durch die Hitze schwamm, die Lippen entspannt geöffnet, die Augen halb geschlossen. Als wir in den Weg zu Grans Haus einbogen, stockte mir das Blut in den Adern. Es war so sinnlos und so gefährlich und so absurd. Hier waren wir auf einer hochmoralischen Mission, zwei schmuddelige kleine Mädchen ohne Mumm und ein Saufbold, den niemand ernst nehmen konnte, teils, weil er kaum mehr als eine gluckernde Schnapsflasche war, teils wegen seiner auffälligen Kleidung. Er war schon ein Anblick, wie immer, wenn er aus seinem

Hinterhof rauskam. In der unbeschwerten Unordnung dort wirkte seine Kleidung gar nicht besonders seltsam, aber in den Straßen der Stadt, beim Friseur oder im Postamt oder auf Grans Gartenweg war sie einfach grotesk. Er trug eine Hahnentritt-Hose, ältlich, aber noch mit dem krassen Muster, und dazu ein kragenloses blaues Flanellhemd. Sein Hut war das Albernste, eine Melone, drei Nummern zu groß. Und als wäre auch Shannon Teil seines Comic-Aufzugs, ritt das ältere Kapuzineräffchen auf seiner Schulter und hielt seinen dünnen roten Hals fest umklammert.

Gran und Caesar standen Seite an Seite hinter der Fliegengittertür, und es sah aus, als hätten sie uns längst erwartet. Einen Moment lang starrten sich Gran und Mr Murphy über den mit Unkraut überwachsenen Backsteinweg zwischen dem Gartentor und der Vorderveranda hinweg an, und keiner sprach. Gran beachtete Daisy und mich überhaupt nicht. Sie rückte ihre Brille mit beiden Händen zurecht, blickte zu Caesar hinunter und fragte sachlich: »Willst du raus?«

Caesar warf sich mit voller Wucht gegen die Fliegengittertür, und sie sprang auf wie ein Rachen. Ich rannte auf ihn zu, um ihm den Weg zu versperren, und Daisy schleuderte ihm ein Bibliotheksbuch an den Kopf, aber in Sekundenschnelle stürzte er auf Mr Murphy zu, riss Shannon von seiner Schulter und hatte dem Äffchen, zwei Mal schüttelnd, das Genick gebrochen. Er hätte stundenlang weiter den Leichnam beschnüffelt und zerfleischt und angeknurrt, wäre Gran nicht aus dem Haus zu ihm hin marschiert und hätte leicht auf seine Flanke geklopft und mit einer Stimme gesagt, die nicht mal einen Schwachsinnigen täuschen könnte: »Aber Caesar, du Schlingel! Du hast ja Mr Murphys Äffchen wehgetan! Schämst du dich nicht!«

Dem Äffchen wehgetan! In einem letzten zaghaften Erschaudern erlosch das Leben des kleinen Kerls. Blutig und besabbert lag Shannon da, die Ärmchen flehentlich ausgestreckt über seinem Kopf, die ledernen Finger gekrümmt zu schlaffen, hilflosen Fäustchen. Hinterbeine und Schwanz lagen kraftlos, verknäult auf dem Weg. Und Mr Murphy, der schlagartig betrunken taumelte, brach in das heftige Weinen aus, dem, wie Daisy und ich nur zu gut wussten, allein die Zeit Einhalt gebieten konnte. Wir standen bestürzt da im Schein des dunkelroten Sonnenuntergangs, übermannt von Entsetzen und Kummer über Shannon und von unserer unverzeihlichen Schmach. Mehr tot als lebendig, blieben wir eine Ewigkeit ohnmächtig stehen, bis Mr Murphy Shannons Leiche aufhob und schluchzend davonschwankte. »Ich kann's nicht glauben, ich glaub's einfach nicht!«

Bereits am nächsten Tag, wieder bei morbidem, gewaltigem Sonnenuntergang, starb Caesar unter wilden

Krämpfen und riss in seinem Todeskampf zwei hohe Stockmalven um. Lange nachdem sein Herz aufgehört hatte zu schlagen, zuckte sein rechtes Hinterbein weiter in sinnlosem Reflex. Wahnhaft methodisch vorgehend, hatte Mr Murphy Fleisch vergiftet, hatte einem ganzen Pfund Hackfleisch reichlich Gift beigemengt, war früh-morgens vor Sonnenaufgang – eigentlich hätte er bei dem Kater zusammenklappen müssen – zum Haus von Mrs Placer geschlichen und hatte es an der Küchentür abgelegt. Das geschah so leise, dass Caesar sich in seiner Traumwelt dort auf dem Boden neben Gran nicht rührte. Wir wussten, dass dies den Fakten entsprach, denn Mr Murphy hielt mit ihnen nicht hinterm Berg. Nachher war er nach Hause gegangen und hatte so lauthals ein feierliches Requiem für Shannon gelesen, dass jemand die Polizei benachrichtigte, und die nahm ihn im Gefängniswagen mit, um ihn mit starkem grünem Tee auszunüchtern. Bis er in der Arrestzelle saß und gestand, was er getan hatte, war es viel zu spät, Caesar hatte das Fleisch schon verschlungen. Er litt ungeahnte Todesqualen in Grans Blumengarten, und da Daisy und ich diese Szene nicht ertragen konnten, wanderten wir zu den roten Felsen und ließen unserer Fassungslosigkeit freien Lauf, zerfetzten trostlos die Sandlilien, die in den Ritzen wuchsen. Flucht war das Einzige, was uns einfiel, doch wohin sollten wir gehen? Wir schauten westwärts auf das Gebirge, und der Mut verließ uns beim Anblick des starren weißen Gletschers; wir suchten wie verrückt das Grasland nach einem Fluchtweg ab. »Wenn wir doch nicht nur Kinder wären! Nicht bloß Mädchen!«, jammerte Daisy. Ich brachte kein Wort heraus; ich kauerte mich in eine Felsennische und weinte.

Niemand in der Stadt, ausgenommen natürlich ihre Pensionsgäste, hatte auch nur das leiseste Mitgefühl mit Gran. Die Leute räumten ein, dass Mr Murphy ein Säufer war und ein streitlustiger Ire, aber er hatte ein Herz, und das war etwas, was sich niemals von Mrs Placer behaupten ließe. Der Nachbar, der die Polizei gerufen hatte, als Mr Murphy vor dem Frühstück ohrenbetäubend Dies Irae intonierte, hatte selbst gesagt: »Der arme Bursche hat sowas wie einen Koller, seid also gnädig mit ihm, hört ihr?« Mr Murphy wurde tatsächlich so etwas wie ein Held; manche gingen etwas zu weit und meinten, er sei ein Heiliger, so wie er jeden Tag und am Sonntag zwei Mal einen Gedenkgottesdienst über Shannons Grab sang, das jetzt markiert war mit einer ramponierten, billigen Gipsfigur des heiligen Franziskus. Er zog sich immer mehr aus der Welt zurück, wagte sich nur selten auf die Straße, es sei denn, er ging zum Schwarzhändler, eine neue Flasche kaufen, an die er sich anschmiegen konnte. Wir sahen ihn den ganzen Sommer und den ganzen Herbst, wenn wir an seinem Hinterhof vorbeigingen, er saß an seinem wackligen Tisch, entkräftet vom Gin, wurde grauer, verkümmerte immer mehr und drehte den Kopf stetig langsamer hin und her, während er sich durch das Zeremoniell von König, Dame und Bube lavierte. Daisy und ich schafften es nie mehr, stehenzubleiben und ihn zu besuchen.

Jahr für Jahr ging es so weiter. Daisy und ich lebten in einem Geflecht von Lügen und Ausreden, verwirrt und elend, wie Ratten in einem Irrgarten. Als wir alt genug für Verehrer waren, verfielen wir wie kleine Schlampen auf alle möglichen Manöver, um sie zu sehen, doch gaben wir ihr Vorhandensein nie zu, bis uns Gran mit einem ihrer Tricks auf die Schliche kam. Wie zum Beispiel im folgenden Fall: Am Schluss einer ihrer langen Verhöre sagte sie einmal zu mir: »Ich bin so was von erleichtert, dass du mit Jimmy Gilmore nichts am Hut hast, ich weiß nämlich zufällig, bei einem Mädchen ist er nur auf das eine aus«, und dann, unvorsichtig geworden – ich erinnerte mich zärtlich an den vorherigen Abend mit Jimmy, wir saßen im Kino, nicht mal Händchen haltend –, verteidigte ich ihn und verteidigte mich, und Gran konstatierte befriedigt lächelnd: »Hab ich mir schon gedacht, dass du ihn kennst. Eine recht zuverlässige Faustregel besagt, wo Rauch ist, da ist auch Feuer.« Und das bedeutete das Aus für Jimmy und mich, denn von da an war ich in seiner Gegenwart immer nervös, ich verwirrte und erschreckte und langweilte ihn schließlich, weil ich, obwohl das Thema gar nicht aufgetaucht war, ihn ständig überzeugen wollte, dass ich nicht an seinen guten Absichten zweifelte.

Manchmal kamen Daisy und ich von der Schule oder später von unseren Arbeitsstellen nach Hause, beflügelt von einem kleinen Erfolgserlebnis oder einer interessanten Nachricht, und wenn wir nicht achtgaben und es in unserem Überschwang Gran erzählten, wurden wir auf der Stelle ins Gericht gezerrt zum Kreuzverhör. Einmal, ich erinnere mich, ich ging noch zu Highschool, berichtete ich ihr, dass ich in einem Theaterstück mitwirken sollte. »Wie schön für dich«, antwortete sie, »falls dir diese Art von Verstellung der Mühe wert ist. Aber welche Rolle hast du?« Eine alte Frau! Eine Witwe, die man für eine Hexe hält? Natürlich sei ihr das egal; sie müsse bloß darüber lachen angesichts der Tatsache, dass Miss Eccles, die Leiterin des Theaterkurses, sie mit ihrem Auto fast überfahren hätte. Und ich würde ihr doch verzeihen, nicht wahr, wenn sie sich die Aufführung nicht ansähe, und ich möge sie auch nicht für schrullig halten, dass sie kein Bedürfnis verspüre, sich in aller Öffentlichkeit lächerlich gemacht zu sehen?

Meine Lebenslust erstickt, schlich ich freudlos zu unserem Zimmer im dritten Stock hoch. Das Zimmer war klein und das monströse Mobiliar wuchtig, und die

Flickenteppiche waren ganz abscheulich, aber es war hell. Wir wollten keinen Vorhang am Fenster, und an diesem Tag stand ich davor und starrte in die Berge, die in der Sonne glühten. Ich hatte Angst vor den Bergen, aber an einem Tag wie diesem tröstete mich ihre Massivität; über sie konnte man sich nicht das Maul zerreißen.

Warum sind wir bloß bei Gran geblieben, bis wir erwachsen waren? Daisy und ich stellen uns diese Frage, während wir hier auf der Bank im Städtischen Zoo sitzen und durch den Eisbären an Mr Murphy erinnert werden und durch die Affen nicht an Shannon, sondern an den unersättlichen Klatsch und Tratsch bei Mrs Placers festlicher Nach-Tisch-Runde.

»Aber wie hätten wir denn wegkommen sollen?«, sagt Daisy und ringt die buttrig gewordenen Hände. »Da war die Weltwirtschaftskrise. Wir hatten kein Geld. Wir haben nicht gewusst, wohin.«

»Trotzdem hätten wir gehen können«, sage ich, noch immer voller Groll über all die vergeudeten Jahre. »Wir hätten hier nach Denver gehen und Jobs als Kellnerin annehmen können. Oder auch als Prostituierte.«

»Prostituierte hätte ich nicht werden wollen«, sagt Daisy.

Wir sehen beide ein, dass es unter den Umständen für uns unmöglich war, wegzulaufen. Das Ausreißen an sich wäre einfach gewesen, da die Stadt in der Nähe war, und wir hätten das Geld für den Bus stehlen oder per Anhalter fahren können. Später, als wir als Verkäuferinnen im Kress's arbeiteten, wäre es ein Leichtes gewesen, an einem Samstagnachmittag mit unserem Wochenlohn zu verschwinden, ohne uns zu Hause zu verabschieden. Aber es war viel, viel schwerer, denn Gran hielt uns, wie wir es jetzt erst verstehen, durch unser Schuldbewusstsein gefangen. Wir waren bis ins Mark verdorben, und wir hatten keine andere Wahl, als entkräftet auf ihren Tod zu warten.

Natürlich konnten wir diese Jahre nicht einfach abschütteln, sowie sie auf dem Friedhof unseren Blicken entzogen war und wir ihr Haus für einen Spottpreis dem ersten Dummkopf verkauft hatten, der es haben wollte. Auch vergaßen wir sie nicht, nachdem wir die Stadt verlassen hatten und in eine andere gezogen waren, wo wir auf einer Rodeo-Ranch arbeiteten – in dieser Stadt lebt Daisy jetzt mit einem glücklichen Mann und zwei glücklichen Söhnen. Der Dämon gab jahrelang keine Ruhe, und ich kann mich noch gut erinnern, dass ich am Anfang unserer Tätigkeit bei dem Lazy-S-3-Camp zufällig hörte, wie ein reizbarer Millionär zu seiner Frau sagte und dabei meinen Namen erwähnte: »Wenn ich das Mädchen ansehe, kriege ich Gänsehaut. Man könnte glatt meinen, sie hat gerade einen Mord erlebt.« Das hatte ich ja auch. Jahr für Jahr, wenn ich nachts in Angst oder Schmerz oder Einsamkeit aufwachte, machte ich es noch schlimmer, indem ich mich an Shannon erinnerte, und ich weinte so hemmungslos wie der arme Mr Murphy.

Wir sind nie nach Adams zurückgekehrt. Aber wir haben das Haus samt dem wild über die Veranda wuchernden Hopfen genau vor Augen. An den Fenstern hängt die billigste Marquisette, in Kaffee getaucht, um dem Stoff eine Nichtfarbe zu geben, weder weiß noch hellbraun, sondern eigentümlich und boshaft unattraktiv. Wir sehen die Korbschaukelstühle und eine Veranda-Schaukel, und durch die Fliegengittertür können wir den leicht gewundenen Korridor erkennen, an dessen einer Wand ein Bücherschrank mit Glastüren steht; als wir Kinder waren, enthielt er keine Bücher, sondern muffige alte Kartons mit Abstinenzlertraktaten der Frauenorganisation W. C. T. U., Antiraucherschriften und Zeitungsausschnitte, die über die fleischlichen Sünden auf den christianisierten Inseln im Pazifik berichteten.

Selbst wenn es uns möglich wäre, unser geistiges Auge vor der Vergangenheit zu schließen, stünde Mr Murphy noch vor uns in der Inkarnation des Eisbären. Mein Schmerz wird unerträglich, und ich bin erleichtert, als Daisy uns erlöst. »Wir müssen jetzt gehen«, sagt sie plötzlich in Panik. »Ich bekomme einen Asthmaanfall.« Wir stürzen zum nächsten Ausgang des Stadtparks und rufen ein Taxi, und sobald sie im Auto ist, setzt sich Daisy eine Adrenalinspritze und lehnt sich zurück. Wir sind gebrochen und wütend, und wir können nicht sprechen.

Zwei Stunden später stehen wir neben meinem Zug und halten uns wie Ertrinkende fest umarmt. Wir sollten zum nächsten Polizisten gehen und sagen: »Wir sind unzurechnungsfähige Frauen. Sie müssen sich um uns kümmern, weil wir uns nicht um uns selbst kümmern können.« Aber allmählich lässt der Sturm der Erregung nach.

»Hast du auch bestimmt deine Fahrkarte?«, fragt Daisy. »Du erwischst bestimmt ein Einzelabteil, wenn du erst mal im Zug bist.«

»Da bin ich mir nicht sicher«, sage ich. »Wenn irgendwelche wichtigen Persönlichkeiten an Bord sind, werde ich keine Chance haben. Bei dieser Bahnlinie heißt das Motto ›Alte Jungfern und Waisen zuletzt‹!«

Daisy lächelt. »Es war mir ja egal«, sagt sie, »ich musste bloß darüber lachen, als ich gesehen habe, wie die Frau dir den Gepäckträger, dem du schon zugewinkt hast, weggeschnappt hat. Ich hatte richtig Lust, ihr die Meinung zu sagen.«

»Es wäre ein Wunder, sollte ich je mein Gepäck wiedersehen«, sage ich und steige auf das Trittbrett. »Glaubst du, dass dieser Schuft von Schlafwagenschaffner etwas ahnt von dem Zwanzig-Dollar-Goldstück in meinem kleinen Koffer?«

»Alles möglich!«, ruft Daisy aus und lacht. Sie ist so hübsch, wie sie in ihrem hellroten Leinenkostüm und dem schwarzen Samthut dasteht. Ein einzelner Sonnenstrahl dringt durch eine zerbrochene Scheibe in der Kuppel der Bahnhofshalle und liegt auf ihrer Schulter wie ein Silberpfeil.

»Leb wohl, Daisy!«, rufe ich, als der Zug anfährt.

Sie geht schnell neben dem Zug her. »Pass auf Taschendiebe auf!«, ruft sie mir zu.

»Du auch!« Meine Stimme klingt schwach und verliert sich im zunehmenden Lärm der sich beschleunigenden Räder. »Wiedersehen, Liebes!«

Ich gehe sofort in den Salonwagen und nehme den Schreibtisch in Besitz, sehr zum Ärger eines abgehetzt aussehenden Priesters, der sich den Block mit Telegramm-Vordrucken schnappt und mir einen scharfen Blick zuwirft. Ich schreibe Daisy fast genau den gleichen Brief, den ich ihr unter diesen besonderen Umständen jedes Mal schreibe und dessen Tenor ist, dass für uns nichts je so schlimm sein kann wie die Vergangenheit, ehe Gran gnädigerweise starb. In einer Nachbemerkung füge ich an: »Ein römisch-katholischer Priester (das heißt, er ist wie einer angezogen) sitzt hinter mir, obwohl alle Plätze auf der gegenüberliegenden Wagenseite frei sind. Ich kann daraus nur schließen, dass er mir über die Schulter späht, und auch wenn ich dich nicht beunruhigen will, rate ich dir doch, auf der Hut zu sein vor dem plötzlichen Auftauchen wundertätiger Medaillen, Skapuliere, papistischer Schriften etc. in den Läden unserer Stadt. Ich muss einfach lachen, wenn ich sehe, wie er so tut, als wollte er nur, dass ich den Brief beende, damit er den Schreibtisch haben kann.«

Ich unterschreibe den Brief, adressiere den Umschlag und überlasse meinen Platz dem Priester, der mir freundlich zulächelt, dann gehe ich quer durch den Wagen, um auf die vorbeifliegenden Felder zu schauen. Es sind Luzernefelder, aber man kann Gift darauf nehmen, dass sie rappelvoll sind mit Marihuana.

Ich muss lachen. Der Anfall ist lautlos, aber verheerend; das Lachen schwillt an und erschüttert meinen Brustkorb, und ich wende den Kopf zum Fenster hin, um dem forschenden Blick des jungen Filipinos an der Bar zu entkommen. Ich sollte an etwas Trauriges denken, um diesem heillosen Kichern Einhalt zu gebieten, und ich denke an den Eisbären. Doch selbst sein unerbittliches Unglück ernüchtert mich nicht. Ungestüm schlage ich die mitgebrachte Zeitung auf und tue so, als läse ich etwas wahnsinnig Komisches. Die Worte sind aus einer Hollywood-Klatschspalte: »Wie ein bekanntes Filmsternchen die Scheidung in Nevada bekommen kann, ohne dass ihr schlagersingender Mann zustimmt, weiß der Himmel. Sie wäre hier auch keinen Cent wert.«

Das Kinderspiel

Die ausladenden Hängelampen mit perlenbesetzten Fransen und Seidenschirmen warfen ein trübes, freudloses Licht auf die wachsamen Mienen der Croupiers und der Spieler an den Roulette- und Baccaratischen. Der Rauch war in dieser Glanzlosigkeit grün, nicht blau, als hätte er teil an der Farbe des Filzes auf den Tischen, und er schwebte als süßliche Ausdünstung über den gebeugten Köpfen, die Rouletteräder und Spielkarten studierten.

Jeder in dem nichtssagenden, stickig warmen Raum – die großen Fenster waren geschlossen und die tabakbraunen schweren Mohair-Vorhänge zugezogen – sah chronisch krank aus und vertieft in seine Symptome. Und obwohl die Symptome variieren mochten, war es dieselbe Krankheit: bei einer jungen Chinesin, adrett wie eine Katze, die nie den Blick von ihrem Notizbuch hob, worin sie ein System der Wahrscheinlichkeiten führte; bei einem alternden Deutschen, dessen gerötetes Gesicht so vernarbt war wie der Mond und der sein Monokel einem Tadel gleich trug; bei einer kühlen, majestätischen Skandinavierin, deren Krönchen aus goldbraunen

Zöpfen mit Perlen verwoben war. Gemeinsamer Nenner dieser Personen – wie auch des Radschas mit gewickeltem Turban, zweier Schotten in Kilts, der Brüsseler Bürger und der verknitterten alten Witwen, protzig in flandrischer Spitze und behängt mit Diamanten aus Antwerpen – war der des Kranken, der auf das An- und Abschwellen seines Schmerzes fixiert ist, zwangsläufig ein ungeselliger Anblick.

Bei dieser von Besorgnis und Zwanghaftigkeit geprägten Atmosphäre hätte das Casino durchaus eine Krankenstation sein können, nur dass Abendkleidung vorgeschrieben war, keinesfalls *déshabillé*. Über der ganzen Menschenmenge des Samstagabends – wohl fünfhundert oder mehr Spieler, die zu sechst gestaffelt hintereinanderstanden – hing die Stille verzweifelter Anspannung; kein Lachen, bisweilen gemurmelte Konversation, ansonsten nur die gedämpften Rufe der Croupiers: »Messieurs, mesdames, faites vos jeux!«, und das Drehen der Rouletteräder und die Ermahnung der Croupiers: »Rien ne va plus«, dann ein gemeinsames Seufzen, wenn die Kugeln schließlich in ihrem schicksalhaften Zahlenfach landeten.

Abby Reynolds hatte ihren Begleiter Hugh Nicholson verlassen, während er am Tisch direkt neben der Bar spielte. Gewissenhafter Cicerone, der er war, hatte er angeboten, mit ihr herumzugehen, aber sie hatte abgewehrt, sie wollte diese besondere Aura allein erforschen, und er hatte nicht insistiert, sondern sich sofort dem Roulettekessel gewidmet. Abbys Vorverständnis vom Glücksspiel stammte aus Filmszenen, und während sie von Tisch zu Tisch zog und sich bemühte, die Spiele zu verstehen, wurde ihr klar, dass entweder ihr Gedächtnis fehlerhaft war oder Hollywood ungeniert Talmiglanz hinzugefügt und Düsternis als wesentlichen Bestandteil unterschlagen hatte. Sie hatte luxuriöse Kronleuchter erwartet, nicht diese trüben, pilzartigen Lampen, und der Teppich war ohne dichten Flor und nicht dunkelrot, sondern verschlissen und zeigte auf traurig braunrotem Untergrund ein fades Muster von flachsfarbenen Parallelogrammen.

Vage hatte sie sich von Ästen blühender Bäume eingerahmte Balkone vorgestellt, wo man hinunterblickte auf ein mondbeschienenes Meer, das von Millionärsjachten übersät war, auf mondäne Liebespaare, die den Qualen und Tröstungen ihrer Liebe ins Auge blickten. In den Filmen, dachte sie, hatte es die rührselige Musik von Streichinstrumenten gegeben, bittersüß, einschmeichelnd. Die Bar hätte einen munteren Eindruck machen sollen: Diese hier, nicht allzu sauber, geführt von zwei phlegmatischen Wallonen, hätte man viel eher in einem Endbahnhof oder auf einer Fähre über den Ärmelkanal vermutet. Wahrscheinlich, überlegte sie, hatte sie auf der Leinwand die Spielsalons von Monte Carlo oder weltoffener südamerikanischer Städte gesehen, und die glücklichmachenden Lichter und die Luft und die Blütenpracht des Mittelmeers (oder des Atlantiks in seiner südländischen Prägung) hatten zu ihrem Missverständnis geführt. Hier im belgischen Knokke-le-Zoute hatte das Casino vielleicht sein tristes Aussehen von der trübbraunen Nordsee ausgeliehen, wo der Himmel tief und schwer hing und die melancholischen Dünen grau waren.

Auch das Publikum war nicht das, was sie erwartet hatte; seine Tragik – oder seine unbesonnene, selbstmörderische Torheit – war, falls sie existierte, verdeckt durch den Eindruck von Kränklichkeit, von Abgeschobensein, von einem Leben irgendwie hinter Milchglas. Ansteckungsgefahr lag in der Luft, und nach einer Stunde des Herumwanderns war Abby nervös und bedrückt, obwohl ihr beim Eintreten in den Spielsalon vor Freude wirbelig gewesen war. Sie und Hugh Nicholson hatten am Nachmittag bei dem Rennen in Ostende recht hübsch gewonnen und sich ausgiebig mit Champagner beglückwünscht und in ihrem Überschwang spontan entschieden, ein Auto zu mieten und hierherzufahren. Jetzt hatten Kopfschmerzen das Beflügelnde des Champagners verdrängt, und Abbys Augen brannten von dem Rauch und dem matten Licht, und ihr Hochgefühl war verflogen in der Stille dieser eingeschworenen, unglücklichen

Schar und unter den gewieften, abschätzenden Blicken der Croupiers und der Tisch- und Saalchefs auf ihren hohen Stühlen, die in den Physiognomien von Schuften, Spielsüchtigen und Neulingen genau lesen konnten. Nicht nur diese Männer fixierten und taxierten; ebenso taten es die Spieler in trotziger Feindseligkeit, als verübelten sie es, bei ihrem geheimen Laster ertappt zu werden, dem sie nur in aller Öffentlichkeit frönen konnten.

Eine alte Frau mit runzligem, schnurrbärtigem Gesicht, in violettes Krepp gehüllt und mit violettem Topfhut, starrte Abby durch eine juwelenbesetzte Lorgnette lange an, und Abby, herausgefordert, starrte zurück, doch auf einmal flatterten ihre Nerven, sie verlor den Kampf und verzog sich zu einem anderen Spieltisch, wo sie sofort wieder von einer starrenden Alten mit Affenfell-Boa von der gleichen Struktur und Farbe wie ihr dürftig gefärbtes Haar aus der Fassung gebracht wurde. Beide Augenpaare hatten sie geschmäht, unmissverständlich gesagt: »Touristin! Schaulustige! Wer bist du, um zu urteilen?« Und sie hatte das gleiche Gefühl, wie wenn jemand sie in einer Menschenmenge anrempelte und dann auch noch schimpfte, sie stehe im Weg.

Als sie sich plötzlich verloren fühlte, stürmte schreckliches Heimweh auf sie ein, und fast weinend ging sie in die Bar, wo sie ein Glas Zitronenwasser bestellte.

Bald ein Jahr schon hatte Abby Reynolds seit dem

Tod ihres Mannes in Europa verbracht, war von einer Pension für leidgeprüfte oder unverheiratete Damen in Florenz zu einem Heim gleicher Art in Rom gezogen; zeitweilig hatte sie bei seriösen älteren Paaren in Wien und München gelebt und auch eine Wohnung in Paris mit übernommenem Dienstmädchen und übernommener schwarzer Katze bewohnt. Obwohl erst Anfang vierzig, fühlte sie sich bereits schrullig und ermattet. Sie hatte das Gefühl, dass sie nicht mehr zu unterscheiden war von den Abertausenden einsamer Amerikanerinnen, die im Ausland lebten, weil eine ausländische Adresse, wie bescheiden auch immer, mehr Prestige einbrachte als ein New Yorker oder Bostoner Apartment-Hotel; Prestige war nötig, damit man sie nicht bemitleidete und ihre Töchter und Neffen, Geschwister und Freunde sagen konnten: »Ist es nicht peppig von Soundso, dass sie mutterseelenallein in der Welt herumgondelt?« Manchmal lautete ihre Ausrede für ein Leben im Ausland, dass sie sich nicht in die Angelegenheiten ihrer verheirateten Kinder einmischen wollten, und für die Enkel und Enkelinnen gingen sie bis zum Umfallen einkaufen und wurden vom internationalen Postdienst auf entsetzliche Geduldsproben gestellt.

Somit gehörte Abby schließlich zum Trupp jener Frauen, die ihr Leben in Abhängigkeit von jemandem verbracht haben oder andere abhängig von sich gemacht haben – wie Vater, Mutter, Ehemann – und die, wenn die Beerdigung vorüber oder das Scheidungsurteil endgültig ist, sich gänzlich verwaist wiederfinden. Sie verbergen ihren beschämenden Zustand – sie neigen nämlich dazu, Einsamkeit als unzulässig und ein bisschen schändlich anzusehen, sie neigen dazu, sich selbst als Mauerblümchen einzuschätzen –, indem sie Bridge auf den windigen Vorplätzen der Strandhotels spielen, zahllose Briefe schreiben, Vorträge über Ausgrabungen von Grabhügeln und Ruinen in Jericho besuchen und sich mit Beharrlichkeit und Bangen um die Sprache des Landes bemühen, in dem sie sich gerade befinden.

Abby und ihr Mann hatten in den Jahren, wann immer sie ins Ausland reisten, diese verlassenen, tapferen Waisen gesehen und betrauert, und Abby wusste, John wäre entsetzt, wenn er sehen könnte, dass sie sich in diesen Trupp eingereiht hatte. Sie wusste eigentlich nicht, wie das passiert war; von Natur aus war sie gesellig, zuversichtlich und robust; doch Johns völlig überraschender Tod hatte sie so getroffen, dass sie sich wie eine Schlafwandlerin verhalten und den leichtesten Weg gewählt hatte. Und trotz der Bitten ihrer Verwandten und Freunde, trotz eigener Einsicht hatte sie ihre Wohnung in New York vermietet und sich nach Europa zurückgezogen und war dem Vorbild von Cousinen und Tanten gefolgt (manchmal reisten sie zu zweit und hatten

Kurse an der Sorbonne besucht) und ihrer Mutter, die auf einem Balkon in Rom gestorben war, als sie gerade die Spanische Treppe aquarellierte.

An einem warmen klangvollen Abend vor etwa einem Monat, als Abby sich noch in Paris aufhielt, war ihre Trägheit von einer jähen Unruhe abgelöst worden, hervorgerufen durch Laute verliebten Lachens und Liedfetzen, die der milde Wind zusammen mit den Blütendüften vom Garten durchs offene Fenster hereingeweht hatte. Sie spielte Canfield Solitaire – das Spiel für alte Damen, das Spiel Siebzigjähriger, denen Dämmerung die angenehmste Tageszeit ist –, und während des Spiels saß der schwarze Kater neben ihr auf der Couch, sodass er eine gute Sicht auf ihre Karten hatte, und beobachtete sie. Verächtlich, mondän, französisch und mit ungeheurem Selbstrespekt, schüchterte der Kater sie ein und gab ihr das Gefühl, schlecht angezogen, nicht am rechten Platz und ängstlich zu sein. Sie war wirklich schlecht angezogen, was gar nicht nötig war, sie hatte Gespür für Mode und genug Geld, doch passend zu ihrer trübsinnigen Miene hatte sie sich auch trübsinnig gekleidet; und sie war wirklich fehl am Platz und stellte fest, dass sie sich danach sehnte, wieder in ihrer eigenen Wohnung am East River zu sein.

Als das Spiel zu Ende war – sie gewann nicht – und sie aufschaute, gähnte der schwarze französische Kater, als wäre die Langwierigkeit ihres gefühlsduseligen Grübelns nicht auszuhalten gewesen. Ungerührt angesichts ihres Dilemmas putzte er sich hinter den Ohren. Endlich war sie sich im Klaren, dass sie ihr schlaffes gegenwärtiges Leben verachtete und zurückwollte ins Getümmel, zurück zu ihren zahllosen energiegeladenen Freunden, zurück in die vertrauten und überraschenden Straßen von New York; sie wollte Feste geben und auf Feste gehen; sie wollte in einer Loge in der Metropolitan Opera sitzen und nie wieder allein in der Mailänder Scala; sie wollte zurück ins Bellevue Hospital und ehrenamtlich Tupfer in den OP-Sälen zählen und redete sich überspannt ein, sie rieche lieber Äther als all diese dummen Blumen von Paris. Dem Kater verkündete sie laut und patzig, als hätte er ihr widersprochen: »Ich gehe nach Hause. Ich werde einfach eine Überfahrt buchen, und zwar gleich morgen.«

Am nächsten Tag ging sie früh zu einer Reiseagentur und nahm die erstmögliche Überfahrt in zwei Wochen, und jetzt, wiedergeboren, ungeduldig, endlich loszukommen, schienen ihr die zwei Wochen des Wartens, die sich vor ihr dehnten, ein Affront. Wie um alles in der Welt sollte sie die überstehen, misstrauisch beäugt von diesem lieblosen Kater? Aber die Vorsehung hatte sich ihrer Sache angenommen, und die Nachmittagspost lieferte Abby einen angemessenen Grund, Paris zu verlassen und den

Kater in der Obhut des Dienstmädchens zu lassen. Es war ein Brief von Hugh Nicholson, den sie schon viele Jahre kannte und hin und wieder im Laufe ihrer jüngsten Reisen getroffen hatte. Er war ein Kanadier, der meistens in London gelebt hatte und zu unterschiedlichen Zeiten und auf unterschiedliche Weise mit dem Film verknüpft war. Er hatte Drehbücher geschrieben, Regie geführt und gelegentlich als Schauspieler gearbeitet. Wenn das Glück es gut mit ihm meinte, zog er sich wie ein Peer an und wohnte im Hotel Albany in aller Regency-Pracht; und wenn das Glück sich rar machte, zog er in ein obskures Bed & Breakfast und nahm irgendwelche Jobs an für sein Abendessen und die Wochenenden auf dem Land.

Es gab eine Ehefrau, von ihm getrennt lebend im Norden Englands, die Kerry Blue Terriers züchtete, und es gab zwei schulpflichtige Söhne, mit denen er jeden Sommer eine zweiwöchige Fahrradtour durch Schottland unternahm. Abby und John hatten seine Frau nie kennengelernt, und Hugh sprach nie von ihr. Einmal war ein recht vages Gerücht von einem Skandal an ihre Ohren gedrungen, aber ihre Zuneigung für Hugh hatte sie davon abgehalten, dessen Inhalt oder Wahrheit zu untersuchen.

Sie hatten ihn zuerst in New York während einer seiner erfolgreichen Phasen kennengelernt und waren angezogen von seiner Herzlichkeit und seiner überschwänglichen Amerika-Begeisterung, von der selbst bei den nachfolgenden Besuchen der Lack nie abblätterte. Sie hatten ihn ebenfalls in London gesehen, sowohl im Überfluss schwimmend als auch in Armut. Wenn er völlig mittellos dastand und seine Hemden nicht eben blütenfrisch aussahen, war ihm verständlicherweise nicht so nach Scherzen zumute, nie wirkte er aber erbärmlich, immerzu blieb er zuversichtlich, in naher Zukunft, ja jeden Augenblick am Ende des Regenbogens mit dem Zeh an einen Goldschatz zu stoßen.

Hughs wunderbar passender Brief lud Abby ein, seine Begleiterin bei einer Hausparty in Sussex zu sein. Das Haus sei riesig, schrieb er, und voller Geschichte und Geister, und die Gartenanlage habe alles, was Amerikaner von englischen Gärten erwarteten – »Lustgärten, Ha-Ha-Graben, Pavillons und Gehölze«. Die Gastgeberin nehme an Séancen teil und behaupte, mit den Totengeistern ihrer normannischen Vorfahren und mit Titus Oates zu sprechen.

Abby war entzückt von der Einladung, zögerte keine Sekunde und sagte sofort zu. Und in einem Freudentaumel ging sie auf Einkaufstour und erstand Geschenke, Kleider und wunderschöne Hüte und herrliche Schuhe. Sie packte, und zwei Tage später verließ sie Paris im Augustschlaf und reiste nach London, wo sie, außer der einen Woche in Sussex, bis zu ihrer Heimfahrt bleiben wollte.

Und so hatte sie die Woche auf dem lieblichen, dunstigen englischen Land verbracht, in einem Haus voller Kunstschätze und unnützer Kuriositäten und Hunde und umgeben von Rosengärten, Parks und Lärchenwäldchen, wo Nachtigallen sangen und ihr Geist, der so lange durcheinander gewesen war, sich allmählich ordnete. Hugh hatte gerade einen Film zu Ende gedreht, der ein Riesenerfolg zu werden versprach, und war demzufolge in bester Form. Er und Abby genossen ihr Zusammensein ungemein; sie brillierten beim Krocketspiel auf sonnenglänzendem Rasen, und sie brillierten beim Dart in dunklen Pubs, sie entdeckten, dass sie beim Bridge perfekt zusammenpassten, und Hugh überraschte und beeindruckte Abby mit seinem bukolischen Wissen über Pilze und Schafe. Lady Caroline war eine Freude; exquisit ausstaffiert und einer Romney-Gestalt gleich, ritt sie im Damensitz auf einem grauen Cob, und bei jeder Mahlzeit wurde ihr auf einem Sèvres-Teller eine kleine Zwiebel serviert, die sie schälte und schnitt, um sie mit Äpfeln oder englischen Muffins oder Käse zu essen.

Hin und wieder, wenn sie über eine Wiese oder durch einen Tunnel dunkler Bäume an einem Dorfrand spazierten, sprachen Abby und Hugh wehmütig über die Zeit damals mit all den Galas, als John noch lebte, und an einem Nachmittag, sie tranken gerade ein Bitter in einem leeren Pub, erkannte Abby mitten in einer sie besonders rührenden Erinnerung, dass das Fehlen von Johns Tatkraft in ihrem Leben sie schlaff gemacht hatte und dass Tatkraft das war, was sie bewunderte und benötigte wie Essen und Trinken und Luft. Sie konnte durchaus mit eigener Flamme brennen, aber ihr Feuer musste immer wieder geschürt werden; sie brauchte eine Ergänzung, um ihr Gleichgewicht und ihren Stolz zu behalten. Sie war nicht die Art Frau, die allein zufrieden leben konnte.

Sie hob den Blick von dem dunklen Bier und schaute Hugh an, der sie mit neugierig besorgter Miene ansah. Der Pub belebte sich allmählich, und sie plauderten leichthin über anderes. Aber an diesem Abend, das letzte Rubberbridge war beendet und Lady Caroline hatte es seufzend aufgegeben, mit ihren Geistern Kontakt aufzunehmen, und alle fühlten sich reif fürs Bett, da bat Hugh Abby, mit ihm nach draußen zu gehen, um frische Luft zu schnappen. »Passt auf die Fledermäuse auf«, sagte Lady Caroline. »Es wimmelt von ihnen im Sternzeichen Löwe, ich weiß nicht, warum.«

Fledermäuse gab es keine, aber in der romantischen Luft schwirrten Glühwürmchen, es duftete nach Rosen, und weit entfernt war der Warnruf einer verhexten Eule zu hören. Unter einer Pergola, wo dunkelrote Trauben heranreiften, küsste Hugh sie, und Abby fühlte sich so jung und bebend wie ein Schulmädchen. Aber sie war nicht fordernd, überstürzte nichts, sie riet sich selbst, dieses zarte, morgenrötliche Erlebnis als etwas einzuschätzen, das nur so lange dauerte, wie sie in England bliebe, eine Handvoll Tage, bevor das Schiff sie heimfuhr. Wie der Kater in Paris, dessen Verachtung für ihr leeres Leben sie dazu gedrängt hatte, es für ein erfülltes zurückzuweisen, so war Hugh der Mittelsmann, der sie daran erinnerte, dass sie einen Ehemann suchen musste. Sein Kuss war nicht mehr als ein Symbol, da Hugh nur ein Freund war.

Als die Hausparty vorbei war, zögerten Hugh und Abby, Spiel und Spaß aufzugeben, und so, mit der Hemmungslosigkeit müßiger Jugend, fuhren sie nicht mit der Eisenbahn nach London zurück, sondern stattdessen nach Folkestone und nahmen die Fähre über den Ärmelkanal nach Ostende; es gab dort zwei französische Rennen mit Stutfohlen, die Hugh sehen wollte.

Drei Tage lang in diesem schäbigen Hafen, mal ausgedörrt von der Sonne, mal durchnässt vom Regen, gingen sie zu den Rennveranstaltungen im Hippodrom, fuhren in Hansoms über die *digue,* aßen Mies- und Herzmuscheln auf dem Kai, während sie die fröhlichen Krabbenkutter betrachteten und die fröhlichen Sonnenschirme der Fischverkäuferinnen und die Kinder mit ihren fröhlichen Luftballons, die manchmal aufs Meer entfleuchten und im Kielwasser der Boote entlanghüpften.

Der Kuss im Garten wiederholte sich nicht, doch ihr

Einklang war noch stärker und die Freude an der Gesellschaft des anderen war so groß geworden, dass Abby in einem Zustand verwegenen Hochgefühls lebte. Sie war glücklich, und es gab Momente, in denen sie es bedauerte, dass die gemeinsame Zeit ablief und sie fortmusste.

Und jetzt waren sie in dieser braunen Höhle grässlicher, verbissener Gier, und Abby, die gerade eine lauwarme, süßliche Zitronenlimonade trank, konnte sich an diese Ausgelassenheit kaum noch erinnern. Das Gewebe dieser glanzvollen Zeit war in weniger als zwei Stunden durchsiebt, befleckt und ausgefranst worden. Sie versuchte ganz vernünftig, ihre Niedergeschlagenheit den Kopfschmerzen zuzuschreiben, versuchte sich einzureden, dass sie Grippe bekam. Ihr Unbehagen war aber mehr als physisch, und die ihr fremde Verstimmung erschreckte sie, blieb ihr unverständlich. Warum bloß waren sie hierhergekommen statt, wie sie es gewollt hatte, nach Brügge?

Angewidert von der Limonade, kehrte sie zum Spielsalon zurück und blieb unentschieden neben einem Tisch nahe beim Kassenraum stehen. Einer der Croupiers, ein jüngerer Mann mit messerartigem Mund und Augen wie Pfrieme, fixierte sie über den Tisch hinweg, während er die Gewinne für die Bank mit dem Rechen einstrich, und sein Blick drückte solchen Hohn aus, dass Abby das Gefühl hatte, angesteckt zu sein, besudelt von

Gier, und sie flüchtete, suchte nach Hugh in der Hoffnung, dass er genug gespielt hatte und sie in eine lebhafte Bar gehen, etwas trinken und ihre frühere Stimmung wiederfinden könnten.

Als sie sich durch den stillen Dschungel schlängelte (doch diese Stille fletschte die Zähne), entdeckte sie ihn genau dort, wo sie ihn verlassen hatte, neben dem Croupier links vom Rouletterad. Ihr kam vor, als hätte er sich, außer um sich durch das menschliche Dickicht vorzubeugen und seine Wette zu platzieren, überhaupt nicht bewegt. Obwohl sie so eng bei ihm stand, dass ihre Arme sich berührten, nahm er sie nicht wahr, und ihr Instinkt warnte sie, nicht auf sich aufmerksam zu machen. Er verlor konstant, und Verlieren beleidigte ihn, wie sie an seiner Gesichtsröte und seinem angespannten Mund erkennen konnte.

Während sie ihn beobachtete und auch die anderen Spieler, begriff sie den tödlichen Ernst ihres Hierseins; dies war kein Spiel, sondern ein Kampf, in dem das Rouletterad der Feind war, wechselhaft wie eine Windmühle.

Diese Sorte von Wette war, stellte sie fest, ein Fall für sich, beim Bridge gab es Partner, es gab ein Zusammenwirken von Gedächtnis und Urteilsvermögen und Intuition; bei Pferdewetten gab es beliebig viele Komponenten, um Gleichungen und Permutationen zu bilden, es entsprach dem Spekulieren an der Börse. Aber ihr fiel keine andere Art von Glücksspiel ein – oder irgendeine Sucht –, die nicht etwas Geselliges oder zumindest Organisches an sich hatte. Beim Roulette war Intelligenz keine Waffe gegen die einzige Komponente: das Zufallsglück. Während sie das durchdachte, erkannte ein anderer Teil ihres Geistes einen paradoxen Umstand: Obwohl Hugh so unnahbar war – er hätte bloß eine geisterhafte Erscheinung des Mannes sein können, den sie kannte –, glaubte sie, dass sie sich in ihn verliebt hatte und dass sie, in ihrer Liebe, eifersüchtig war. Doch auf wen?

Kühn packte sie ihn am Arm, und er drehte sich unwirsch murmelnd um, und als er sie sah, lächelte er mühsam. Ganz offensichtlich wollte er nicht aufhören, wollte hier sein und nicht bei ihr; und als sie sagte, sie habe Kopfschmerzen und wolle zurück ins Hotel, und hinzufügte, er müsse sie nicht begleiten, es sei ja nicht weit und der Strand gut beleuchtet, willigte er, sonst die Höflichkeit in Person, nur zu gern ein, entschuldigte sich allzu flüchtig, wünschte ihr gute Nacht und wandte sich wieder dem Spieltisch zu.

Abbys Zimmer, das aufs Meer ging und die anlandigen Winde abbekam und auch Flugsand, war mit etwas Unbestimmbarem tapeziert, genoppt und grell, und das Linoleum sah genauso schäbig aus. Es gab einen lackierten Kleiderschrank, zu klein und nicht tief genug, um Kleider aufzuhängen, einen Korbtisch mit lädiertem Tischbein und eine verkratzte braune Schreibunterlage samt rostigem Füller. Das Bett mit bombastischem Plumeau und klotzigem Kissen war niedrig, auch wenn seine Topografie bergig war. Sie wälzte sich von Gipfel zu Tal, wurde von Meeresrauschen überfallen, von fernen Signalhörnern, Stimmen flämischer Nachtschwärmer und aufgeregt kläffender Hunde, die am Strand herumlungerten. Nicht nur das Bett und die Geräusche – jemand im Nachbarzimmer schnarchte stoßweise heftig, und im oberen Stockwerk brüllte wegen einer Bagatelle oder wegen Schmerzen ein Baby – waren es, was sie wach hielt. Hughs Stimmung und ihre eigene Verdrehtheit hatten sie dazu gebracht, sich genau in dem Augenblick in ihn zu verlieben, da sie einsah, dass eine gemeinsame Zukunft schlicht unmöglich war; ihr wurde klar, dass die Unnahbarkeit, die sie an diesem Abend erlebt hatte, zwar vereinzelt auftrat, aber grundlegend war, und zurückblickend erinnerte sie sich, wie er oft mitten im Gespräch, mitten im Tanzen, auch wenn sein Körper anwesend blieb, plötzlich zu verschwinden schien.

Schließlich gab sie den Versuch auf einzuschlafen, knipste das Licht an, nicht heller als eine Taschenlampe, und ging ans Fenster, um aufs Meer zu schauen und auf den Strand, wo die hohen Umkleidehäuschen dicht beieinander wie Grabsteine standen; die Luft war feucht und unbewegt, der Mond zuerst verborgen von düsteren, rasch ziehenden Wolken, dann enthüllt. Nacheinander verließen Hunde und Menschen den Strand. Auf dem Fensterbrett lagen zwei winzige Seesterne auf einem Sandhaufen, zurückgelassen, vermutete Abby, von einem vergesslichen Sammler von Mitbringseln und Andenken. Im spärlichen Licht studierte sie ihre raffinierte Form, und als sie an so unwiderstehliche Reize dachte wie Seesterne und englische Landschaft und Lady Carolines eigenwillige Kleidung, verschwand ihre Verdrossenheit, und sie sah ein, dass es albern von ihr gewesen war, sich über Hughs Verhalten aufzuregen. Da sie mit ihm und mit sich selbst wieder im Reinen war, überließ sie sich der Schläfrigkeit, entfernte sich vom Fenster und verschloss die Augen vor den ominösen Wolken, die den Mond belagerten, und kurz bevor sie einschlief, wünschte sie sich bei einer nicht existenten Sternschnuppe, dass Hugh sie drängen möge, ihre Heimreise zu verschieben.

Am nächsten Tag war er fast ständig an ihrer Seite. Obwohl ein kalter sandiger Wind auf sie eindrosch, erkundeten sie die Stadt mit demselben Zusammenklang ihrer Reaktionen, der schon im beschwingten Sussex-Urlaub so wunderbar gewesen war. Eine monströse Stadt war das. Häuser, die wie Busse aussahen und sie zu überfahren drohten, und Häuser wie Gesichter mit Knollennasen und bestialischen Augen. Sie spazierten staunend herum, eine Straße nach der anderen mit diesen abnormen Villen, und kamen zu dem Schluss, dass die Architektur von Knokke-le-Zoute einzigartig war und weit respektloser dem Auge gegenüber als die jeder anderen maritimen Ansiedlung, die sie je gesehen hatten, bei weitem schlimmer als Brighton oder Atlantic City. Vorherrschendes Baumaterial schien Kopfstein zu sein, aber sie entdeckten auch ein paar Häuser, die ihnen wie aus Gusseisen konstruiert vorkamen. In den Gärten wuchsen in Form geschnittene Bäume, die wie Morris-Stühle aussahen, und einige schienen Waschmaschinen darzustellen. Die Hotels am Strand waren überladen mit jedem nur möglichen Spleen, mit Kuppeln, geformt wie eine steife Melone, und nierenförmigen Balkons, mit Zinnen, die Rückenwirbeln glichen, und Maschikulis, die Zähnen glichen, mit Türmchen, Bogenfenstern, Dachgauben und Giebeln, mit Fensterwerk und Hohlsaumstickerei aus Backstein oder umsäumt von granitener Bandspitze. Manche Schornsteine ähnelten Kirchtürmen und manche der Konservenbüchse auf dem Kopf von Happy Hooligan. Die Umkleidehäuschen wirkten im warmen trüben Dunst wie öffentliche Telefonzellen. Selbst die Blumen täuschten etwas vor, die Hortensien sahen wie Küchenutensilien aus, und die Geranien schienen Essbares zu sein, wenn auch nicht gerade schmackhaft. Die

Plätze waren baumlose Betonflächen, wo Riesenbabys sich sonnten und Schipperke-Hunde ihre Runden drehten. Die Kioske hatten die Größe von Rundhäusern; die Straßenbahnen, besetzt mit redseligen Quenglern, machten einen betäubenden Lärm, durch Pressluftbohrer verstärkt, die unerklärlicherweise im Sand bohrten. Über allem hing ein gewaltiger Fischgeruch.

Sie bestellten sich Tee an einem Strandpavillon, wo der schneidende Wind so stark war, dass eine Bö den brühheißen Schwall beim Eingießen so weiterlenkte, dass er schmerzhaft über Hughs Hand floss. Wäre das Missgeschick nicht derart grotesk gewesen, hätte er es vielleicht stärker gespürt und Abby hätte mehr Mitgefühl gezeigt. Doch so lachten beide hilflos, und Hugh sagte: »Ach, geh nicht nach Amerika zurück. Hier macht es doch Spaß.«

Grundlos überfiel sie ein Gefühl der Trauer, und sie sagte nichts. Danach waren sie eine Zeitlang still. Die Badenden erschienen aus ihren Umkleidehäuschen wie Troglodyten aus ihren Höhlen, klappten die Sonnenschirme zusammen, griffen sich die Tragkörbe und brachen auf. Die Babys wurden nach Hause geschoben, eskortiert von jungen Schipperkes. Kein Anblick hätte weniger bukolisch sein können, und Abby fröstelte, und Sand war in ihren Schuhen, und ihr zwiespältiges Gefühl von Liebe war wie Sand in ihrem Mund.

»Es ist zu spät, um die Fähre über den Ärmelkanal zu erreichen«, sagte Hugh schließlich. »Kannst du es hier noch eine Nacht aushalten, oder sollen wir zurück nach Ostende?«

Sie war zu apathisch, als dass es sie kümmerte, und sie sagte: »Warum sind wir überhaupt hergekommen?«

»Ich hatte ganz plötzlich Sehnsucht nach dem Roulette, wie immer mal wieder«, sagte er, und dann erzählte er ihr, nachdenklich, leidenschaftslos, die Geschichte seiner Spielsucht.

Als er in Cambridge studierte, war er manchmal nach Monte Carlo gefahren; aber er hatte nur gelegentlich gespielt, bis vor zwölf Jahren, da hatte er nach anstrengenden Monaten, in denen ein Historienfilm gedreht wurde, unbedingt Ruhe und Sonne gebraucht, und so war er ohne seine Frau für einen längeren Urlaub nach Südfrankreich gereist. Er fand keine Ruhe und keine Sonne in dieser Zeit – er war völlig besessen vom Roulette. Zuerst hatte er gleichermaßen gewonnen wie verloren, und egal, ob er siegreich war oder geschlagen, er war gezwungen, sich wieder und wieder zu beweisen, zu demonstrieren, dass das Schicksal ihn weder verhätscheln noch überlisten konnte.

Er sagte, er habe sich wie eine dieser weißen Ratten gefühlt, die nicht wissen, ob sie eine böse Überraschung erleben oder ein Stück Käse bekommen würden. Am Ende sei er völlig abgekämpft gewesen; in einer Nacht zu äußerster Armut erniedrigt, habe er fürs Fahrgeld nach Hause seine Uhr verpfänden müssen. Seine Ehe sei bestenfalls matt und kraftlos gewesen, und als er damals von Frankreich zurückgekommen sei und seiner Frau gestanden habe, dass sein ganzes Geld verloren sei, hätten sie ihren allerletzten Streit gehabt und sie habe ihn in eisigem Zorn verlassen. Doch nicht nur wegen des schlimmen Geldverlustes; es war, sagte er, »wegen der Treulosigkeit der Wirklichkeit gegenüber. Schließlich ist das einzige Verlangen, das man noch hat, das Verlangen zu gewinnen. Man braucht kein Essen, kein Trinken, keinen Sex – Zocker schlafen nicht mit ihren Frauen, nachdem sie gespielt haben, sie schlafen mit Zahlen.«

Seit einigen Jahren war er nicht nach Monte Carlo gegangen, sondern hierher, weil ihm gerade diese ganze Trostlosigkeit passend erschien. »Mein Masochismus ist umfassend«, sagte er, »und ich habe dich hierhergebracht – du hast mich gefragt, warum –, weil ich dich liebe und dich heiraten will, und ich weiß, ich kann es nicht, wir können es nicht. Aber ich wollte, dass du verstehst.«

»Ich verstehe nicht«, sagte sie, den Tränen nahe.

»Versuch es heute Abend«, sagte er. »Ich habe nicht vor, dich zu bekehren. Ich möchte nur, dass du siehst, was da abläuft. Spiel einfach eine Stunde oder so, und zwar wie ein Kliniker.«

Sie konnte nicht sagen, ob er der grausamste Mensch war, den sie je gekannt hatte – wie zynisch, wie ungemein frivol, eine Liebe in Form ihrer Unmöglichkeit zu erklären –, oder der bedauernswerteste Mensch; sie kam aber zu dem Schluss, dass sie ihn unbedingt verstehen wollte, um leichter die Aussichtslosigkeit ihrer beider Lage zu akzeptieren, und so sagte sie, sie werde spielen.

Es war Sonntag, der Spielsalon weniger voll als in der Nacht zuvor, und Hugh konnte einen Stuhl für Abby ergattern. Sie saß, schüchtern und unsicher, neben einem Croupier am Tischende und platzierte ihre Einsätze, wohin Hugh es ihr angab. Zuerst war sie vom Spielfeld verwirrt, unkonzentriert, und beobachtete verstohlen die Mitspieler, die sie offen studierten. Es waren dieselben wie am Abend zuvor – diese alten Hexen mit ihren ausdrucksleeren Gesichtern und ihren perlenbesetzten Taschen; diese reichen, unnachsichtig blickenden Händler mit dicker Zigarre und Siegelring; diese dünnen Männer mit Schnurrbart, bei denen der Abendanzug zwar vorzüglich geschnitten, die Manschetten aber abgewetzt waren. Die Chinesin war am selben Platz und notierte sich weiterhin Zahlen in ihr Notizbuch; der Radscha trug einen noch prächtigeren Turban und tätigte gerade einen riskant hohen Einsatz, und als er verlor, seufzte er tief auf. Wieder diese gequälte Stille.

Bald schon verstand Abby die Funktionsweise des Spiels und setzte selbst ihre Jetons. Ihr Interesse war schließlich geweckt, und als sie drei Mal in Folge gewann, packte sie ein außergewöhnliches Hochgefühl, und sie wollte triumphierend aufschreien, aber jedwede Zurschaustellung von Emotion würde hier *outré* wirken, und somit zwang sie sich zu einem unbewegten Gesichtsausdruck, obschon sie wusste, dass ihre Wangen gerötet waren.

Irgendwann bemerkte sie, dass Hugh nicht mehr hinter ihr stand, und irgendwann war sie so dreist und schnappte sich einen Rateau, den ein zugrunde gerichteter Spieler liegengelassen hatte, und ordnete damit ihre Jetons und zog ihre Gewinne zu sich, von Trotz getrieben; gegen was – sie wusste es nicht. Sie hatte Anfängerglück, und schon bald wagte sie es, auf die höchste Chance zu spielen; zwei Mal spielte sie *en plein* und gewann den fünfunddreißigfachen Einsatz; es schien ihr, auch wenn sie Zweifel hatte, dass der Croupier ihr ein schwaches Glückwunschlächeln schenkte, das Lächeln eines Experten für ein glückliches Greenhorn.

Abby war müde, aber dennoch animiert, und sie wünschte sich, diese belebende Spannung möge ewig anhalten; das Rouletterad wurde ihr imaginärer Liebhaber, mal wies er sie verächtlich ab, mal verwöhnte er sie üppig; das Rad wurde auch ihr ganzes Ziel, und während sie das Geld mit vollen Händen ausgab und dann wieder zurückhielt, jubelte oder jammerte, wurde ihr klar, was Hugh versucht hatte, ihr zu sagen. Die Gesichter, die sie erschreckt hatten, wichen zurück in den Miasmen grünen Qualms; die Wärme des Raums war drückend, aber es war ihr egal; ihr Mund war ausgetrocknet, sie aber zu beschäftigt, um ihren Durst zu löschen. Irgendwann, als die Sperrstunde näherrückte, lichtete sich die Menge allmählich; die Spieltische mit Baccara wurden geschlossen, und die Croupiers an den Roulettetischen sammelten einer nach dem anderen ihre Utensilien ein und verschwanden. Zuletzt war der Tisch, an dem Abby spielte, der einzige noch geöffnete, und sie sah wie in Rage, dass es mit ihrem Spielen fast vorbei war.

Noch war sie im Rennen, als das Rad zum letzten Mal gedreht wurde; und wie alles beendet war, fühlte sie sich schwindelig und kam nur mühselig aus ihrer kokonähnlichen Trance heraus. Die Müdigkeit der Croupiers machte sie menschlich; sie rieben sich die Augen und dehnten die Beine, und ihre agilen Hände wurden schlaff. Abby war etwas entmutigt und trübsinnig, enttäuscht und erledigt; sie war, obwohl sie gewonnen hatte, untröstlich, weil der Spieltisch jetzt, seiner Verlockungen beraubt, nur ein Tisch war. Und die Croupiers waren bloß erschöpfte Angestellte, die nach Hause schlafen gingen.

Lange saßen Abby und Hugh auf der Hotelveranda. Schweigend und regungslos starrten sie aufs Meer und die viel zu dicht aufeinanderhockenden Umkleidehäuschen am Strand. Der Mond schien bleich durch den starken Dunst; es gab keinen Horizont, und ein langsam vorbeiziehendes Schiff sah aus wie ein Schmierfleck an der Wand.

»Du hast also gesehen, wie das war«, sagte Hugh.

»Ja«, sagte sie, und unwillig, mit ihm ihre Empfindungen zu besprechen, die ihr, wenn sie darüber nachdachte, erbärmlich schienen, bat sie ihn, ein Auto zu organisieren, das sie nach Ostende und zur Fähre bringen würde. Keine Rede davon, was Hugh tun oder wohin er gehen wollte. Abby stellte sich vor, dass er hier Nacht für Nacht zu dem freudlosen braunen Raum zurückkehrte.

»Möchtest du, dass ich mit dir nach Ostende fahre?«, fragte er.

»Nein«, sagte sie und versuchte, so fröhlich wie möglich zu sprechen, »ich glaube, es bleibt weit stärker in Erinnerung, wenn man sich in Knokke-le-Zoute verabschiedet. Außerdem machen mich Trennungen am Hafen traurig. Knokke-le-Zoute – es klingt wie ein Kinderspiel.«

Sie standen auf, und in der garstigen rauen Morgendämmerung gab Hugh ihr einen Abschiedskuss; küsste sie wie ein guter Freund und sagte: »Ich wünschte, es wäre kein Kinderspiel gewesen.«

Sie hätte nicht so schnell aufgegeben; wäre unbeugsam und eisern gewesen; hätte aus Eitelkeit und Liebe gesagt, dass sie ihn irgendwie retten könne; sie hätte alles auf ihn gesetzt, wenn sie ihn nicht so vollkommen verstanden hätte. Um sich zu trösten, dachte sie vernünftigerweise daran, wie herrlich es sein würde, das klare Septemberlicht auf dem East River zu sehen. Sie sagte sich, so glücklich das Intermezzo bis auf die letzte Nacht auch gewesen war, es war eine Verirrung, und sie gehörte dorthin, wo sie ihre Wurzeln hatte; im fremden Land wäre es unklug, Wagnisse einzugehen. Schuldbewusst, sie hatte ja Glück und er nicht, wollte sie jetzt unbedingt seiner Gegenwart entfliehen. »Auf Wiedersehen, Hugh, auf Wiedersehen, ich muss jetzt packen.«

Er war ein Schatten, genauso wenig mit Händen zu greifen wie die Geisterschiffe auf der dämmerigen Nordsee, und als seine Stimme als Echo widerhallte, kam sie aus unermesslicher Ferne.

Die Philosophiestunde

Durch die langen, dreigeteilten Fenster des Ateliers, in dem sich der Kurs für Aktzeichnen traf, sah Cora Savage auf den ersten richtigen Schnee des Jahres. Es war ein hoher düsterer Saal in einem der beiden Ecktürme des Auditoriums, die aus einer persönlichen Vorliebe des Stifters in einem überkandidelten Neugotisch daherkamen und nichts zu tun hatten mit den anderen Gebäuden auf dem Campus, die heiter und niedrig waren, nach Art der italienischen Renaissance. Hier in diesem eisigen Saal kamen dreimal die Woche von neun bis zwölf siebenundzwanzig Studenten in Kitteln zusammen, um Cora in Öl auf Leinwand und in Kohle auf grobkörnigem Papier nackt abzubilden, indem sie gewissenhaft die Grundregeln des Zeichnens anwandten, die sie im Studium bei Diavorträgen gelernt hatten. Aber genau wie Cora es ihrer besorgten presbyterianischen Mutter vorhergesagt hatte, beachteten die Studenten sie nicht stärker, als wenn sie eine Gipsfigur oder eine Zusammenstellung von Äpfeln und Zitronen für ein Stillleben wäre. Anfangs war die Klasse beunruhigt von ihrer unmenschlichen Fähigkeit, so lange bewegungslos zu bleiben, und sie redeten untereinander darüber, als hätte sie keine Ohren. Ihr Lehrer Mr Steele, ein dicker und bequemlicher Mann, der ein Gutteil der drei Stunden auf einer Polsterbank saß und sich auf einer Kochplatte hinter einem Wandschirm Kaffee aufbrühte, sagte ihnen umstandslos, da dieses Talent von ihr nicht ewig vorhalten könne, sollten sie es nutzen, solange es währte. Danach sprachen sie nicht mehr über sie, außer im Jargon ihres Fachs. Mr Steele, versunken in seinen Trollope, verhielt sich höflich, wenn sie ihn um Hilfe angingen, und einmal in der Stunde drehte er eine Runde durch den Saal, von Staffel zu Staffel, und kommentierte freundlich, aber ziemlich obenhin.

Cora machte nur zweimal Pause in den drei Stunden. Nachdem sie um neun Uhr die Pose eingenommen hatte, wartete sie unter starken Schmerzen darauf, dass die tieftönende Glocke im Turm der Kapelle erklang, die das Verstreichen von fünfzig Minuten anzeigte. Wenn sie beim ersten Glockenklang vom Podium stieg und wieder halbwegs lebendig wurde, indem sie in ihren blauen Morgenrock aus Flanell schlüpfte, waren die Krämpfe und das Brennen in ihren Armen und Beinen sofort wie weggeblasen. Zehn Minuten lang saß sie dann auf der Kante des Podiums und rauchte, wovon ihr wegen ihrer Erschöpfung angenehm schwindelig wurde und das Licht in ihren Augen sich ständig veränderte, wie das Licht über der Prärie, von Salbeigrün zu Unterwasserlila, zu Safran, zur Farbe der Seckelbirne. Wenn die Glocke zur vollen Stunde ertönte, wurde sie wieder zu Stein. Mit den Studenten sprach sie nicht, es sei denn, sie wurde angesprochen, und die Zeichnungen und Ölbilder sah sie nicht an, bis alle gegangen waren und sie vollbekleidet hinter ihrem Wandschirm hervortrat. Dann wanderte sie durch das Dickicht der Staffeln und sah die Zerrbilder von sich, fett oder schrumpelig geworden, mit einem Pferdegesicht, zu Clara Bow geworden. Die Darstellungen ihres Gesichts waren fast durchweg die Gesichter der Bildhersteller. Dass sie für sie vollständig anonym war, erbitterte und faszinierte sie zugleich.

Beim Modellstehen starrte sie durch diese hohen, malerischen Fenster auf den Himmel und die Krone einer Schwarzpappel. Weil die Anspannung in den Muskeln ihr nicht erlaubte, nachzudenken oder eine Fantasie bis an ihr glückliches Ende auszuspinnen, zählte sie gewöhnlich langsam bis hundert, und sie war darin so sicher geworden, dass jedes Mal genau fünf Minuten vergingen: zehnmal bis hundert, eintausend, und die Glocke begann zu schlagen. Oft war es ihr, als müsste sie gleich ohnmächtig werden oder gegen den Schmerz anschreien, der in der Mitte der ersten Stunde begann, zuerst als ein Jucken und Brennen in dem Teil ihres Körpers, der das meiste Gewicht trug, und dann wie eine Krankheit, die sie überfiel, bis das ganze Gebilde aus Knochen und Muskeln betroffen war und ihr Puls hämmerte. Nerven zuckten im Nacken, die Schulterblätter bebten willkürlich, und obwohl es kalt war im Atelier, war ihre ganze Haut manchmal erhitzt und das Blut rauschte; das Herz schlug ohrenbetäubend laut. Hätte sie die Augen geschlossen, wäre sie gefallen – nichts hielt sie in ihrer Position als die Szenerie hinter den Fenstern, eine verkürzte Ansicht der Pappeläste, von denen sie jeden Zweig mit seinem halbverdorrten Blatt auswendig kannte, sodass sie ihn noch sah, wenn sie in Gedanken abschweifte. Sie kannte die Unterschiede des Glanzes auf der Rinde bei Regen und bei Sonne und wie die Äste tanzten bei unterschiedlichem Wind; sie wartete auf Vögel und Eichhörnchen, und wenn sie kamen, verhaspelte sie sich im Zählen und die Zeit verrann schnell. Der Baum war ihr durch genaueres Kennenlernen lieb geworden, und wenn sie mittags das Gebäude verließ – diese Erlösung war wie der erste Tag nach einer Krankheit, und die ganze Welt war neu –, grüßte sie ihn, als gehörte er ihr, und sie dachte, wie hübsch er aussehen würde, wenn die Blätter im April wieder erschienen.

Obwohl Schüttelfrost und Fieber und Kribbeln sie quälten, ging ihr das nicht nahe, als wäre sie rein zufällig damit verbunden und als drehte es sich eigentlich um das genaue Studieren ihres Ausblicks auf Stückchen Holz und Stückchen Wolke und um das Zählen der Stunden.

Am Tag des ersten Schneefalls allerdings leugnete sie ihre Schmerzen nicht, vielmehr spürte sie sie ganz einfach nicht, sie trieb, obwohl ihr die Flügel doch beschnitten waren, in einer zauberhaften Leichtigkeit dahin, ein Gleiten, als schwebte sie langsam schaukelnd wie die Flocken selbst. Der Schnee begann in der zweiten Stunde, gerade als sie ihre Pose wieder einnahm, in der sie einen Stab aufrecht hielt wie ein Soldat seinen Speer. Es war die unbarmherzigste Haltung, die sie bislang einzunehmen hatte, denn alles Gewicht lag auf ihrer rechten Ferse, die sich dem Pult geradezu aufzupfropfen versuchte, und der Arm, der den Stab hielt, schwoll so an, dass sie sich vorstellte, nicht lange, und ihre Impfnarbe würde darauf wie ein eingesunkener Bauchnabel aussehen. Zum ersten Mal fühlte sie sich ausgenutzt, und in der ersten Pause war sie wütend auf die Studenten und auf Mr Steele, die es als selbstverständlich annahmen, dass sie aus anderem Stoff sei als sie selbst. Und als ein Mädchen mit Oxford-Brille und makellosem grünem Leinenkittel, lauter guten Willen ausstrahlend, sich zu ihr aufs Podium setzte und bewundernd sagte: »Mich würde das ja umbringen! Hast du vor, das professionell zu machen?«, fühlte sie sich noch mehr gekränkt; der Bedienstete, dessen Ehrgeiz über den augenblicklichen Status hinausgeht, möchte keine Komplimente darüber hören, wie gut er das Silber putzt.

Als der Schnee kam, entstofflichte sich das Atelier. Der Sturm begann plötzlich, mit so wenigen Vorzeichen am Himmel, dass Cora einen Moment lang an seiner Wirklichkeit zweifelte, wie er da in den Pappeln wirbelte, und zweifelnd dachte, ihre Augen hätten ihn aus dem Bedürfnis nach Abwechslung erfunden. Sie liebte Schnee. Als sie zum ersten Mal vom Himmel hörte, dachte sie, das sei ein Ort mit immerzu fallendem Schnee, der die Rauheit der Welt verdeckt. Und sie hatte als Kind von einem Jahr zum anderen immer wieder vergessen, wie kalt Schnee war; immer wenn die ersten Flocken in der Luft waren, war sie barfuß hinausgelaufen, in der Erwartung, die wundersame Reinheit wäre sanft wie eine Katze, und war dann ins Haus zurückgerannt und hatte, vor Überraschung kichernd, im Eingang auf dem Boden gelegen.

In Missouri, am Fluss, war der Schnee hart wie ein Fußboden, aber ab und zu erwischte sie unversehens eine weiche Stelle, und sie versank bis über die Gummiüberschuhe, und dann war nichts mehr zu machen, ihr Mantel aus Astrachanfell war voller Schnee, die gelben Fausthandschuhe klatschnass. Jedes Jahr gingen sie – sie, ihr Vater und ihr Bruder Randall – auf die Suche nach Weihnachtsgrün, Ilex, Eibe und Rebhuhnbeere, um es im langen, kalten Sommerwohnzimmer auszulegen, wo dann ein grüner Teppich wie ein Rasen dalag. Das violette Licht des frühen Weihnachtsmorgens drang durch

Baumwollvorhänge, während die Savage-Kinder, Cora und Randall, Abigail und Evangeline, ihre Geschenke auspackten. Oft fiel am Weihnachtstag Schnee und schloss sie ein, schützte sie, verzauberte sie. Die Mädchen mit ihren runden wollenen Schottenmützen, mit den von der Verwandtschaft geschenkten Armbändern und Ringen und Spielzeuguhren, umgeben von herrlich gelenkigen Puppen, Buntstiftkästchen, Sparschweinen, Lacklederhandtäschchen, Knöchelspielsteinen, elastischen Haarbändern aus Taft, zogen ihren armen Bruder wegen seiner unansehnlichen Jungensachen auf – Werkzeugkasten, Angelzeug und im Jahr, als er acht wurde, eine Flinte.

Am schönsten, vielleicht am elegantesten, war der Schnee dort in Missouri gewesen. Es hatte Zeiten gegeben, da war Großmutter Savage zu Besuch von Kavanagh herübergekommen; sie hatte einen altmodischen Pferdeschlitten mit schwungvoll gebogenen Kufen. Im kleinen Wohnzimmer, das Mr Savage spöttisch das »Pastorenzimmer« nannte, tranken sie aus dicken, mit einem Asternfries bemalten Tassen heiße Schokolade. Und die ganze Zeit über fiel Schnee.

Eleganter in Missouri, aber hier in Adams war er richtig aufregend gewesen. Randall und Cora (inzwischen war Cora ein wildes Mädchen geworden und verachtete ihre älteren Schwestern) nahmen oft ihre Rodelschlitten mit zu den Übungssprungschanzen im hügeligen Geländer hinter dem College. Es verschlug ihnen jedes Mal den Atem, wenn sie am Fuß der Schanze aufprallten, und einmal verlor Cora die Kontrolle und sauste in einen Stacheldraht. Es war ihr hinterher so vorgekommen, als hätte sie sich schon lange vor dem Aufprall langsam auf dem Kopf gedreht wie ein Kreisel. Dann hatte sie in der Furcht, sie könnte sich nicht bewegen, dagelegen und auf ihren Bruder gewartet. Ein paar kärgliche Blutstropfen aus den Stirnwunden hatten den Schnee befleckt. Später hatte sie sich vor den Sprungschanzen gefürchtet und war nur noch einen steilen Hügel hinabgesaust, der unten am Friedhof endete; aber das war gefährlich genug, und leichtsinnige Kinder waren schon in die Staketen des Eisenzauns gekracht und hatten sich böse Kopfwunden geholt. Diese Unfälle häuften sich und die Wunden waren oft so schlimm, dass eine städtische Verordnung jedes Rodeln auf der Strecke verbot. Danach gab es neben der Gefährlichkeit den zusätzlichen Nervenkitzel, von der Polizei erwischt und ins Kittchen gesteckt zu werden. Man versteckte sich und den Schlitten hinter einem gruseligen kleinen Steinhaus in der Friedhofsecke, wo der Verwalter Rasenmäher und Gartengeräte verwahrte, und wartete auf den Polizeiwagen. Der aber niemals kam.

Es gefiel Cora heute, dass wahrscheinlich sie allein im Atelier gesehen hatte, was draußen vor sich ging.

Die Studenten waren eifrig bei ihrer Arbeit, baten einander um Kritik oder um Palettenmesser und maßen Coras Körperteile mithilfe von in Armeslänge gehaltenen Bleistiften, während sie blinzelten und das Gesicht verzogen; manchmal kamen sie, was ihr gar nicht behagte, ganz nahe, um die Gestalt eines Muskels oder die Farbschattierung ihrer Haut zu studieren. Einstweilen hatte sie den Schnee allein für sich; vielleicht entsprang in diesem Augenblick alles ihrem eigenen Bewusstsein, selbst dieser schmuddelige Saal mit seinem Wald aus Holzgestellen und seinem Geruch von Lösungsmitteln, sogar all die Leute hier. Sie dachte an Bischof Berkeley, den Dr. Bosch im Einführungskurs Philosophie zur Lektüre aufgegeben hatte; sie dachte daran, wie Berkeley die Welt der eigenen Wirklichkeit beraubt und jede Redeweise von ihr als eine Idee innerhalb des Geistes Gottes definiert hatte. »Oder seines eigenen«, hatte Dr. Bosch trocken gesagt, denn mit dem Bischof konnte er wenig anfangen. An diesem Vormittag konnte Cora umso mehr mit ihm anfangen, und sie folgerte, sie würde auf immer Frieden haben, wenn sie glauben könnte, dass sie nur für sich selbst existierte und vielleicht für eine höhere Intelligenz und dass für sie niemand existierte, es sei denn, er wäre greifbar gegenwärtig.

Als sie über dieses beruhigende Phänomen nachdachte (es könnte funktionieren, sie könnte sich dazu bringen, an etwas so überaus Sublimes zu glauben), öffnete sich die Ateliertür, und sie wandte ihren Blick vom Fenster. Ein Nachzügler kam herein, ein junger Mann in einem kurzen dicken Schaffellmantel und mit der Wollmütze eines Studienanfängers; seine aschfarbene Kordhose, mit Ölfarbe gesprenkelt, war in die gelben Gummistiefel gestopft. Er hieß Ernie Wharton und war mit Cora auf die Highschool gegangen; anfangs war er ihr unangenehm, und sie mochte diese vertraute Stimme nicht hören, die sie noch im Jahr davor in der Spanisch-II-Klasse gehört hatte. Einmal hatten sie sogar zusammen auf der Bühne gestanden, und an mehreren Abenden nach der Probe hatte er sie nach Hause begleitet, und sie redeten dann lange miteinander am Fuß der Treppe in der Benedict Street, wo der Duft von Flieder sie fast verliebt gemacht hätte. Aber sie sprachen nur gescheit über die »Ode on Intimations of Immortality«, die sie beide bewunderten. Am ersten Tag des Kurses für Aktzeichnen war auch er verlegen und hatte nur Füße und Gesicht des Modells angesehen, aber mit der Zeit verschmolz er mit dem allgemeinen Hintergrund und war für sie nicht mehr etwas Besonderes.

Er keuchte, als wäre er gerannt, sein von der Kälte rotes Gesicht (das Gesicht eines freundlichen Hundes, eines Border Collies) hatte einen verwirrten Ausdruck, und zuerst dachte Cora, das läge daran, dass er sich verspätet hatte, aber sie wusste, das konnte nicht stimmen, denn Mr Steele schenkte dem Kommen und Gehen seiner Studenten nicht die geringste Aufmerksamkeit. Tatsächlich schaute er nicht einmal auf von *Framley Parsonage*, wenn frische Außenluft durch die Tür hineinströmte und die Wendeltreppe hochstieg. Niemand schenkte Ernies Hereinkommen mehr als einen flüchtigen Blick, niemand außer Cora, die er direkt ansah und anzusprechen schien, als wäre er gekommen, um allein ihr die Nachricht zu überbringen. »Jemand hat an der Baseline Road Selbstmord verübt«, sagte er.

In ihrer Fassungslosigkeit geriet die Klasse in helle Aufregung, sie ließen die Bleistifte fallen, verschütteten Terpentin, rissen Zeichenpapier ein, stießen gegen ihre Staffeleien, riefen: »Oh, Scheiße.« Dann drängten sie sich um Ernie, der dicht an der Tür stehengeblieben war, als wollte er nicht bleiben, sondern wäre nur ein Bote auf einer der vielen Stationen seiner Route. Obwohl niemand zu ihr hinsah, verharrte Cora in ihrer Haltung und sah auf den Schnee in ihrem Baum, aber sie hörte zu, und ab und an warf sie einen heimlichen Blick auf das Gesicht des Berichterstatters, das verzerrt war von Entsetzen und zugleich einer Art gequälter Freude an der gewaltsamen Endgültigkeit der Handlung in seinem Bericht. Ein Medizinstudent im zweiten Jahr war zwei Stunden zuvor vom Morgen-Postzug aus Denver überfahren worden. Er war mit seinem Auto an den Stadtrand gefahren, und dort war der Wagen bei dem Bahnübergang gefunden worden, mit noch laufendem Motor. Der Lokomotivführer hatte die Gestalt auf den Gleisen gesehen, hatte aber nicht mehr bremsen können, und der Mann war zerstückelt worden. Wharton war dort hingegangen (sie waren Verbindungsbrüder; der Uni-Präsident hatte ihn angerufen, als er gerade in den Kurs wollte) und hatte das Gemetzel gesehen, der Kopf fast abgetrennt, die Beine zerschmettert, eine Hand hatte sich wie ein Vogel auf einer Straucheiche niedergelassen. Er hieß Bernard Allen, sagte Ernie, und er war so ein wunderbarer Kerl.

Bernard Allen!

Das Mädchen mit der Oxford-Brille wurde blass im Gesicht und sagte: »Herrgott, ich habe ihn gekannt! Ich war am Freitag noch mit ihm beim Phi-Gam-Tanztee.«

(Freitag?, dachte Cora. Aber das war doch die Nacht, in der er und Maisie Perrine ausgeritten sind. Das war die Nacht, in der ich sein schimmerndes Haar, weiß wie der Schnee hier, gesehen habe, als ich aus meinem Schlafzimmer zu der Pension nebenan geschaut habe, in der Maisie wohnt. Tag und Nacht in einem fort spionierend, spionierend und gequält von dem, was ich sah, habe ich Bernard Allens blaue Cord-Limousine um Mitternacht am letzten Freitag vor Mrs Mullens Pension vorfahren sehen. Bernard und Maisie müssen tanzen gewesen sein, denn Maisie trug ein langes Goldlamékleid und ihren Zobelpelz. »Ich warte am Eingang auf dich. Mach nicht so lang«, sagte Maisie. Sie küssten sich wie ein Ehepaar. »Wie blöd, dass du das tolle Kleid ausziehen musst«, sagte Bernard, und sie antwortete: »Auf einem Pferd sähe ich darin bestimmt gut aus, nicht?« Er half ihr beim Aussteigen und ging mit ihr bis zur Tür und fuhr dann los. Eine halbe Stunde später war er wieder da, und Maisie, in Reitkleidung, lief die durchhängenden Treppenstufen von Mrs Mullens Eingangsveranda hinunter. Wo würden sie um diese Nachtzeit einen offenen Stall finden? Sie konnten, sie würden. Denn ihnen war das Glück in den Schoß gefallen, und sie warfen das Geld mit vollen Händen aus dem Fenster für alles, was ihr Herz begehrte, für Kleider, Autos, geschmuggelten Whisky. Wahrscheinlich hielt einer der beiden ein Paar Rassepferde irgendwo in einem Stall, wo der Bursche so gut bezahlt wurde, dass es ihm nichts ausmachte, um diese Nachtzeit geweckt zu werden. »Warum hast du Luster nicht mitgebracht?«, fragte Maisie. »Weil er den Mond nicht mag.« Luster war sein Hund, ein Golden Retriever. Sie fuhren in Richtung des Left Hand Canyon davon. Vermutlich bin ich irgendwann schlafen gegangen.)

Die Kunststudenten vergaßen, dass Ernie Wharton die direkten Nachrichten hatte und dass es ihm, weil er mit dem toten Jungen in einer geheimen Verbindung gestanden hatte, zustand, die Geschichte zu erzählen und mit dem Spekulieren zu beginnen, und sie wandten sich aufgeregt dem Mädchen mit der Oxford-Brille zu. War er irgendwie seltsam, fragten sie, sah er aus, als wäre er durchgedreht?

»Er sah aus wie alle«, sagte sie, »wie alle Medizinstudenten in den Anfangssemestern. Ein bisschen hochnäsig, so wie die alle sind, weil sie mit lauter Fachwörtern um sich werfen.«

Sie wolle von dem Toten ja nicht schlecht reden, sagte sie, aber offen gesagt sei Bernard der schlechteste Tänzer der Welt gewesen, und wenn sie recht überlege, sei er wohl ziemlich hinüber gewesen. Nicht, dass ihr das etwas ausmache, setzte sie rasch nach, sie war ja nicht borniert, aber es warf vielleicht einiges Licht auf seinen Selbstmord. Vielleicht war er auch heute Morgen betrunken. Zwar war es wenig wahrscheinlich, dass er um halb neun morgens schon trank, aber man wusste ja nie. Was sollte sie sonst noch über ihn sagen. Nur, dass er dieses rein weiße Haar hatte – nicht blond oder flachsblond; er hatte weißes Großvaterhaar. Es war ein Blind Date gewesen und dazu sehr kurz, denn sie waren bloß zum Tanzen verabredet, und das war um sechs Uhr beendet, und danach war sie gleich nach Hause gegangen, um sich für den Ball der Sigma-Alpha-Epsilon-Verbindung umzuziehen. Es war bloß eines dieser Dates, die einen

Nachmittag ausfüllen und zu nichts führen, wenn man zwar miteinander klarkommt, aber wenig interessiert ist. Aber herrje!, da kriegte sie doch richtig Gänsehaut.

Die ganze Zeit über, da das Mädchen redete, starrte Ernie sie an, sprachlos vor Wut. Wie kann sie es wagen, so schnodderig daherzureden, sagte sein eisiger Blick. Da das, was sie erzählte, dünn an Tatsachen war, wandten sich die Studenten wieder ihm zu, und sie befragten ihn eingehend, als wäre er Zeuge in einem Gerichtsverfahren. Was hatte man mit dem Auto gemacht? Wie lange hatte es gedauert, bis die Polizei erschien? Woher kam der Junge? War die Familie schon benachrichtigt? Anfangs antwortete Ernie sachlich, aber wie abwesend, und dann, belästigt von der ständigen Wiederholung derselben Fragen, wurde er ungeduldig, drehte sich zornig dem Mädchen im grünen Kittel zu und schrie: »Ich weiß gar nicht, ob du ihn überhaupt gekannt hast. Er war verlobt. Er war verlobt mit Maisie Perrine, und sie haben die Heirat bei dem Verbindungsball verkündet, drei Stunden nach der Zeit, in der du angeblich mit ihm auf dem Tanztee warst.«

Das Mädchen lachte leichthin. »Bleib locker, Kleiner. Das zieht bei mir nicht. Kann man nicht mit jemandem verlobt sein und jemand anders zum Tanztee einladen?«

Ernie sagte: »Nicht, wenn man so tiefgründig ist, dass man sich am Ende sogar umbringt.«

»Blablabla«, sagte das Mädchen und ging wieder zu ihrer Staffelei, aber sie war die Einzige, die das tat, und zwischen den anderen begann eine moralische Diskussion darüber, ob Selbstmord wirklich ein Zeichen von Tiefe war, ob Selbstmord eine feige oder eine mutige Tat war.

Cora hörte nicht länger zu. Sie dachte an Maisie Perrine und fragte sich, ob ihr gelber Cadillac-Sportwagen jetzt wohl beim Bahnübergang stand, das Dach weiß vom Schnee und mit laufenden Scheibenwischern. Vielleicht wusste sie noch nicht Bescheid und war noch in einer Vorlesung, ihre gepflegte, teure Kleidung war noch nicht zerknautscht, das üppige rote Haar glänzte, die feingliedrige Hand machte Notizen über mittelenglische volkstümliche Versromane. Was würde geschehen, wenn sie es erfuhr? Und wo war Luster, wo war Bernard Allens treu ergebener goldfarbener Hund?

Und was war das für ein Kummer, der den Jungen in den Selbstmord getrieben hatte? Reich, privilegiert, verliebt, so erschienen er und sein Mädchen geradezu als ein Inbild der Freude. Warum hatte er es getan? Allerdings, warum auch nicht? Warum hat sie, die selten glücklich war, es nicht selbst getan? Dunkelheit schlug sie wie die Schwingen eines riesigen Vogels, und der Schrecken äußerster Hoffnungslosigkeit schüttelte sie so heftig, dass ihr der Stab aus der Hand zu gleiten drohte, und einen Augenblick lang schien ihr Herz auszusetzen. Sie fing an zu schwitzen, und sie spürte, wie die Tropfen ihre Beine hinabrannen. Es läutete, und der Stab fiel klappernd zu Boden und stieß dabei das Porträt von einer nahen Staffelei, und die Studenten, die alle noch über den Todesfall vom Morgen sprachen, sahen erschreckt auf, aber sie konnte ihren Gesichtern ablesen, dass niemand von ihnen ihre Gedanken gedacht hatte, dass allein sie, stumm und bewegungslos auf dem Podest, Bernard Allens Erfahrung geteilt hatte und mit ihm in Blindheit eingetaucht war. Nein. Nein, stimmt nicht. Jeder Sterbliche in dem Raum musste für einen Augenblick lang gestorben sein. Aber genau so, wie die Nachwuchskünstler ihre eigenen Gesichter auf die Leinwand gebracht hatten, waren sie in ihrer je eigenen Weise untergegangen.

Der Schnee war ein Segen. Er vergab ihnen allen.

Ein Andrang von Dichtern

Dieser schreckliche Sommer! Jeder Dichter in Amerika kam zu uns und blieb. Es war der erste Sommer nach dem Krieg, und die Menschen hatten wieder Benzin und konnten fahren, wohin sie wollten, und alle diese Dichter kamen in unser Haus in Maine und blieben wochenlang, hatten ihre Frauen oder Geliebten im Schlepptau, mit denen sie zankten, und klagten derart anschaulich über die Frauen und Geliebten, die sie verlassen hatten oder von denen sie verlassen worden waren, dass die Ausrangierten ebenfalls anwesend waren und die Personendichte im Haus nochmals erhöhten, in meinem Haus (mir allein gehörend und mein allererstes), und es schier zum Platzen brachten. Nach dem Abendessen lasen sie bis vier Uhr morgens aus ihren Werken und tranken Cuba Libre. Sie hörten einander nie zu, warteten nur konzentriert auf den eigenen Auftritt. Und ich musste dann noch aufbleiben, um das Wohnzimmer aufzuräumen, nachdem sie benebelt ins Bett gegangen waren – benebelt, aber nicht so weit hinüber, dass sie ihren Eigendünkel verloren hätten. Und am Tag musste ich kochen, den Aufwasch machen, Eis zerkleinern, im Garten jäten und die Gedichte meines Mannes abtippen und mit ihm streiten. Ich hatte Theron Maybank in Adams, Colorado, fünf Jahre zuvor bei einem Schriftstellerkongress der Neville University kennengelernt, wo ich als Studentin im Masterstudiengang beim Organisationskomitee arbeitete. Theron hatte sein heimisches Boston auf seiner ersten Reise gen Westen verlassen, um den berühmten und einsiedlerischen amerikanischen Dichter Fitzhugh Burr zu treffen, der einem seltenen öffentlichen Auftritt auf dem Campus zugestimmt hatte. Mich erinnerten Therons brillante Redeweise und sein dunkel gutes Aussehen irgendwie an den jungen Nathaniel Hawthorne. Wir heirateten in Adams einige Wochen nach der Konferenz und brachen eine Woche später auf nach Baton Rouge.

Am Labor-Day-Wochenende versiegte der Brunnen: Ein Todesrasseln erschütterte jede Wasserleitung im Haus, es gab eine Art Blöken und dann einen Seufzer. Drei Dichter – einer mit Ehefrau – waren da gerade einquartiert, und dazu Minnie Rosoff, frisch geschieden von Jered Zumwalt, dem in Canarsie, Brooklyn, geborenen Barden von Harvard. Der Brunnen versiegte, und Evan und Lucia Bronson fuhren am nächsten Tag ab und nahmen Harry Matthews mit nach Princeton. Sie waren volle drei Wochen lang zu Gast gewesen, und das Vorlesen von Gedichten hatte nicht aufhören wollen. Lucia und mich hielt man zum Abtippen von Evans und

Therons Gedichten an unseren Schreibmaschinen, noch während sie daran weiterschrieben; uns kam es vor, als ob sie in Lichtgeschwindigkeit schrieben, aber dem war nicht so. Sie schrieben im Schneckentempo (o ja, ich gebe zu, sie waren brillante Dichter, falls man zufällig an derlei Sachen interessiert war), aber wenn sie ein einzelnes »ein« in ein »der« änderten, musste das ganze Sonett neu getippt werden. Und ich räume ein, dass so eine Änderung einen Riesenunterschied machen kann (falls man nämlich zufällig Dichter oder Lyrikliebhaber war), aber warum konnte die Änderung nicht mit der Hand eingetragen werden? In der Zwischenzeit schrieb Harry Matthews, dessen frühreifes Geglitzer am Ende ins Leere lief – er wurde schon bald nach der Veröffentlichung seines ersten Buches vergessen –, in dem hergerichteten Raum im unteren Teil der Scheune tatsächlich wie der geölte Blitz.

Und nachts saßen dann die Damen des Hauses in meinem hübschen Wohnzimmer (meinem Wohnzimmer! Meinem eigenen! Ich habe das Haus gekauft, ich habe die Möbel gekauft, die alten Studierlampen, die Übertöpfe, die Schalen aus Milchglas, die ich für die Seerosen aus dem See brauchte – Theron und ich waren noch vor den Antiquitätenhändlern nach Maine gekommen, und es gab noch große alte, »Secondhand-Store« genannte Bruchbuden, die gewöhnlich Männern gehörten, deren tatsächliches Einkommen aus Bestattungen stammte), hörten den Dichtern zu, wie die sich selbst zuhörten und nicht den jeweils anderen. Worüber Lucia nachdachte, konnte ich nicht erraten; wir kannten einander nicht als Freundinnen, nur als die Ehefrauen junger Dichter, aber ich weiß, dass ich selbst in Gedanken herumschweifte, auf Weiden grasend, die weit weg waren von der mit (manchmal elektrischem) Stacheldraht eingezäunten Weide meiner Ehe. Ich war wieder ein Kind in Missouri und hörte in Großvaters Sonntags-Strafzimmer der Lesung aus dem *Buch der Märtyrer* von Foxe zu, geängstigt und rebellisch und feindselig gelangweilt. Klar, gewöhnlich habe ich etwas getrunken, während die Gedichte vorgelesen wurden, aber Trinken half nicht; wäre ich abseits in der Küche und allein gewesen und hätte diese brechreizauslösende Mischung aus Rum und Coca-Cola getrunken, wäre ich mit mir im Reinen gewesen, hätte in die Luft gestarrt und taggeträumt, was aus meinem Leben hätte werden können, wenn ich jemand anders geheiratet hätte, oder was noch werden könnte, wenn Theron zum Beispiel im See hinter meinem Haus oder im Tidefluss davor ertrinken würde. Aber ich steckte in diesem Pulk von Literaten (drei Dichter in einem mittelgroßen Raum bilden eine Menge) und hatte nichts zum Freuen. Nie habe ich gewusst, nicht einmal hinterher erfahren, was Lucia dachte. Aber Minnie Rosoff hörte mit offenem Mund zu, bewundernd und bewundert, und liebte sie alle, besonders meinen Mann, und schmeichelte mir, weil sie dabei so unverhohlen war, schamlos.

Ich war in Boston an dem Tag, als Minnie ihren Besuch bei uns antrat; die Bronsons waren die Küste hinuntergefahren, um ein paar Tage bei Freunden zu verbringen. (Sie kamen natürlich zurück – in unserem Haus gab es mehr Dichtung, und sie waren da, als der Brunnen seinen Geist aufgab.) Eben erst aus Nevada zurück, wo sie sich von Jerry Zumwalt hatte scheiden lassen, war Minnie langsam Maines Küste entlanggegondelt, immer wieder wie ein Vogel landend, um in anderen Häusern zu bezaubern und zu singen, auf ihrer sorgenfreien Tour unterwegs in anderer Leute Autos und auf anderer Leute Schiffen. Sie kam, abenteuerlich hochtrabend und auf Kosten ihres letzten Gastgebers, in einer Piper Cub und landete auf einem Inselchen im Hawthorne Lake hinter unserem Haus, und der Angehörige eines Pionierbataillons der Marine, der sie geflogen hatte, war so von ihr hin und weg, dass er noch mehrere Tage in dem Dorf herumhing. Wäre ich da gewesen, als sie ankam, wäre meine Ehe in der Folge – wage ich zu behaupten – ebenso verlaufen, aber ihr Ende wäre vermutlich nicht so bald eingetreten. Und gewiss wäre es nicht so erniedrigend gewesen, so banal, wie Sand in meinen Zähnen. Aber ich war nicht da an diesem schönen Nachmittag, als ihr fröhliches Flugzeug eindrehte und wippend stehenblieb auf Loon Islet und sie zu unserer Anlegestelle geschwommen kam.

Ich war zwei Tage zuvor nach Boston gefahren, um zu versuchen, den Grund für die Kopfschmerzen herauszufinden, die mich täglich heimsuchten. Ich wusste, sie rührten nicht allein von dem Rum, und ich wusste – wenn ich es auch nicht wissen wollte –, dass ich sie ehrlicherweise nicht auf zu viele Jamben und zu viel dithyrambische Selbstbeweihräucherung der Jung-Barden zurückführen konnte. (Diese waren keine Enfants terribles mehr, aber in ihren Adern floss das Blut von Despoten, und sie würden sehr bald die Throne und Herrschaftsbereiche ihrer Ziehväter einnehmen.) Als ich nach Edwards Mills zurückkehrte, ausgelaugt von der dunklen, schweren Hitze in Boston und schmutzig von der Bahnfahrt, fand ich in dem sich dem Ende zuneigenden Tag Minnie und Theron als ein Watteau'sches Sommeridyll im Garten sitzen, so weit fortgeschritten in ihrer Privatmythologie (Verliebtheit schreibt sich ihre eigene Geschichte und Literatur innerhalb von Minuten), dass sie keiner Sprache mehr bedurften und, während sie Mint Juleps aus meinen Silberkelchen tranken, dem Plattenspieler im Wohnzimmer lauschten, der Scarlatti-Sonaten spielte, meine Lieblingsstücke, die Theron bis jetzt gerade mal toleriert hatte, während er der Musik Beethovens den Vorzug gab, die, wie er großmäulig sagte,

»schwülstig bis da hinaus« sei, »lauter lüsterne Maiden und geile Burschen«; und er setzte eins drauf: »Er ist der Bruegel der Musik.«

Den Grund für ihre augenblickliche Glückseligkeit konnte ich da nicht verstehen; ich sah nur, dass sie glückselig waren, und ich beneidete sie um ihr einfaches Vergnügen in der kühlen Luft und dem Licht, das ins Violette überging, und dem Duft der Blumen und dem Gefühl des eiskalten Taus auf den Kelchen, die sie hielten, alles glitzernd vom Esprit des Cembalos. Bald würde es Glühwürmchen geben.

Als ich an der Tür stand, ohne dass sie gemerkt hätten, wie ich sie beobachtete, sah ich Theron nicht als den Ehemann an, den ich bis zur Verzweiflung liebte und bis zum Wunsch, ihn umzubringen, hasste – den Mann, von dem ich wegwollte, weil ich wusste, dass er sich nicht an mich binden würde, wenn ich mich nicht mit Haut und Haar an ihn bände; ich sah in ihm nur das dünne, dunkle, hochgewachsene, großkopfige Genie, das durch den Unterschied in Statur und Gestalt die hübsche, kleine, dunkle, dralle junge Frau ergänzte, die meine silbrig getigerte Katze mit einem Stück Schnur lockte und foppte, an das sie einen kleinen grünen Kiefernzapfen befestigt hatte. Der Anblick des Tableaus – abgesehen vom sanften Schwingen des improvisierten Spielzeugs und dem Aufstellen der Schnurrhaare meiner Katze beim Lauern vor dem Sprung war die Szene regungslos – entspannte mich anfangs und ließ mich denken: ›Ich bin noch nicht ganz erledigt, wenn ich mich noch so weit von mir lösen kann, dass mich eine so unbedeutende Szene glücklich macht‹, und dann, plötzlich, wurde mir elend, ich fühlte mich schmierig, beschmutzt, fremd, und ich erinnerte mich an den ruppig direkten Arzt, der vergrätzt war, dass ich auf dem Siedepunkt des feuchtheißen Tages gekommen war, und der ohne Mitgefühl und ohne Interesse gesagt hatte: »Angesichts Ihrer Symptome und Ihrer Krankengeschichte kann ich nichts anderes raten, als dass Sie einen Psychoanalytiker aufsuchen.«

Ich hatte Minnie nicht vor dem Abendessen erwartet. Auf der ganzen Strecke mit dem East Wind von Boston hatte ich mich mit Trinken gestählt (und indem ich mich stählte, meine aufgepeitschten Nerven besänftigt), ich hatte mir zurechtgelegt, wie ich Theron von Dr. Lowebridges Empfehlung berichten würde, die er, wie ich wusste, mit einer Mischung aus Verachtung und Befriedigung begrüßen würde, denn obwohl er Psychiatrie verachtete – er verachtete Medizin im Allgemeinen –, hatte er unsere hässlichen Zänkereien oft mit der Mahnung beendet, falls es denn wahr sei, was ich ihm über meinen Vater (den er nie getroffen hatte) erzählt hatte, sei mein geistiges Erbe zweifellos verdächtig und ich sei unmoralisch, wenn ich mich nicht von jemand Kompetentem untersuchen lasse, der durch die exzentrischen Zickzackwege meines Geistes navigieren könne. (»Was für Zickzackwege?«, wollte ich wissen. Er lächelte nur und verdrehte die Augen, und ich wurde verrückt vor Wut und Angst.) Ich fürchtete seine Zufriedenheit ebenso wie seine Gleichgültigkeit: Ob er auftrumpfte oder die Schulter zuckte – immer machte er mich klein, verkrüppelte mich, ließ mich verstummen, denn in letzter Zeit hatte ich das Lächeln so gefürchtet, dass ich, wenn ich es kommen spürte, nichts mehr sagte und seinen Zorn, seine hochmütige, engstirnige Missbilligung ertrug, als wäre ich ein aufmüpfiger Feldarbeiter, der kriegt, was er verdient hat.

Was mir Dr. Lowebridge verschrieben hatte, fand ich beängstigend; es verschlug mir den Atem. Wie konnten diese brutalen Kopfschmerzen und die schwindelerregende Übelkeit ihren Ursprung in meinem Geist haben? Das war lächerlich. Und doch lag in seinem Rat auch etwas Beruhigendes – falls ich ihm denn folgen sollte –, und ich hatte undeutlich einen Weg gesehen, wie es im Kampf mit Theron für eine Weile einen Stillstand geben könnte. Er war schließlich trotz seiner Schrullen und seines rebellischen Wesens ein durch und durch konventioneller Mann; daher ja seine sture Zurückweisung der Psychiatrie als Mumpitz, ein Wiener Schmu, ausgeheckt, um untätigen Frauen und hypochondrischen Männern Geld abzuluchsen. Wenn Theron Dr. Lowebridges Diagnose einmal akzeptiert hätte, musste er mich einfach nach New York schicken, damit die Nachricht, dass ich »psychisch angeknackst« war, nicht in Boston laut wurde, und so eine berechtigte und zeitlich begrenzte Trennung war genau das, worum ich in diesen brütend heißen und schlaflos brütenden Sommernächten gebetet hatte.

Ich wollte mich ihm (so mein Plan im Zug) mit der Nachricht demütig nähern, so ergeben und tapfer, dass er nicht anders konnte, als mich zu trösten und zu unterstützen und, weil er meine Bedürftigkeit sähe, von seinem Dünkel zu lassen. Ich hatte vorgehabt, bei meinem Auftritt feminin und ganz Ehefrau zu sein, frisch gebadet und in einem hübsch fließenden Kleid, mit tadelloser Frisur, so wie er sie mochte, in kleinen Zöpfen um den Kopf, meine äußere Hülle über alle Kritik erhaben. Ich würde mich spielerisch mit ihm gegen mich verbünden; ich würde ernst die volle Verantwortung für unsere Feindseligkeiten übernehmen und die Hoffnung hochhalten (Hoffnung hatte ich keine), dass sie für immer ausgerottet wären. Nur weg von ihm zu sein, dachte ich, würde den Anfang vom Ende meiner Albträume signalisieren. Ich war froh, dass unser Gespräch nicht lange dauern, sondern mit Minnies Ankunft und den Höflichkeitsregeln des Abendessens, zu dem ich drei Gäste eingeladen hatte, unterbrochen sein würde. Ich war frühzeitig heimgekommen, gleich nach fünf, um eine Stunde fürs

Umziehen zu haben, aber dass Minnie schon da war, und als wäre sie es schon seit Wochen, ja seit Jahren, brachte mich vom Kurs meiner Strategie ab, und ich blieb verloren zurück in einer Wüstenei aus Verwirrung, Scham und Peinlichkeit.

Ich ging hinunter in meinen Garten, als wäre *ich* ein Gast, nur durch die Liebenswürdigkeit der Gastgeberin verbunden mit der Katze, den Rosen und dem Mann – der, fast ohne mich anzusehen, sagte: »Ich habe das Abendessen abgesagt, ich wusste ja, dass du erschöpft sein wirst. Außerdem hatte Minnie keine Lust, sich groß umzuziehen.«

Vielleicht fing da meine tiefste, am längsten nachklingende Bestürzung an, in der Art Panoramaschau auf eine ganze Lebensgeschichte, wie sie angeblich jemandem blitzartig widerfährt, der gerade ertrinkt oder aus großer Höhe in den Abgrund stürzt. Ich rang nach Luft, sah Minnie Rosoff in ihren lässig schicken weißen Leinenshorts und dem langärmeligen blassblauen Hemd mit den Chanel-Manschettenknöpfen aus unechten Smaragden; mein schwarzes Stadtkostüm war verknittert, angeschmutzt, meine Hände waren rot geschwollen von der Hitze und dreckig von der Zugfahrt, zu plump für das lässig elegante Spielzeug der Katze (Colette hätte sich so etwas ausgedacht) oder für die Silberkelche. Mein Lächeln für diese Frau wurde zum Schulmädchengrinsen; ich wurde rot, ich stolperte zu einem Segeltuchstuhl, und als Minnie Rosoff sagte: »Theron, bitte mach doch deiner armen erschöpften Ehefrau einen Drink«, fühlte ich mich wie eine Reisende, die nach einer Überfahrt im Zwischendeck durch einen unvorstellbaren Fehler auf einem Luxusliner gelandet ist.

Mit dem Rücken zu mir, als könnte er meinen Anblick nicht ertragen, sagte mein Mann: »Dir macht es doch nichts aus, dass ich das Essen abgesagt habe?«

Es machte mir sehr wohl etwas aus, aber ich lächelte, und um unseres Gastes willen war ich höflich und dankte ihm herzlich und sagte: »Dann können wir ja etwas Kleines auf Tabletts hier draußen essen.«

»Minnie würde gern ein Picknick zum See mitnehmen«, sagte er. »Sie möchte den Piepmatz noch mal sehen.«

»Die Piper Cub, du Esel!«, rief Minnie und lachte ihr kindliches, flötendes Lachen, das mich bis dahin so entzückt hatte wie alle, mit denen sie verkehrte. »Aber Cora weiß doch gar nicht, wie ich hierhergekommen bin! Ich bin aus Castine in einem winzig kleinen Flugzeug gekommen, wie ein Spielzeugdrachen. Und mit so einem lieben Jungen, und das Flugzeug ist noch auf diesem Inselchen. Es ist Vollmond – es ist Sommer! Komm, sag, du möchtest auch ein Picknick, Liebes!«

Theron ließ mir keine Chance, das Picknick, das ich

nicht wollte, zu billigen oder zu unterbinden – ein Picknick, das mir unerträglich aufgedreht vorkam. Er sagte: »Cora kann nicht rudern und nicht schwimmen, und sie hat was gegen kleine Boote.«

»Ach, das arme Lämmchen«, sagte Minnie. »Aber mit uns beiden, die dich retten, bist du vollkommen in Sicherheit.« Und sie versuchte mich mit diesen logischen und vernünftigen Argumenten zu überreden, mit denen Menschen, die selbst nicht daran leiden, eine Phobie in einem anderen zu bekämpfen versuchen. »Aber das ist doch nur eine kleine ungiftige Natter«, sagen sie. »Die kann dir überhaupt nichts tun.« Und der Mensch mit der Schlangenphobie sagt wieder und wieder, dass sein Grauen nicht vom Gift und nicht von der Größe der Schlange kommt, sondern von der Bewegungsart und der Gestalt und dem besonderen Wesen der Kreatur und dass er seine Irrationalität einsieht, aber nicht ändern kann. So konnte meine Furcht vor Wasser (nicht vor dem Ertrinken, nicht davor, was es mir antun könnte, sondern eine ursprüngliche, eine prähistorische Furcht – prähistorisch, aber gegenwärtig – vor der Natur des Wassers selbst, seinem uralten und geheimen Wesen) keineswegs verringert werden durch Minnies Versicherung, dass der See auf unserer Seite gar nicht tief sei, dass sie sich in Mund-zu-Mund-Beatmung auskenne, dass unser kleines Boot sicher wie ein Haus sei (also waren sie bereits früher zwischen den Seerosenblättern gerudert?), dass der Pilot der Piper Cub mir eine Schwimmweste bringen könne. Je mehr sie sich bemühte, mich zu überzeugen, umso hartnäckiger weigerte ich mich, bis ich schließlich in meinem Ärger diese Phobie geradezu in Schutz nahm, die mir in Wahrheit doch ein Leben lang lästig und hinderlich gewesen war und die loszuwerden ich alles gegeben hätte.

Theron sagte nichts, und wenn ich sonst froh gewesen wäre, dass er mein Elend nicht noch durch Sticheleien vergrößerte, war ich jetzt misstrauisch: Sein vages Lächeln und die Art, wie sein Blick den Kapriolen der Katze folgte und keinmal auf mich fiel, obschon gelegentlich auf Minnie, die immer noch den Kiefernzapfen wie ein Pendel schwang, verwirrten mich. Ich hatte oft gedacht, dass ich ihm, wenn ich ihm aus den Augen war, auch aus dem Sinn war, dass er sich nie vorstellte, wie ich in einem Zug oder einem fremden Hotel war, so wie ich ihn mir immer vorstellte, wenn er weg war von zu Hause. Ich hatte mich noch nie so fern von ihm gefühlt – als wären wir tatsächlich viele Meilen auseinander – wie an diesem frühen Abend, da ich ihm gegenüber im Garten saß, kaum einen Meter entfernt, verbunden durch unser Haus (meines! Erinnere dich, Cora Savage, und wenn du sonst alles vergisst, dass dies dein Haus ist), unsere Katze und die umgarnende Stimme von Minnie Rosoff. Ich verstand sein Schweigen nicht; ich war alarmiert, denn in meinem Unglück war ich völlig egozentrisch und sah alles und jedes als auf mich bezogen an. Welches Motiv brachte ihn dazu, dass er schwieg, anstatt Minnie in ihren Argumenten mit ungeduldigen eigenen zu unterstützen? Und was zum Teufel ritt ihn, dass er, als sie endlich aufgab und er hineinging, um mir einen Drink zu machen, diesen doppelt stark machte, wo er mich doch den ganzen Sommer lang unter mich rasend machendem Brauenhochziehen und Kopfschütteln in der Öffentlichkeit vom Trinken abgehalten oder es eingeschränkt hatte? »Was soll das, verflucht noch mal!«, schrie ich dann. »Du trinkst genauso viel wie ich. Du trinkst sogar mehr!«, und er antwortete: »Ein Unterschied der Erziehung, meine Liebe – nicht mehr. Ich habe zu Hause im Gesellschaftszimmer trinken gelernt, ich weiß, wie man trinkt. Nicht dein Fehler – bloßes Pech. Du verstehst nicht zu trinken, meine Liebe. Ganz und gar nicht.«

Als er mir den dreifachen, mit zerstoßenem Eis und einem Minzblatt aufgeputzten Schierlingsbecher gab, sagte er: »Minnie und ich werden unser Picknick haben. Du kannst hierbleiben. Du machst uns doch ein paar Sandwiches, Schnuckelchen? Bitte? Bittebitte, bin auch ganz lieb!«

Ich stellte mein Glas auf dem Gras neben meinem Stuhl ab, stand auf und nahm meine Katze in die Arme und vergrub das Gesicht in ihrer seidigen Flanke. Sie hatte sowieso genug von dem Spiel, und als ich mich wieder setzte, rollte sie sich gelassen auf meinem Schoß ein.

»Du bist meine Katze«, sagte ich. »Du bist meine ganz persönliche Katze.« Beim Klang meiner Stimme blickte sie auf und blinzelte mit ihren mediterran grünblauen Augen. Literat, der er ist, hatte Theron sie Anna Livia Plurabelle genannt, und wir riefen sie einfach Livvy. »Du bist meine Katze«, wiederholte ich, »und von nun an ist dein Name Pretty Baby.«

Nachdem Minnie und Theron mit dem Picknickkorb und der Weinflasche, die ich aus dem Brunnen geholt hatte, durch die Wiese abgezogen waren, saß ich eine Zeitlang unfähig zu denken im Garten und versuchte, das kurze, sanfte Aufleuchten der Glühwürmchen zu zählen. (Damals bei unserer Großmutter Savage in Missouri, vor unserem Umzug nach Colorado, fing mein Vater jeden Vierten Juli nachts in einem von Mamas Haarnetzen Glühwürmchen und drapierte es auf dem Kopf meiner älteren Schwester Abigail. Die grün und manchmal blau und manchmal lila schimmernden Lichter gingen mitten unter ihren dunkelroten Locken an und aus, und um ihrem Abgott zu gefallen, wirbelte sie herum, ging in die Knie und stellte sich dann auf die Zehenspitzen. »Donnerwetter! Wen haben wir denn da?«, rief mein Vater. »Queen Mab höchstpersönlich! Titania!« Mama lachte und klatschte, und mein jüngerer Bruder Randall jagte sie unter Kichern und Heulen wie ein Wolf. Wir sahen dann ihr flinkes Hin und Her zwischen den Weiden und Robinien. Die eingefangenen Glühwürmchen lockten weitere an, und mein Bruder und meine Schwester waren in einen Sternennebel eingehüllt. Auch ich wollte einen solchen Glorienschein, aber es gab kein zweites Haarnetz, und wenn ich aufstampfte und »Das ist nicht fair!« schrie, versuchte Mama mich zu besänftigen: »Mach dir nichts draus. Du kannst es haben, wenn Abigail damit fertig ist.«) Ich verschob das Zubettgehen, um noch mehr den Schlaf zu genießen, der mich erwartete. Schon lange Zeit hatte ich nicht wirklich schlafen können außer bei Mondschein. Ich konnte meine Augen nicht schließen, bis sein fahles Licht die ernste ländliche Dunkelheit auf den Fensterscheiben überwand und mir tröstlich vertraute Gegenstände im Zimmer zeigte – meinen über den blausamtenen Sessel geworfenen Morgenrock, die Silberbirkenscheite quer über dem Feuerbock des kleinen Kamins, den Quimper-Krug auf dem Kaminsims, in dem ich immer Wildblumen hatte. Und dann, gleich nach diesem letzten Blick, fielen mir die Augen zu, ich klammerte mich an die Wärme und Liebe des Schlafs, mein Atem ging tiefer, und ich fühlte, wie ich kopfüber in den köstlichsten Zustand der Welt fiel. Nur so konnte ich Theron dem Dichter entkommen und den Dichterfreunden Therons des Dichters. Er war neben mir, und sie waren in allen Räumen um mich herum und in der Scheune, aber ich war ihrer Welt gegenüber tot, und so waren sie es auch meiner.

Pretty Baby miaute im Wohnzimmer, und da ich wusste, sie würde ihre Kätzchen im Maul tragen, und gern dem drolligen Ritual des Szenenwechsels zusehen wollte, ging ich ins Haus und sah, wie sie den pechschwarzen Kümmerling des Wurfs von dem Nest, das sie für ihre Jungen hinter dem Sofa gemacht hatte, über den Teppich zu dem Korb neben dem Kamin trug, wo sie auch hingehörten. Die anderen drei waren schon dort, und ich fragte mich, ob sie den Kümmerling zuletzt genommen hatte, weil sie ihn am wenigsten mochte oder weil sie fürchtete, seine wohlgenährten Geschwister würden ihn ersticken. Sie waren noch blind, und die Mutter war noch stolz und verhätschelte sie mit ihrer Milch und ihrer hellen, rauen Zunge und dem fortwährenden Schnurren, in das sie ab und zu einen kleinen selbstzufriedenen Laut mischte. Als sie sich entspannt zwischen ihrer Nachkommenschaft niedergelassen hatte, kniete ich mich hin und fuhr mit dem Daumenknöchel kräftig die schwarzen Streifen entlang, die genau über ihrer Nase begannen und in den breiteren, schwärzeren Bändern um ihren Hals endeten, und dann überließ ich sie dem verzückten Geschäft, ihre Kleinen zu striegeln, sie in ihrer Blindheit und in ihrem Schlaf zu säugen.

Ich machte alle Lichter aus, außer dem einen, das die Nachtschwärmer der Loon-Insel, die das Wasser nicht fürchteten, sicher an Land geleiten sollte. Ich zweifelte nicht, dass Minnie irgendwann »Over the Sea to Skye« singen würde, einen ihrer Favoriten. Ihre Stimme war so hoch und so klar wie eine Blockflöte. Wie begabt dieses kleine Luder war, rabenschwarz gezopft, mit damastener Haut, mal als Kritikerin so scharfsinnig, dass Kritiker zusammenzuckten, wenn sie auf den Seiten der führenden intellektuellen Vierteljahresschrift *The Divergent* von ihr attackiert wurden, und dann wieder als törichte Maid mondäugig und bewundernd, wenn sie in der Gegenwart eines Dichters war. Trotzdem fürchteten die Frauen der Dichter sie nicht, weil ihr unritterlicher und mörderisch übellauniger Ehemann Jered Zumwalt ausposaunt hatte – in beschämender, aber überzeugender Detailfreude –, dass sie kalt war wie Stein. Theron hatte Respekt vor Jerry, der mehrere Bücher mit etlichem Aufsehen veröffentlicht hatte und allgemein als der begabteste der jungen Cambridge-Dichter galt (Theron holte in dem Rennen stetig auf, hatte aber noch kein Buch publiziert), und er hatte mit ihm in unserer Wohnung in der Kirkland Street bei ungezählten Kästen Bier und einigen Flaschen Blended Whiskey über Minnies Treuebruch gejammert. Ziemlich oft hatte Jerry, zu betrunken, um nach Hause zu gehen, die Nacht auf dem Sofa im Wohnzimmer verbracht, wo ich ihn am Morgen fand auf meinem Weg zu der Privatschule von Miss Heath, an der ich Englisch unterrichtete. Seine zerschlissenen Mokassins, schmutzig und aufgequollen von Regen, Schnee und Matsch, lagen immer in einem Abstand voneinander – einer bei dem Sessel, in dem er seinen letzten Schluck genommen hatte, der andere auf halber Strecke durch den Raum auf seinem Weg zu dem kurzen, glatten Ledersofa, auf dem er dann verdreht lag wie ein alter, vom Wind zerzauster Baum, die linke Hand unters Kinn geballt, die rechte auf dem steifen runden Kissen oberhalb seines Kopfes ruhend. Ich habe einmal ein Foto gesehen von ihm und Minnie, das in den frühen Tagen ihrer Ehe aufgenommen wurde: Einander so ähnlich waren sie darin, wie sie sich zeigten, und in allem, was sie schätzten, so deutlich war ihre ernste Unschuld und so verborgen dabei ihr Scharfsinn und ihre Lebenserfahrung, dass sie zwei ineinander vernarrte, unter einem Unstern stehende Liebende hätten sein können – Romeo und Julia, Aucassin und Nicolette, Floire und Blancheflor. Bald darauf zersplitterten diese anrührenden, wehmütigen Bilder: Jerry war abwechselnd betrunken, weinerlich und giftig, und Minnie, für die Scheidung nach Nevada geflogen, tobte sich, wie wir aus Briefen an uns und an andere

Freunde erfuhren, gewaltig aus, lernte auf Cowboyponys reiten und Cowboylieder singen und arbeitete, das Verwegenste überhaupt, als Anreißerin in einer Spielhölle. Als Jerry uns von dieser letzten Eskapade erzählte, sagte Theron, ganz der Bostoner in seinem Sarkasmus: »Nach dem Kampf bis aufs Messer läuft's hinaus auf Spiel und Spaß, wie?«, und Jerry, der seinen billigen Sherry direkt aus der Flasche trank und an seiner Fünf-Cent-Zigarre sog (seine schlechten Manieren passten so wenig zu seinem Donatello-Aussehen, dass ich sie nie ernst nehmen konnte), sagte: »Der einzige Grund dafür, dass sie Anreißerin im Big Bonanza ist: Ihr ist zufällig nicht eingefallen, nach Virginia City zu fahren, um Lucius Beebes Druckergehilfin zu werden.«

Jetzt war sie wieder auf ihrem alten Posten – Dichter umgarnen. In diesem Sommer gab es einen Andrang von Dichtern im Staate Maine, und unser Haus war nur eines von vielen, in denen sie sich häuften – die Küste weiter runter und im Inland bis hoch nach Campobello zogen sie umher, allein, in Paaren, Trios, Sippschaften, pendelten zwischen reichen Gönnerinnen in ihren angestammten Sommerhäuschen von zwanzig Zimmern: Literaturkoryphäen in ihren Semesterferien, die mit Petroleumlampen und Plumpsklos auf einfaches Leben machten und dabei üppig Hummer und Blaubeermuffins speisten, und ein paar Romanautoren, die, wenn sie auch (nach Meinung der Dichter) saumäßig schrieben, Fresspakete dabeihatten, die sie, anständiger- und gebührenderweise bescheiden, mit der selteneren Rasse teilen durften. Während Mr Zumwalt sich langsam nach Norden vorantastete, wanderte die vormalige Mrs Zumwalt nach Süden, und wir, die Maybanks und Eliza und ihr Kritiker-Ehemann Andrew Brandt mitten auf der Strecke, erhielten Botschaften aus verschiedenen Himmelsstrichen. Bislang hatten sich die Pfade der beiden Streithähne noch nicht gekreuzt, und es gab wilde und frohlockende Spekulationen darüber, was geschehen würde, wenn. Man gebrauchte damals gern die Freud'schen Werke als Rezeptbuch, mit Zutaten von Henry James und Proust.

Da stand ich regungslos in dem kaum beleuchteten Wohnzimmer und schauderte plötzlich, meines zerzausten Zustandes bewusst und in Erinnerung an den ruppigen Arzt in der Commonwealth Avenue, der meine Kopfschmerzen zu einer Schmach erklärt und den Rat erteilt hatte, mir die Beichte für meine Todsünden von einem Psychoanalytiker abnehmen zu lassen. Wie würde ich es Theron sagen? Und wann? Die Dichter Bronson und Matthews und die Gedichtabtipperin Lucia würden bald zurück sein, und jetzt, da Minnehaha hier war, würden die Nachtschwärmer, die Jerry in Isle au Haut oder in Aroostook getroffen hatten, herbeiströmen, spionieren und schnattern und orakeln. Ich müsste eine Tonne

Fisch braten, backen und dünsten, einen ganzen Kolben Shoepeg-Mais enthülsen, einen Scheffel Salat pflücken, waschen, zerkleinern und mit Dressing versehen, eine ganze Scholle Eis für Cuba Libre hacken. Obwohl der Krieg vorüber war, gab es noch die Rationierung; für eine Weile würde ich meine schmähliche Offenbarung meinem Mann gegenüber noch aufschieben müssen und Mittel und Wege finden, wie ich Pferdefleisch tarnen konnte.

So hatte ich mir den Sommer nicht vorgestellt. Wir waren unter Schmerzen durch das fünfte Jahr unserer Ehe gehumpelt, wobei wir von Anfang an den Schauplatz unserer Qualen jedes Jahr wechselten. Cambridge war nicht besser als New York, New York nicht besser als Connecticut, Connecticut nicht besser als Louisiana und die Berge von Tennessee. Aber wir humpelten oft auf verschiedenen Routen, vergossen unser Blut auf Sand und Fels weit voneinander entfernt. Wenn wir uns dann in irgendeiner freundlichen Oase oder stillen Waldlichtung trafen, waren wir zuerst schüchtern und verliebt und fröhlich, aber die Vereinigung dauerte nicht lange, Schatten und Wasser waren Teil einer Fata Morgana, und Blitzeinschläge zermalmten und verbrannten die Tannen unserer Waldzuflucht.

Theron, der zum Katholizismus gefunden hatte,

kurz nachdem er mich gefunden hatte, rannte zu Pater Bernard – unserem geistlichen Berater in Cambridge – und kam zurück und wimmerte so todunglücklich »mea maxima culpa«, dass ich aus den schützenden Schatten kroch und ihn mit altvertrauten Scherzen tröstete, und eine Zeitlang spielten wir wieder zusammen, zwei frühreife, täppische Sechsjährige. Das Blut der Hexenjäger von Salem verbrühte die Wände von Therons Adern, und zwangsläufig tat es auch das der Hexenmeister von Salem; und mir brannte die Haut, wo man mich mit dem Schwefel von Ayrshire gescheuert und gestriegelt hatte. Für Pater Bernard, der nicht dazu erzogen worden war, widerspenstige Rowdys peitscheschwingend zur Raison zu bringen, waren wir verwirrend. Bestimmt hatte er Therons abstruse und gewundene Bekenntnisse gefürchtet, er hatte nur noch gewünscht, das Türchen gegen diese spitzfindigen Geständnisse schließen und geruhsam nach Hause trotten zu können zu Tee und Gebäck.

Genau genommen war Theron, abgesehen von der Sünde des Stolzes, ein Mann ohne Makel. Ich war die Verlorene, denn ich glaubte an nichts von alldem – nicht an die Realpräsenz, nicht an die Unbefleckte Empfängnis, nicht an Gott –, und um meine Niedertracht noch schlimmer zu machen, empfing ich an jedem Sonntag und an jedem Gebotenen Feiertag die Hostie, ohne meinen Unglauben zu bekennen. Nicht gegenüber Pater Bernard und nicht mehr gegenüber Theron. Anfangs hatte ich es versucht, aber er, vollständig hingerissen von seinem strengen Glauben, ging darüber hinweg und nannte meinen Zweifel etwas, was vorübergeht. »Aber das ist kein Zweifel! Das ist eine entschiedene Zurückweisung!«, rief ich dann. So drückten wir uns aus, in unserer Verkrampfung vergaßen wir das normale Reden, in unserer Geistesverwirrung vergaßen wir jegliche Vernunft. Theron sagte mir einmal, ich ginge durch die dunkle Nacht der Seele und ich solle meditieren und Johannes vom Kreuz lesen. Tatsächlich las ich, und mit einer Art Wiedererkennen, Teresa von Ávilas *Die innere Burg*, und eines Morgens in dem leichten Schlaf kurz vorm Aufwachen träumte ich, ich hätte eine Penny-Postkarte im Briefkasten, auf der es hieß: »Liebe Cora, ich halt mich raus. Liebe Grüße, Teresa von Ávila.« Ich mochte meine Träume, besonders solche kurzen mit Sprache drin, aber Theron tat sie verächtlich ab und sagte, sie hätten keinen Stil.

Lange bevor Theron ans Katholischwerden dachte, lange bevor wir uns kennenlernten und als ich noch achtzehn war, hatte mich Pater Strittmatter von der Herz-Jesu-Kirche in Adams seelsorgerisch betreut, und ich war getauft worden und hatte einmal – und nur einmal – die Hostie empfangen. Meine Mission war nicht vollendet, trotz meiner Inbrunst und meiner Bedürftigkeit. Später versuchte ich es von Zeit zu Zeit in verschiedenen Kirchen und verschiedenen Städten und zu verschiedenen Jahreszeiten und verschiedenen Stunden des Tages und der Nacht. Aber ich war gottverlassen; der Hirte konnte mein Blöken nicht hören, denn meilenweit entfernt war ich verloren in Kälte, Dunkel und Wüste. Und schließlich war ich ohne eine Spur verschwunden; mit einem schwachen Schaudern und einem schwachen Seufzer gab ich den Heiligen Geist auf.

Versunken in die Rhythmen von Gerard Manley Hopkins dem Dichter, fing Theron ein halbes Jahr nach unserer Heirat aufs heftigste Feuer bei Gerard Manley Hopkins dem Jesuiten, und er war, wie meine Mutter gesagt hätte, ganz besoffen davon. Wir waren damals in Louisiana, im dämpfigen, ungezieferwimmelnden Fäulnisgeruch; kaum hatten Dauber & Pine die Bücher von Kardinal Newman geschickt, da wurden die Buchrücken schon schlaff, denn die Kakerlaken des Tiefen Südens, groß wie Lerchen, ließen sich den gut abgelagerten Leim der Bindung bei ihren nächtlichen Banketten schmecken. Wie Pater Strittmatter war Therons Seelsorger Pennsylvania-Deutscher – eine Übereinstimmung, die mich nur mäßig interessierte, auf die aber mein Ehemann höchsten Wert legte: Gott unser Herr (er übernahm die Anrede mit Leichtigkeit) hatte einen gleichen Erfahrungshintergrund für uns vorgesehen. Pater Neuscheier ertrug die Miasmen aus den Bayous wie ein härenes Gewand, er hatte sich Baton Rouge aus einer Vielzahl von Möglichkeiten ausgesucht, weil es ihm eine ausgezeichnete Chance bot, sein züchtiges Fleisch zu züchtigen. Klimaanlagen steckten noch in den Kinderschuhen – nicht einmal Kinos oder Lokale hatten welche –, aber in den meisten öffentlichen Gebäuden gab es diese großen, anheimelnden Deckenventilatoren, die leise und gemächlich surrten und wirbelten, wie ein belebtes Gänseblümchen mit Blütenblättern aus Holz. Doch im Kirchenschiff von Unserer Lieben Frau von Pompeji gab es keinen Ventilator, und Pater Neuscheier muss gelitten haben, wenn die feuchte Luft immer dicker und wärmer wurde, aber keine einzige Schweißperle glänzte auf seinem vollkommen runden Gesicht oder seinem vollkommen kahlen Schädel. Seine strenge Einfachheit war genau Therons Fall, und bevor ich wusste, wie mir geschah, steckte ich mit in dieser Falle.

Am Anfang hatte Theron versprochen, er werde mir seine Religion aus alter Zeit nicht aufzwingen, aber schon eine Woche nachdem er gefirmt war, fand ich mich mit der katholischen Kirche wiederverheiratet, und eine Woche danach ging ich jeden Morgen um sieben Uhr, noch bevor ich um acht meine erste Unterrichtsstunde gab, in die Messe und zur Vesper; zusammen sagten wir zwei Rosenkränze am Tag auf, und wir ersetzten unsere Reproduktionen der »Kleinen Straße in Delft« und von

»La Grande Jatte« durch Schwarzweißfotos von Bellinis »Der hl. Franziskus empfängt die Stigmata« und Holbeins »Thomas More«. Ab jetzt, verkündete der Herr des Hauses, gäbe es keine blasphemischen Witze mehr; wir lachten nicht einmal, als an einem regnerischen Sonntag Pater Neuscheier in der Messe ankündigte, wer heimlicherweise oder zufällig ein paar Regentropfen auf seine Zunge bekommen habe, könne somit, weil er sein Fasten unterbrochen habe, keine Kommunion empfangen.

Was war aus dem witzigen Kerl geworden, den ich geheiratet hatte? Versessen darauf, erwählt zu werden, war er in diese Sackgasse gerannt – das war aus ihm geworden – und hatte mich mit sich gerissen, und da knurrten wir wie zwei hungrige, grindige Katzen. Wenn ich von Anfang an hartnäckig widerstanden hätte oder wenn ich ihn verlassen hätte, als er mich um der Seraphim und der Heiligen willen verließ – aber ich hatte ja versucht zu widerstehen und dafür nur Zorn und Geringschätzung erhalten. Ihn zu verlassen war mir nicht ernsthaft in den Sinn gekommen, denn ich hatte innerhalb meines Stammes geheiratet, und wir waren strikt monogam bis zum Tod. Kraftlos duldete ich und zählte, während die Messe gesungen wurde, die Städte auf, die ich auf Busreisen von Ost nach West und von West nach Süd durchquert hatte, die Namen der Gebäude auf dem Campus von Neville, alle mir bekannten Menschen mit dem Vornamen John.

An jedem neuen Ort, an dem wir lebten und ich unterrichtete, suchte ich, sobald ich mein Haus in Ordnung gebracht und meine Schularbeit organisiert hatte, das Pfarramt der Kirche auf, die Theron sich als Heimatstützpunkt gewählt hatte, und je nach der Wesensart des Gottesmannes, den ich vorfand, erklärte ich demütig meine Zweifel oder verbarg sie und lud ihn zum Tee ein.

In Cambridge hatte Pater Bernard, ein unschuldiger, erschöpfter und warmherziger alter Mann, mit mir Freundschaft geknüpft, und das zu einer Zeit, da ich dessen bedürftiger war als je zuvor. Irgendwo – auf einer Bank im Park, in einem Bar & Grill am Scollay Square, auf den Stufen der Widener-Bibliothek – war Theron eines Tages mit einem Fanatiker zusammengetroffen, der ihn davon überzeugt hatte, das einzige gottgefällige Leben sei das in heiliger Armut und wir sollten in ein Missionshaus in Dorchester umziehen und dort von Rüben und Bohnensuppe leben. Wir würden auf dem nackten Boden schlafen und, so folgerte ich, die Slums barfuß im Schnee abklappern auf der Suche nach Obdachlosen, die bei Temperaturen unter null ihre Sauforgien ausschliefen. Wir sollten unsere Kleider und Möbel hergeben – eines der ersten Dinge war dann mein Verlobungsring, der Therons Großtante Charity Nephews gehört hatte, die ihren Ehemann auf dramatische Weise zum Witwer gemacht hatte, indem sie sich bei der Öffnung des Panamakanals mit Dengue-Fieber infizierte. Obwohl Theron allem Luxus und aller Engstirnigkeit seiner Bostoner Erziehung und Denkungsart abgesagt zu haben schien, war dem ganz und gar nicht so: Er war so stolz wie ein Pfau darauf, dass Copley die Familie seines entfernten Verwandten Augustus gemalt hatte und dass Großtante Charity als Auslandskorrespondentin des *Boston Evening Transcript* gestorben war (T. S. Eliot, dessen gleichnamiges Gedicht Theron am liebsten von mir auf ein Schmucktuch gestickt gesehen hätte, war damals eine seiner Musen). Wir sollten den mit zartesten rosa Perlen besetzten Nephews-Diamanten hergeben und ebenso das silberne Teeservice, das Therons Vater, der Captain, in Rangun gekauft und das seine Mutter nicht gemocht hatte wegen der protzigen Verzierungen mit Vögeln, wilden Tieren und achtarmigen Göttinnen. Aber wir konnten nicht reiner Geist sein (wären wir es, hätten wir nicht die Mittel, als Lord und Lady Spendierhose und gute Samariter aufzutreten), also durfte ich meinen Job in Miss Heath' Schule nicht aufgeben. Und während ich den hübschen, hochnäsigen Mädchen den Konjunktiv beibrachte, schrieb Theron Psalmen und Kirchenlieder und Weihnachtslieder. »Quid pro quo«, verkündete er, und seine Augen verdrehten sich so ins Weiße, dass die Pupillen auf dem Thalamus ruhten. »Quid-pro-quo und

Quit-ten-brot«, sagte ich mir vor und überlegte, wie ich es auf eine kleine Melodie einer freundlichen Katze vorsingen würde.

Wäre da nicht Pater Bernard gewesen, ich bin sicher, ich hätte diesen ganzen faulen Zauber heiliger Armut mitgemacht. Aber Pater Bernard, der in Aussehen und Verhalten dem nach seinem Heiligen benannten Hund glich, war leiblichem Wohl vielleicht geradezu weltlich zugetan, und als ich ihn eines Tages aufsuchte, um mich über Theron und seinen letzten Exzess auszulassen, nahm er mich beiseite. Und obwohl er sich mühte, seinen Gleichmut zu bewahren, zeigte sich seine Verwirrung – oder vielmehr seine Bestürzung – darin, dass er seine Aufmerksamkeit einem Blumenständer mit Moosen und kleinen Farnen widmete und mir den Rücken wies. So freundlich, ja liebevoll Pater Bernard war, die Rolle des geistlichen Beraters war nicht auf ihn zugeschnitten; weil er keinen Humor hatte, war er verletzlich, und komplizierte Gefühlskonflikte drehten ihm den Magen um. Theron brachte ihn richtig zur Verzweiflung, bedrängte ihn mit abstrusen Auslegungen darüber, wie die Sakramente für die Lebensweise der Neuengland-Transzendentalisten gelten könnten, klagte über sein Versagen, seine Mutter von ihrem Unitarismus abzubringen, verlangte, ich solle dafür zur Rechenschaft gezogen werden, dass ich nicht dem Buchstaben des Gesetzes folgte. (Einmal an einem Freitag, als wir im Merchant's Limited von New York nach Boston saßen, hatte ich ein Hacksteak gegessen; Theron behauptete strikt, dass die Reise zu kurz sei für eine solche Dispens.)

Ich besuchte Pater Bernard äußerst selten, aber weil das Pfarramt in der Irving Terrace lag, in der Nähe unseres Apartmenthauses in der Kirkland Street, traf ich ihn oft zufällig auf der Straße und manchmal beim Gemüsehändler, wo er so gern zwischen Salaten und Wurzelgemüse stöberte; er liebte alles, was unter der Erde wuchs, und fast so etwas wie einen Witz machte er, als er, während er eine Rübe betastete, die besonders weiß war und eine besonders hübsche lila Zeichnung hatte, sagte: »Ob ich auch meine Wurzeln im Untergrund habe?« Gelegentlich lud er mich zum Tee ein, und wir unterhielten uns bei starkem Schwarztee und Peek-Freans-Butterkeksen ganz gemütlich an seinem Kamin. Aber an dem Tag, als ich seinen Rat suchte, wie ich ein den Evangelien gemäßes Leben in Armut abwenden könnte, hatte ich selbst um ein Gespräch gebeten. Ich war so schüchtern wie er, denn ich war nicht besser gerüstet, Eheberatung zu empfangen, als er, sie zu erteilen. Einige Minuten lang hantierte er an seinem Blumenständer, während ich seinen orangeroten Kater streichelte, dessen Name drolligerweise Moses war; dieser robuste Kerl mit seinem goldglänzenden Fell saß da auf einem Sofa am Kamin und war ein Fortsatz seines Herrn – wohlgenährt und in Sicherheit, gegen jegliche Verwirrung gefeit. Nach vergeblichem Warten auf den Teewagen, als mir endlich einfiel, dass es Donnerstag und damit der freie Tag der Haushälterin war, redete ich auf den Rücken von Pater Bernard ein.

»Du liebe Güte!«, sagte der Priester tantenhaft. »Ach herrje! Ich bin sehr für das Laienapostolat, verstehen Sie mich recht. Dritte Orden leisten Wunderbares mit ihren Suppenküchen und warmer Kleidung für die Armen – aber was ich sagen wollte, Mrs Maybank, heute gibt es leider keinen Tee. Möchten Sie vielleicht ein Glas Sherry? Oder Whiskey? Ich habe, glaube ich, auch Gin.«

Und so kam es, dass Pater Bernard und ich bei einem uralten Bourbon, den wir aus zwei uralten topasfarbenen Sandwich-Bechern nippten, eine mögliche Lösung meines Dilemmas fanden. Aus den Gesprächspausen, während wir uns schnäuzten (beide waren wir fürchterlich erkältet, und in dieser Verfassung war die Aussicht heiliger Armut umso vernichtender), und einigen Malen, in denen er sich fast versprach, konnte ich ersehen, dass ihm glühende Konvertiten weniger zusagten als unbußfertige Diebe. Ich erzählte ihm, dass ich mir ein Leben lang meine Behausungen geschaffen hatte – in einer Ecke des Dachbodens im Haus meiner Eltern in Missouri, auf Lichtungen zwischen Kiefern in den

Vorgebirgen von Adams, in Büros, die ich mit anderen Lehrern teilte. Mein Nestbauen und Nesthegen war ein Drang, den Theron als plebejisch, unintellektuell, zierdeckchen-irisch ansah; er sagte, ich wolle mein Leben in einem warmen Badezuber verbringen und allem Abenteuer abschwören und, schlimmer noch, aller Hingabe. Mein Stolz auf ein Haus sei die Sünde des Stolzes. Ich gab nichts drauf, ich wusste, das ist Unsinn, aber ich wusste mich gegen seine Spitzen nicht zu wehren, von denen die grausamste war, dass ich nicht mit Stil zu sündigen verstünde; wie es meinen Träumen an Vitalität mangele, so mangele es meinem Heimverschönern an Geschmack. (Allmächtiger! Nie war ein Mann so darauf aus, seine Angetraute zur Schnecke zu machen!)

Pater Bernard, der Gute, wies mich darauf hin – und ich sollte Theron darauf hinweisen –, dass Kirchen herrlich ausgestattet wurden, weil sie die Heimstatt Gottes sind, und da das Sakrament der Ehe von Gott geheiligt sei, sollte diese ebenfalls so schön wie nur möglich in einem Schrein bewahrt werden. Was die heilige Armut angehe, nun, das sei in seinen Augen eine Lebensform, die Berufung voraussetze, einen deutlichen Ruf, und er glaube nicht, dass ich den eines Tages erhielte. Ich war in dem Augenblick so glücklich, dass ich, hätte ich vom Himmel nicht einen deutlichen Ruf, sondern mit Trompetenschall »Wandle barfuß! Sei Läusen ein guter Wirt!

Iss Maden ohne Salz!« gehört, das Gebot zurückgewiesen und es als einen Streich des Leibhaftigen abgetan hätte.

Ich hätte meinen Retter umarmen und küssen mögen. Stattdessen umarmte und küsste ich Moses, der, zerzaust von diesem dreisten Übergriff, einen gelbbraunen Rasen aus Fellhaar auf meinem mitternachtsblauen Wollrock hinterließ. Pater Bernard und ich waren herrlich beschwipst. Oder vielleicht machte es auch unser jeweiliger Schnupfen nicht weniger als der Whiskey, dass wir albern kicherten, als wir händeschüttelnd Abschied nahmen.

Ich dachte, diese Runde hätte ich gewonnen, aber als ich nach Hause kam, hatte mein wunderlicher Gemahl seinen Kurs geändert. Dieses Mal hatte er, als er sich mitten in einem Blizzard über die Pepperpot Bridge mühte (aus keinem mir ersichtlichen guten Grund), einen Typen getroffen, der gegen das Leben in der Stadt wetterte. Sie waren den ganzen Nachmittag am Scollay Square von Kneipe zu Kneipe gezogen und hatten darüber geredet, wie man mittels der großen Natur zur Wirklichkeit vordringt, und jetzt gab es nichts anderes, als dass wir zu irgendeinem entlegenen Außenposten in den Laurentinischen Bergen oder auf die neunhundertneunundneunzigste der Tausend Inseln im Ontariosee zögen. (Dieser neue Prediger wollte seinerseits nach Mangareva, eine französische Insel im Südpazifik, am Ende der Welt, wo einmal im Jahr ein einsames Schiff landete. Das war selbst für meinen Dichter zu spartanisch, der von der Post abhing, die uns *The Divergent* brachte und einige andere Vierteljahresschriften sowie Briefe von Dichtern und Brieffreunden, die er bei Exerzitien aufgegabelt hatte.) Aber unser Rückzug in die Wildnis hing davon ab, wo ich einen Job bekam, denn außer einem Treuhandfonds, der Theron – abhängig vom Wohlergehen von A. T. & T., Boston & Maine und anderen gesetzten Unternehmen – ungefähr zweiunddreißig Dollar im Monat zahlte, war ich die einzige Quelle – sichtbar oder verdeckt – unseres Lebensunterhalts. Reine Freude empfand ich nicht beim Gedanken an das Landleben (Thoreau hatte mich nie richtig begeistert), aber es war eine so strahlende Alternative zu der frommen Klitsche in Dorchester, dass ich mich sofort daranmachte, Briefe an Schulbehörden in der Provinz Quebec aufzusetzen.

Zu Weihnachten in dem Jahr wurde mir das einzige Wunder meines Lebens zuteil – ein so erstaunliches und zeitlich so gut abgepasstes Wunder, dass ich fast an den Himmel als den Quell von Wundern zu glauben begann. Meine Zwillingstanten Amy und Jane McKinnon waren nach dem Tod meines Großvaters aus Missouri geflohen und nach New South Wales gezogen, wo beide fast auf der Stelle geschäftlich florierende Ehemänner fanden; beide waren sie unfruchtbar und liebten – ach, die armen zwei Hübschen – Kinder. Ihre Enttäuschung führte sie zu guten Werken unter den Ureinwohnern, aber als es für Tante Jane hart auf hart ging und sie an Krebs sterben sollte, kam atavistisch die Loyalität mit ihrem eigenen gälischen Clan zurück, und in ihrem Testament bedachte sie, neben Schenkungen an die wohltätigen Einrichtungen für die Bedürftigen des Buschlebens, ihre Nichten und Neffen. Zum Zeitpunkt ihres Todes war sie schon einige Jahre lang Witwe, und ihr Besitz war beträchtlich. Was sie meinen Cousins und Abigail und mir vermachte (mein Bruder war im Jahr davor in der Normandie im Krieg ums Leben gekommen), irritierte meinen Vater und meine Mutter, sie wollten ja nichts sagen, nein, wirklich nicht, aber sie selbst seien weit übler dran als wir und könnten eine kleine Hilfe gut gebrauchen. Mein Vater versuchte in einer seiner nutzlosen und bösen Spiegelfechtereien, uns dazu zu überreden, das Geld nicht anzunehmen, da die einzelnen Summen klein seien – je fünftausend, aber wir waren neun!

Fünftausend Dollar! Am Abend des Tages, als ich die Nachricht erhielt, gingen Theron und ich zum Abendessen ins Locke-Ober, und wir tranken, obwohl wir ihn beide nicht mochten, Champagner. Wir waren reizend zueinander, und als ich vorschlug, mit dem unverhofften

Geldsegen eine einfache Hütte irgendwo in der Nähe einer ländlichen Schule zu kaufen, riss es Theron in seiner Begeisterung so hin, dass er eine weitere Flasche Champagner bestellte. Am nächsten Tag ging es uns hundeelend, in unseren Mägen rumorte die reinste Salzsäure.

Und so vermieteten wir, als ich meine letzte Unterrichtsstunde in der Schule von Miss Heath gegeben hatte, unsere Wohnung, gingen für den Sommer nach Maine und arbeiteten uns langsam von Eastport die Küste entlang nach Süden auf der Suche nach einem Haus. Wir waren so glücklich! Wir waren so zärtlich! Wieder ineinander verliebt, verliebten wir uns in Stonington, wo wir gemächlich den Rest unserer Tage verbringen wollten, Theron als Fischer und ich als Lehrerin und geachtete Kleinstadtmatrone. Ich sah mich bereits, wie ich im Herbst meines Lebens und in Rente nachmittags um drei ein Paar weiße Handschuhe anziehen, einen Hut aufsetzen und in die öffentliche Bibliothek gehen würde, um einen Roman von Ouida auszuleihen. Aber es gab keine Häuser zu kaufen.

Den restlichen Sommer verbrachten wir in Rankin Harbor, und kurz vor Labor Day und zu spät für mich, um eine Anstellung zu bekommen, entdeckten wir das Haus – mein Haus – in Edwards Mills; ich kaufte es und bezahlte mit einem Scheck.

Wieder in Cambridge, blieben wir für einige Wochen freundlich miteinander. Im Oktober fuhr ich kurz zurück nach Maine und erhielt ohne Schwierigkeiten für das folgende Jahr eine Stellung an der Highschool. Aber die Verzögerung nahm allen Schwung aus Therons Lust auf ländliches Treiben, und um Weihnachten (kein Manna aus Tante Janes Himmel in diesem Jahr) war ich wieder Hexe, und Tag und Nacht verbrannte mich mein gottesfürchtiger Ehemann auf dem Scheiterhaufen in Salem. Er hatte recht. Ich verteidigte mich nicht, hatte ich doch die Zunge einer Natter und ein Herz schwarz vor Wut und Hass.

Friedlich in seiner Menschenleere, bezauberte mich mein kleines ländliches Wohnzimmer, weil es Teil des Hauses war, das mir gehörte, und obwohl alles darin ausrangierte Sachen meiner Maybank-Schwiegereltern waren oder solche, die ich in einem Secondhand-Laden oder als Schnäppchen bei Filene's gekauft hatte, und obwohl alles absolut nicht zusammenpasste, hatte es für mich den tröstlichen Reiz des Mangelhaften. Ich war dreißig und hatte endlich erreicht, wonach ich von Anfang an gestrebt hatte: ein Haus mit Rasen und Bäumen drum herum. Während des Winters in Cambridge hatte ich Pater Bernard häufiger gesehen als früher, und weil auch er ein Nestbauer war, konnte er meine erschlafften Geister zum Leben erwecken, einfach indem er mich fragte, ob ich Blitzableiter für nötig erachtete oder ob ich vorhätte, eine Wetterfahne auf der Scheune anzubringen, die zu dem Haus gehörte.

Im Frühjahr fuhr ich an den Wochenenden hin, um den Fortschritt der Handwerkerarbeiten zu überprüfen. Meine Akolythen, die Zimmerleute und Elektriker, der Schornsteinfeger und der Klempner, würdigten meine Ehe, indem sie diesen Tempel dafür erbauten, und wurden zu meinen Freunden und Verbündeten. In unschuldiger Verschwörung hielten wir zusammen, um meinen Ehemann zu überwältigen. Sie arbeiteten außergewöhnlich zuverlässig (das bestätigte mir die Postmeisterin, wie ich keine von dort), und jedes Mal, wenn ich die Eingangstür aufschloss und begrüßt wurde von dem Geruch nach Sägemehl und Farbe, von überall herumliegenden Resten von Arbeitsmaterial und dem Gewirr alter elektrischer Leitungen und Gipshaufen mit verbogenen und rostigen Nägeln darin, war ich in Hochstimmung. Die letzte März- und die erste Aprilwoche, während der Frühjahrsferien an der Schule, quartierte ich mich dort ein. Theron war auf Exerzitien bei den Trappisten in New Jersey, und so konnte ich mich völlig dem Fensterputzen hingeben und dem Aufhängen der Schweizer Organza-Stores und der Übergardinen aus rotem Samt im Wohnzimmer. (Wie luxuriös erschienen mir doch diese armen Fetzen!) Als der moosgrüne Teppich aus Boston kam, konnte ich die ganze Nacht nicht schlafen, ich ging immer wieder nach unten und spazierte barfüßig darüber; am Morgen waren meine Laken flaumig von grünen Fusseln und zerwühlt vom wiederholten aufgeregten Aufspringen aus dem Bett.

Wo war nun all meine Glückseligkeit? Von meinem verdunkelten Wohnzimmer aus konnte ich nicht länger das Sonnenlicht auf dem Heu und auf den Lilien sehen, konnte nur noch die dunklen Schleier und die Ausdünstungen der Nacht spüren, und anstelle von Vögeln sah ich Schlangen, anstelle von Gras übelriechenden Schlamm. Ohne Abendessen, ohne schlafen zu können, ging ich hinauf in unser Schlafzimmer, mit einer Flasche Whisky und einem Eiszapfen im Glas; als ich ihn von dem Block abhobelte, dachte ich daran, wie stolz ich gewesen war, die riesige alte Kühlbox für zweieinhalb Dollar gefunden zu haben.

Ich trank, starrte ins Leere, malte mir etwas aus. Theron und Minnie hätten auf dem See irgendeinen Unfall und sie kämen nie zurück; ehrenhaft verwitwet, war ich frei. Oder sie verliebten sich, und ihr Ehebruch sprach mich von all meinen Verbrechen und kleinen Sünden frei, von all meinen Heucheleien und Hemmungslosigkeiten. Ich war verliebt in ihre sündige Liebe und sah sie, wie Paolo und Francesca, zu einer Ewigkeit von Leidenschaft und von Hass verdammt. Theron Maybank, der wachsame, eifersüchtige Salemer Puritaner, der wachsame, eifernde römisch-katholische Katechumene, war über Nacht zu der allergewöhnlichsten Sorte Sünder geworden, noch bevor das Taufwasser auf seiner Stirn trocken war! Entehrt, würde ich erfrischt aufsteigen, würde die Trümmer meiner Ehe beiseiteschaffen, die von der anderen Frau so entwürdigend zerrüttet worden war, durch diese scheußlichste aller Gemeinheiten und vor allem durch etwas, das nicht mein Fehler war, womit ich das unanfechtbare Recht erhielt, ihn zu hassen. Und irgendwann gäbe es für mich eine zweite Ehe: Ich sah meinen Mann und ich sah meine Söhne. Aber das Haus, das ich sah, war dieses Haus, das ich mit der Erbschaft von Tante Jane erworben hatte; ich sah meinen Kamin und ich sah meine Scheune, bis meine Tränen alles löschten und ich ins Kissen schluchzte, als läge ich, bereits um alles gebracht und unbehaust, allein auf Steinen.

Schließlich, stockbetrunken, bin ich eingeschlafen.

Kein Ratschlag ist gesünder als dieser und wohl keiner schwerer zu befolgen: Pass auf, was du dir wünschst, sei vorsichtig bei dem, was deine Fantasien und Lügen genau besagen. So töricht und lammfromm ist mein Fleisch, dass, wenn ich die Gastgeberin in letzter Stunde anrufe und sage, ich könne wegen Kopfschmerzen nicht zu ihrer Party kommen, sich genau wenn diese beginnt, tief in meinem Schädel ein Schmerz einkrallt, und wenn die Party vorbei ist und die Gäste schon zu Hause in ihren Betten schlafen, kann ich nicht mehr vor Schmerzen und bin verdammt zu zwanzig Stunden blindmachender, pochender Migräne. Es ist nicht klug, zu sagen: »Lieber würde ich mir den Arm brechen, als den Termin beim Zahnarzt einzuhalten.« Was wir in dieser lässigen Weise so übertrieben als Ersatz anbieten, wird, wenn es eintrifft, nichts vermeiden, sondern nur aufschieben, und dann sind wir doppelt gestraft mit Kopfschmerzen und einem gebrochenen Arm und einer weiteren Party und einem späteren Termin beim Zahnarzt. Als ich mir wünschte, Theron und Minnie Rosoff würden eine haarsträubende Affäre beginnen, da war ich ja abgesichert gegen die Katastrophen, die das in mir auslösen würde, weil es eine Unmöglichkeit schien (wie die Migräne oder die Fraktur des Oberarms) – etwas, das zu schön war, um wahr zu sein, ein fiktiver Ausweg, der seinen Ursprung allein in meinem Kopf hatte. Da es nicht geschehen konnte, kam es mir nicht in den Sinn, dass es vielleicht doch geschehen würde und dass ich entehrt sein würde, dass ich die abscheulichste Erniedrigung empfinden würde, die bitterste Eifersucht, siedend heißen, rachsüchtigen Hass.

Am nächsten Morgen war ich immer noch in meinem Tagtraum, und er blieb mir an dem Tag, am nächsten und an weiteren Tagen. Geblendet von dem Wunsch, das denkbar am weitesten hergeholte, absurdeste Ergebnis des Besuchs der Ex-Mrs Zumwalt zu erhalten, hatte ich trotz des Beweises direkt vor meinen Augen nicht im Traum daran gedacht, dass es schon Wirklichkeit geworden war (und zwar, jedenfalls, was Theron betraf, ungefähr zu der Zeit, als ich an dem Tag meiner Rückkehr aus Boston die Portland Union Station verließ). Ich drängte also Minnie geradezu, ihren Aufenthalt bei uns zu verlängern, und bis die Bronsons und Harry Matthews wiederkamen, schenkte ich mir ihre Gesellschaft, indem ich vorgab, meinen Unterricht an der Highschool vorbereiten zu müssen, sie sollten sich frei fühlen und ohne mich segeln, schwimmen und angeln gehen. Ich tat alles, sie zu verkuppeln – was bereits ein Fait accompli war und mich bei seiner Entdeckung über den Rand, an dem ich mich so lange herumgetrieben hatte, in den Abgrund schleuderte.

Es verblüffte mich allerdings schon ein wenig, wie Theron sich um Minnie bemühte, da sie gar nicht der Typ Frau war, den er liebte; sie war kokett, ehrgeizig, politisch streitlustig. Ihr Geschmack war entschieden modern, und er lehnte alles als seelenlos, langweilig oder hässlich ab, was nach 1850 gebaut, gemalt oder geschrieben wurde (außer einiger weniger Lyrik und der Prosa gewisser zeitgenössischer Geistlicher in England). Darüber hinaus war er aus Familientradition und Instinkt Antisemit, und kurz nachdem wir Jerry Zumwalt kennengelernt hatten, machte er mich sprachlos mit der Bemerkung: »Einen Juden könnte ich nie zum nahen Freund haben.« Und sie waren auch nie nahe Freunde – nicht so eng wie mit Freunden aus Internats- und Hochschultagen.

Die vernünftige und einer Ehefrau geziemende Seite in mir schaute mit Wohlgefallen auf seine Spiele mit Minnie: Ich war froh, dass er Spaß hatte, und vielleicht bedeutete ja sein Hingezogensein zu ihr, dass er etwas von seiner Strenge verlor. Die einsiedlerische Seite in mir, der heimliche Suffkopp, sah sogar mit noch größerem Wohlgefallen auf die Verbindung: Ich war selig den Hirngespinsten verfallen, die mir das Genie der Flasche jeden Abend vorgaukelte, wenn sie zu einem späten Schwimmen im See aufbrachen, und jeden Tag, wenn sie im Schlickwatt des Tideflusses nach Muscheln suchten.

Weil es für uns jetzt nichts mehr zu sagen gab, saßen wir in verschiedenen Waggons des Zugs von Camden nach Boston, aber wir machten es diskret und mit fertigen Erklärungen auf der Zunge, falls jemand auftauchte, den wir kannten. Wir waren so in Übereinstimmung bei diesem Wunsch, den Anschein aufrechtzuerhalten, dass es nicht notwendig gewesen war, unser Verhalten abzusprechen, bevor wir in den Zug einstiegen. Bis Wiscasset saßen wir zusammen im Salonwagen, und für die Ohren des Schaffners, des Kellners und der anderen Passagiere zählte Theron mir die Gründe auf (wie er es schon für jedermann in Edwards Mills getan hatte), warum wir am Ende entschieden hatten, nicht in Maine zu leben.

Im Zug zwischen den Reisenden, die vom Mt Desert und dem Blue Hill zurückkehrten und jetzt nichts im Sinn hatten als ihre Boote, die sie wieder winterfest gemacht hatten, und die Freuden und Misslichkeiten, die in der Stadtsaison auf sie warteten, gratulierte mein ihnen unbekannter Ehemann uns beiden lauthals zu unserem vernünftigen Abschiednehmen. Und als der verfallene Segelschoner auf dem Sheepscot River bei Wiscasset in Sicht kam, meinte er genug gesagt zu haben, und in einer perfekten Nachahmung von Besorgnis drehte er sich zu mir, neigte sogar den Kopf, um mir ins Gesicht zu schauen, und sagte: »Du siehst mitgenommen aus. Willst du vielleicht einen Drink?«

Ich akzeptierte das Zeichen und nickte, griff nach Handtasche, Schal und Buch (seit Monaten hatte ich kein gedrucktes Wort mehr verstanden), und indem ich, um der uns gänzlich fremden Leute willen, meine Manieren den seinen anpasste, sagte ich: »Du musst nicht mitkommen. Ich weiß ja, du möchtest arbeiten.«

»Wie lieb von dir«, sagte er und nahm seine Aktentasche vom Boden auf, öffnete sie, um die Loeb-Ausgabe der *Bekenntnisse* von Augustinus zu zeigen, aufgebläht von etlichen Blättern Dünndruckpapier, auf die er seit etwa einem Jahr kryptische, um ihn selbst kreisende Notizen gekritzelt hatte, in schwarzer Tinte, die aber tiefrot geworden war, was den Seiten etwas Schulisches verlieh. »Ich komme nach, wenn ich mit Monikas Tod fertig bin.«

Du Lügner, dachte ich. Schwindler. Zehn Minuten vor dem Nordbahnhof kommst du in den Speisewagen, wo du mich betrunken vorfinden wirst; dein Anblick wird mich rasend machen, denn ich weiß ja, was du getan hast, mit den Augen fromm auf das Latein deines Büchleins geheftet. Du wirst geträumt, herumgetrödelt haben, in Vorfreude auf deine Vereinigung mit Minnie, deiner Spielgefährtin, noch heute Nacht. (Mit dem Wort hatte er mich entlassen. »Ich will keine Ehefrau«, hatte er gesagt, »ich will eine Spielgefährtin.«)

Ich konnte nicht an mich halten. Ich sagte: »Und wo hast du heute Abend das Happahappa mit deiner Spielgefährtin?«

Meine Frage machte uns beide wütend, und ich stand auf, bevor er antworten konnte. Als ich den Waggon verließ, sah ich mich um; scheinbar mit den Gedanken ganz bei den Manichäern, dachte er an seine puppengroße, wie eine Puppe gekleidete Puppe mit ihrer Porzellanpuppenhaut.

Der Speisewagen war leer bis auf zwei Armeeoffiziere, die den D-Day wiederkäuten. Heimlichkeit war nicht nötig, als ich eine Luminal herausnahm, bevor ich mich meinem einschläfernden Drink hingab, und trotzdem erklärte ich dem Kellner, während ich ihn mit theronscher Nachdrücklichkeit um ein Glas Wasser bat, dass ich eine Kopfschmerztablette nehmen wolle, und ich vermied sorgsam das Wort Aspirin, da er hätte bemerken können, wie klein das Kügelchen war. Wie Theron starrte ich auf die Seiten eines Buchs; wie er war ich in Gedanken ganz woanders.

Am Nordbahnhof würden wir uns verabschieden, und ich würde zum Südbahnhof fahren, um den Zug nach New York zu nehmen, wo ich zwei Tage später eine Verabredung mit einem Psychoanalytiker hatte.

Wir hatten Pretty Baby getötet und ihre Jungen getötet. Theron selbst hatte sie in einen mit Steinen beschwerten Jutesack gesteckt und war damit die halbe Strecke bis zur Loon Islet gerudert und hatte sie zwischen Barsch und Hecht versenkt.

Er setzte das Boot auf den Strand. Ich wartete auf ihn auf der Vordertreppe; die Tür hatte ich schon abgeschlossen. Der leerlaufende Motor im wartenden Taxi war das einzige Geräusch, das die Stille dieses vollkommen blauen und vollkommen goldenen frühen Herbsttages brach.

»Sie konnte ihre fremden Gedanken nicht einpferchen«
Nachwort

Da sitzen die beiden Schwestern friedlich auf einer Bank im Zoo des Stadtparks von Denver, und von einem Augenblick zum anderen sehen sie sich in eine Vergangenheit gestürzt, die mehr als ein halbes Leben zurückliegt. Beim Anblick des blinden Eisbären müssen sie an Mr Murphy denken, der ihre einzige Zuflucht war, als sie, die beiden Waisenkinder, in die Obhut einer fremden Pflegemutter gegeben waren. Mr Murphy – der Trost, den er ihnen mit seiner kleinen Menagerie damals bot, und das schreckliche Ende! Hals über Kopf sind sie wieder in der Verlorenheit ihrer Kinderjahre angekommen. Eben noch hat uns die eine Schwester mit wachem, präzisem Humor die Tiergestalten um sie herum vor Augen geführt, da drängt sich den beiden das schauderhafte und groteske Geschehen mit aller Macht auf, »Schreckensangst und Demütigung« jener Zeit sind zurück.

Aus der Bedrängnis der Kindheitsverletzungen und der Verstörungen, die in ihre Gegenwart hineinwirken, lösen sich die beiden Schwestern schließlich mit einem Lächeln der Selbstironie, indem sie eine Phrase ihrer giftenden Pflegemutter – »Ist mir ja egal, ich muss bloß darüber lachen« – selbst in den Mund nehmen. Und auch die Autorin – darauf hat Joyce Carol Oates hingewiesen – tritt wie eine klug geführte Kamera nach Szenen intimen, unverhüllten Leidens einen Schritt zurück und beendet die Geschichte mit einem spöttischen Schnörkel.

Ans Ende gelangt, merkt man verwundert, dass man eine Geschichte gelesen hat, die zugleich sehr traurig und sehr komisch ist, ohne dass eine Änderung des Tons aufgefallen wäre; die starre Angst der Kinder ist mit gleicher Präsenz erzählt wie die mürbe Resignation der jetzt mittelalten Schwestern, und die Komik um die herrlich böse Pflegemutter Mrs Placer gehört ganz selbstverständlich zu der beklemmenden Geschichte.

Als die Geschichte »Im Zoo« 1953 im *New Yorker* erscheint, ist Jean Stafford 38 Jahre alt und auf der Höhe ihres Könnens und ihrer Produktivität; sie veröffentlicht Artikel und Erzählungen in Zeitschriften, erhält Stipendien, schließt neue Verlagsverträge. Ihr privates Leben aber liegt in Scherben. Nach dem katastrophalen Scheitern ihrer Ehe mit dem manischen Dichter und zeitweilig glühenden Katholiken Robert Lowell (sie wird 1948 geschieden) ist ihre zweite Ehe mit dem konventionell weltmännischen *Life*-Redakteur Oliver Jensen, in die sie, wie sie ihrer Schwester schreibt, aus dem Verlangen geflohen war, ihrer »unerträglichen Einsamkeit« zu entgehen, nach kurzer Zeit still verblasst. Ihre körperliche und psychische Gesundheit ist zerrüttet, sie kämpft mit ihrer Alkoholsucht. Einsamkeit, das Gefühl von Fremdheit und Verlorenheit, hat sie seit ihrer Kindheit und den Universitätsjahren begleitet. Längst erfahren hat sie aber auch, dass – für sie – Einsamkeit und Isolation zugleich Quelle von Schrecken und Inspiration sind, sie hat das Für-sich-Sein als kostbaren Schatz entdeckt, den es gegen alle verlangten Zugehörigkeiten zu verteidigen gilt.

In der Erzählung steht die Verlorenheit der beiden Kinder im Mittelpunkt, und wir ahnen nur, dass diejenige, die die Geschichte erzählt, in einer Einsamkeit verharrt, die die andere Schwester so nicht kennt. Sie hat sie in funkelnde Sprache verwandelt, im Fluidum eines die scharfen Kontraste nicht versöhnenden, aber erzählerisch einbettenden Humors.

Wie die Vergangenheit in die Gegenwart hineinwirkt, wie Blick- und Empfindungsweisen des Kindes sich mit denen der erwachsenen Person überlagern, das Beieinander von Schrecken und Komik und wie dies alles in Sprache, in lebendige Prosa zu fassen ist, das hat die Schriftstellerin Jean Stafford lebenslang beschäftigt. Sich im Erzählen von der Wucht der Gefühle nicht fortreißen zu lassen, sie punktuell durch einen kühlen Blick oder durch Ironie zu brechen, gehört zu den stilistischen Ausprägungen ihres Schreibens, die sie, wie auch ihr feines

Ohr für Tonfälle der gesprochenen Sprache, dem *New Yorker* empfahlen. Die Zusammenarbeit mit dem Magazin beginnt 1947, bald nach dem Erscheinen ihres Romans *Die Berglöwin*. Für Stafford ist die Form der in sich abgeschlossenen Geschichte eine Befreiung von der quälenden Arbeit an nie vollendeten Romanmanuskripten, in denen sie – entgegen ihrer früh gewonnenen Überzeugung, dass Literatur nicht fiktionalisierte Autobiographie sein kann – ihre eigene schwierige Kindheits- und Jugendgeschichte zu erzählen versucht. Nicht nur das verlässliche Honorar zählt – Stafford lebt als freie Autorin die meiste Zeit ihres Lebens prekär –, auch dass sie mit jedem neuen Ansatz den Radius ihres Erzählens ausweiten kann, indem sich Gefühls- und Erfahrungswelten der unterschiedlichsten Menschen öffnen, ist für sie attraktiv: Immer ist sie an einem thematisch und atmosphärisch und so auch sprachlich *reichen* Erzählen interessiert.

Man hat von der stilprägenden Kultur des *New Yorker* der vierziger und fünfziger Jahre gesprochen, in der lässige Eleganz und gebildete Urbanität sich mit einem ironischen Anti-Intellektualismus verbanden. Diese Haltung zog sich Kritik von den geistig strengen Poeten und Intellektuellen der Zirkel um die *Kenyon Review* und um die *Partisan Review* zu, denen Jean Stafford in ihren ersten Jahren als beginnende Schriftstellerin nahestand. (Mit der fiktiven »Vierteljahresschrift *The Divergent*« in

»Ein Andrang von Dichtern« taucht sie diesen Umkreis später in ein spöttisches Licht.)

Einen stilistischen Einfluss auf ihr Schreiben muss Jean Stafford zu dieser Zeit aber nicht mehr befürchten: In der kristallharten Sprache und Darstellungsweise ihrer Erzählung »Die innere Burg«, 1946 in der *Partisan Review* veröffentlicht, hat sie ihre Möglichkeiten bereits bewiesen, und mit Katherine White hat sie beim *New Yorker* eine Redakteurin, die ihr Freiraum lässt und ihr Schreiben ermutigend und kritisch begleitet.

Vierundzwanzig ihrer Erzählungen erscheinen ab 1948 in diesem Magazin, die meisten davon in den ersten beiden Jahrzehnten, denn nach dem Ausscheiden von Katherine White bricht 1958 der Kontakt ab und gerät Stafford in eine anhaltende Schreibkrise. (Es ist zugleich – wohl nicht paradoxerweise – die einzige Zeit ihres Lebens, in der sie, in dritter Ehe mit dem gelassenen Reisejournalisten A. J. Liebling, glücklich ist.)

Ihre letzte Erzählung im *New Yorker*, »Ein Andrang von Dichtern«, ist in den USA so berühmt geworden wie »Die innere Burg« und »Im Zoo«. Das liegt *auch* daran, dass sie die am ehesten autobiographisch zu lesende ist und die Vorbilder der Figuren trotz deutlicher fiktionaler Abänderungen erahnt werden können. Theron Maybank, der aufstrebende Dichter mit der »brillanten Redeweise« und dem »dunkel guten Aussehen«, ist, natürlich, Robert Lowell; die anderen lassen sich leicht als die Dichter und Dichterfrauen erkennen, die im Sommer 1946 in ihrem Haus in Maine auftauchten, das sie sich von den Tantiemen ihres Erstlings *The Boston Adventure* hatte kaufen können, darunter die Dichter John Berryman, Delmore Schwartz, seine Frau Gertrude Buckman (»Minnie Rosoff«), Philip und Nathalie Rahv (die Freunde von der *Kenyon Review*).

Der bleibende Rang von »Ein Andrang von Dichtern« liegt aber gerade darin, dass Jean Stafford keine Schlüsselperspektive auf ›durchschaute‹ Personen und Verhältnisse bietet, sondern eine *Geschichte* erzählt, in der auch ihr Alter Ego Cora Savage keine feste Größe ist. Die Ich-Erzählerin tritt nicht auf als die brillante Schriftstellerin, die Stafford 1946 bereits war, sondern eher wie die Chronistin ihres eigenen Scheiterns. Und dies in einem, was die eigene Verletzung betrifft, abgeklärten, gebändigten Ton: kein Wüten gegen den ›Ehebrecher‹, kein Selbstmitleid der ›Betrogenen‹. Der Schmerz des Liebesverrats ist aber in der spöttischen Schilderung des Poetentreibens nicht wegironisiert – er entlädt sich in dem verstörend harten Schluss der Geschichte.

Der autobiographische Hintergrund von zwei weiteren Erzählungen sei nur rasch skizziert. »Die innere Burg« geht zurück auf den langwierigen Krankenhausaufenthalt und die fünf komplizierten Operationen, die

Jean Stafford über sich ergehen lassen musste, nachdem Lowell 1938 angetrunken mit ihr im Auto gegen eine Wand gefahren war, wobei ihr Kopf und besonders die Nase schwer verletzt wurden. Das Gewirr von Schuldzuweisung und Liebe (der Unfall geschah in der tumultösen Zeit noch vor ihrer Heirat) lässt sie in der Erzählung ganz beiseite, um in der tiefsten Erforschung von körperlichem Schmerz die existentielle Erfahrung eines Bewusstseins erzählen zu können. Den Titel wie auch die räumliche Vorstellung des menschlichen Geistes hat sie von Teresa von Ávilas *El castillo interior* genommen; wobei die besondere Erfahrung der Protagonistin (und der Beschreibungsfuror der Autorin!) eben darin liegt, dass es sich hier um ihr *sehr* körperliches Hirn handelt. Ihre eigene Beschäftigung mit der spanischen Nonne und Denkerin deutet Stafford in »Ein Andrang von Dichtern« an, hier allerdings selbstspöttisch.

Autobiographischer Hintergrund der Erzählung »Die Philosophiestunde« ist ein traumatisches Ereignis aus Staffords zweitem Jahr an der Universität, als sich ihre enge Freundin Lucy McKee, die sie wegen ihrer Schönheit und Freizügigkeit bewundert und mit der sie in einer chaotischen Ménage-à-trois zusammenlebt, mit einer Pistole erschießt. Noch viele Jahre später versucht Stafford sich an dem Geschehen in einem Romanmanuskript abzuarbeiten, das sie nie beenden wird. Wie Cora

Savage in der Geschichte hat Jean Stafford tatsächlich als junge, nicht mit Geld von zuhause versorgte Studentin Modell gestanden. Welche kollidierenden Gedanken und Empfindungen der jungen, zur Literatur entschlossenen Frau dabei durch den Kopf gingen, ist nur zu erahnen; sie wird, das lässt die Erzählung vermuten, das erste Zimmer ihrer »inneren Burg« bezogen haben.

1969 veröffentlicht Stafford in Zusammenarbeit mit ihrem Lektor Robert Giroux den Band *Collected Stories of Jean Stafford*. Darin versammelt sie dreißig ihrer Erzählungen, die seit 1944 in Zeitschriften und Einzelausgaben erschienen sind. Sie ordnet sie nicht chronologisch an, sondern nach Motiven und Handlungshintergründen, und gibt den einzelnen Abteilungen Zwischentitel, mit denen sie – deutlich ironisch getönt – auf Buchtitel von Mark Twain, Henry James und Thomas Mann anspielt. (»Magic Mountains« z. B. setzt sie in den Zwischentitel zu Geschichten, die in der sehr provinziellen Welt von Colorado und Missouri ihrer Kindheit spielen.)

Das Buch wird von der Kritik hoch gelobt, und 1970 erhält sie dafür den Pulitzer-Preis – überraschend für die Öffentlichkeit damals, denn ihre Erzählungen stehen spürbar quer zum Zeitgeist, zu den damals vorherrschenden Erwartungen an Literatur, die »engagiert« sein soll, politisch, sozialkritisch und entweder sprachlich-formal locker oder aber wildzerrissen. Wie anders ihre konzentrierte, ausformulierte Prosa und ihre Hinwendung zu einzelnen Menschen in ihrer nackten Individualität! Sie behandelt keine ›Themen der Zeit‹ – sie erforscht das »gebeutelte Herz« oder die »unergründliche Intelligenz«, spürt der inneren Zerrissenheit und den »namenlosen Gefühlsaufwallungen« ihrer Figuren nach. Was sie dabei sucht, ist alles andere als interpretierende Eindeutigkeit. Guy Davenport bemerkt über die *Collected Stories,* »die ästhetische Distanz, die sie zwischen uns und der unberührbaren Andersheit ihrer Figuren einhält«, sei die Quelle der großen Kraft ihrer Erzählweise; »sie erlaubt uns nicht, ihre wesentliche Privatheit mit Sentimentalität oder einem raschen Verstehen zu verletzen«.

Was ist das für ein Gefühl, das Ella am Ende von »Dunkler Mond« empfindet, der ersten Geschichte, mit der Jean Stafford an die literarische Öffentlichkeit tritt? Welche Erfahrung hat sie gemacht? In der dinglich reichen Atmosphäre (die an *Die Berglöwin* erinnert) erleben wir das Mädchen Ella und nehmen an ihren mit allen kindlich scharfen Sinnen gemachten Wahrnehmungen teil, ohne dass ein Bedürfnis nach übergreifenden Begriffen oder psychologischen Zuordnungen aufträte und die Geschichte zu einem ›Fall‹ verkürzte.

Noch deutlicher ist die Offenheit ihres Erzählens gegenüber ihren Figuren in »Eine ländliche Liebesgeschichte«, worin bis zum Schluss in der Schwebe bleibt, was die Protagonistin May mit der fantastischen Liebhaber-Gestalt im Pferdeschlitten ›tatsächlich‹ erlebt. Ein Echo der berühmten Novelle »The Turning of the Screw« des von Stafford zeitlebens gelesenen und bewunderten Henry James ist unüberhörbar.

Essayistisch stringent hat sich Jean Stafford zu ihrem Schreiben nie geäußert; in einer kurzen Vorbemerkung zu den *Collected Stories* schreibt sie wegwerfend (und in spöttisch gelehrter Anspielung) von ihrer »cacoëthes scribendi«, ihrer krankhaften Gewohnheit zu schreiben. In einem der wenigen und ungeliebten öffentlichen Vorträge, die sie gehalten hat, verwies sie mit Bezug auf die Gattung Roman, aber erweiterbar auf die erzählende Form allgemein, nachdrücklich und mit Ungeduld darauf, dass doch alles Erzählen »psychologisch« sei, »psychologischer Roman« sei eine Tautologie.

Ihre eigenen Erzählungen sind, im Kern, immer wieder Erkundungen dessen, was es bedeutet, »to be inside this particular skull« (innerhalb dieses bestimmten Schädels zu sein). Dieses einzelne Ich – und was für eine erstaunliche Breite verschiedener Menschenwesen kann sie sich vorstellen, wenn sie an eine Geschichte geht! – trifft auf eine Welt, die ihm nur zu oft eben dieses Eigene verwehren will oder ihm mit Unverständnis begegnet.

»Sie glaubte, die innerste Kammer des Wissens erreicht zu haben«, heißt es in »Die innere Burg«, und wenn ein solcher Glaube auch nur in der ekstatischen Hochgespanntheit des höchsten Schmerzes möglich ist und Wissen gerade niemals gewährt wird, kreisen Staffords Erzählungen doch meistens um diese innerste Kammer ihrer Figuren, in der die ambivalenten Gefühle, Gedanken, Empfindungen und Wahrnehmungen nicht zu trennen sind. Nirgends bietet ihnen diese Kammer die Selbstgewissheit einer Person, die in der Welt zu Hause ist. Es sind ja oft die eigenen Regungen, Empfindungen und Gedanken, die so verwirren und verunsichern. »Sie konnte ihre fremden Gedanken nicht einpferchen«, heißt es von May in der Geschichte, deren Titel »Eine ländliche Liebesgeschichte« trügerisch ist (wie etliche andere Titel der Autorin auch) und offenlässt, ob er traurige Ironie ist oder doch eine Geschichte *von* Liebe bezeichnet. Die Lebendigkeit und Präsenz ihrer Erzählungen, von denen viele zu modernen Klassikern geworden sind, liegt darin, dass sie das Innere ihrer Figuren (man möchte mit der Erzählerin von »Im Zoo« fast sagen: »die Innereien mitsamt Herz und Seele und Stolz«) in der Form einer Geschichte objektiviert. Was dabei für uns heute so markant hervortritt, ist die stilistische Ausgefeiltheit ihrer Prosa, die spürbare Überzeugung, dass es der Sprache – ihrer Fülle, Schärfe und Unerschöpflichkeit – gelingen kann, Dunkel und Wirrnis des Lebens zu durchdringen; und nur der Sprache, nicht einer Haltung, Überzeugung, einem Glauben oder einer ›Authentizität‹ des Fühlens. Auf die Idee, Realismus in der Literatur müsse mit einer mageren, reduzierten Sprache und Darstellungsweise einhergehen, wäre Stafford nie gekommen. Ihr entschiedener Wille zur Form ist wohl auch zu sehen auf dem Hintergrund des psychischen Zusammenbruchs fast aller ihrer literarischen Freunde.

In ihrer letzten Lebensphase ist es Jean Stafford aufgrund ihrer zerrütteten Gesundheit nicht vergönnt, was sie von der garstigen alten Isobel in »Das Leben ist kein Abgrund« sagt, deren geistigem Temperament sie deutlich mehr zuneigt als der unschuldigen Lily: »Ihr Grimm belebte und verjüngte sie.« Sie, die nach einem Schlaganfall nicht mehr sprechen kann, schreibt aber weiter, und 1978 löst ihr langjähriger Lektor Robert Giroux aus ihrem umfangreichen letzten Romanmanuskript die Erzählung »Ein Andrang von Dichtern« heraus. So können wir ein letztes Zeugnis dieser Autorin lesen, deren »Talent und Geliebte«, wie es von dem selig-unseligen Trinker Mr Murphy heißt, das Erzählen war.

Jürgen Dormagen

Anmerkungen

321, 21 *Robert Lowell:* Zu der literarischen Beziehung zwischen Stafford und Lowell sei auf den Essay von Mary Davidson Mcconahay verwiesen: »›Heidelberry Braids‹ and Yankee Politesse: Jean Stafford and Robert Lowell Reconsidered«, *The Virginia Quarterly Review* 62(2), auch online verfügbar.

321, 25 *»unerträglichen Einsamkeit«:* Ann Hulbert, *The Interior Castle. The Art and Life of Jean Stafford.* Alfred Knopf, New York 1992, p. 271. Dieses klug abwägende Buch bietet die eingehendste Darstellung von Leben und Werk der Autorin.

323, 8 *fiktionalisierte Autobiographie:* Seit ihrem Umgang mit den New Critics um die *Kenyon Review* von John Crowe Ransom und Allen Tate und ihrer Auseinandersetzung mit dem zunächst auch für sie wirkmächtigen Thomas Wolfe sind ihr die formalen Grundbedingungen des literarischen Schreibens sehr bewusst.

328, 10 *»die ästhethische Distanz … zu verletzen«: New York Times Book Review* vom 16. Februar 1969, zitiert nach Hulbert, p. XIV

329, 16 *»psychologischer Roman«:* »… the novel does not exist that is not psychological, is not concerned with emotional motivations and their intellectual resolutions, with instincts and impulses and conflicts and behavior, with convolutions and complexities of human relationships, with crucifixions and the solaces of being alive«. In »The Psychological Novel«, *Kenyon Review*, Frühjahr 1948; Wiederabdruck in *Complete Stories & Other Writings.* The Library of America, New York 2021

329, 19 *»to be inside this particular skull«:* Brief vom 25. Juni 1956 an Ann Honeycutt, zitiert nach Hulbert, p. IX

331, 6 *Ihr entschiedener Wille zur Form …:* Hulbert, p. 264ff

Inhalt

Zur Autorin und zu ihren Übersetzern

Jean Stafford, geboren 1915 in Covina, Kalifornien, wuchs in ärmlichen Verhältnissen in San Diego und Colorado Springs, Texas auf. Von ihrer Familie früh entfremdet, verbrachte sie als Jugendliche ihre Freizeit in den Bergen und beim Schreiben. Sie studierte Englische Literatur an der Universität Colorado und lebte ein Jahr in Heidelberg. *Die Berglöwin* erschien 1947 und wurde von der Kritik begeistert aufgenommen. Neben zahlreichen Preisen und Auszeichnungen erhielt sie 1970 den Pulitzer-Preis für ihre Stories. Jean Stafford starb 1979.

Adelheid Dormagen übersetzt seit mehr als 30 Jahren Literatur, unter anderem Werke von Virginia Woolf, Jane Bowles, Amy Bloom, Michael Ondaatje und Doris Lessing. Für *Jenseits von Babylon* von David Malouf erhielt sie 1997 den Deutsch-Australischen Übersetzerpreis. Jürgen Dormagen war lange Lektor im Suhrkamp Verlag und übersetzte u.a. Romane von Angeles Saura und J. C. Onetti. Gemeinsam übersetzten sie *Die Berglöwin* von Jean Stafford.

Zum Buch

In der Titelstory »Das Leben ist kein Abgrund« trifft die junge Lily auf ihre zynische und stolze Cousine Isobel, die lieber ein karges Dasein im Armenhaus fristet, als die Hilfe ihrer Familie in Anspruch zu nehmen. Eine glücklich Verheiratete erfährt im schneebedeckten Maine, was es bedeutet, plötzlich schutzlos und entfremdet ihrem Mann gegenüber zu stehen. Eine Schwerverletzte flieht vor dem Schmerz und sucht Zuflucht in ihrem Inneren. Und mitten in einem »Andrang von Dichtern« muss sich die willensstarke Cora Maybank gegen ihren egozentrischen, untreuen und vor Ehrgeiz blinden Ehemann behaupten.

Mit scharfem psychologischem Blick beleuchtet die Pulitzerpreisträgerin Jean Stafford in ihren Stories das menschliche Leben in all seinen Facetten. In eindringlichen Bildern und mit leisem Humor erzählt Jean Stafford von Liebe und Leid, vom ewigen Wunsch nach Zugehörigkeit und insbesondere vom Schmerz der Einsamkeit.

Dieses Buch wurde klimaneutral gedruckt.

Der Dörlemann Verlag wird vom Bundesamt für Kultur für die Jahre 2021–2024 unterstützt.